核戦争の
My Journey at
瀬戸際で
the Nuclear Brink

ウィリアム・J・ペリー［著］
William J. Perry

松谷基和［訳］
Motokazu Matsutani

東京堂出版

序章——もしワシントンで核テロリズムが起こったら

我が国のどこかの都市が核兵器で爆破される恐れがあるというのが、我々の時代における安全保障上の最大の脅威である。ここから先のシナリオは、私の長く深い経験に裏打ちされた「核の悪夢」である。その筋書きは以下のように展開していく——。

どこかの商業用遠心分離施設の秘密区域で、少人数の謎の集団が三〇キロのウランを核兵器に使用できるレベルまで濃縮する。

濃縮されたウランは近隣の秘密施設に搬入され、そこに待機していた技術チームがそれから二か月かけて、濃縮ウランを使った粗製な核爆弾を製造する。「農業機器」の焼き印が押された大型の木箱にそれを収めると、近くの飛行場へと運んでいく。

民間航空会社のマークをつけた飛行機は木箱を載せて国際空港に到着する。木箱はそこで貨物機に積み替えられ、さらにワシントンＤＣへと向かう。

貨物機はワシントンのダレス国際空港に着陸し、木箱は市内南東部の倉庫へと運び込まれる。

核爆弾はそこで木箱から取り出され、配送用のトラックに転載される。

自爆犯となる運転手は、国会議事堂（議会は開会中である）とホワイトハウスのあいだを走るペンシルベニア通りの中間地点までトラックを走らせ、午前一一時に起爆装置を作動させる。

爆弾の威力は一五キロトン。ホワイトハウス、国会議事堂、そしてそのあいだにあるすべての建物が破壊される。大統領、副大統領、下院議長、さらには出席していた議員三二〇人を含む即死者は八万人。重傷者は一〇万人を超えるが、それらの人々を手当てできるはずの医療施設はほぼ壊滅状態だ。ワシントンの通信施設は、携帯通信用の中継塔の大半も含めて、機能を喪失する。CNNは廃墟と化したワシントン市内の映像を流すいっぽうで、実行犯からと思われる脅迫メッセージが届いたことを報じる。アメリカ国内五か所にさらに五つの爆弾がしかけてあり、海外に駐留するすべての米軍を即座に本国に帰還させる命令が出されなければ、今後五週間かけて毎週一つずつ爆破させるというのだ。それから一〇分もしないうちに株式市場は暴落し、全取引が停止される。全米の主要都市から人々が避難し始め、国内は大混乱に陥る。各地の製造業も操業を停止する。

アメリカはさらに憲法上の危機にも直面することになる。大統領の権限は臨時に上院議長が引き継がれている。しかし、爆発が起きた際に、議長はメイヨー・クリニック（ミネソタ州にある総合病院）で膵臓癌の治療中であり、戒厳令の敷かれたワシントンに戻ることはできない。国防長官と統合参謀本部議長は、両者とも下院軍事委員会で予算要求に関する証言を行っていたため、すでに爆死している……。

この仮説シナリオの破滅的な結果を想像することすら、我々には恐ろしくて耐えがたいことだ。しかし、耐えなければならない。このシナリオは具体的にイメージするための一例にすぎない。テロ集団が北朝鮮やパキスタンから核爆弾を購入したり、盗み出したりすれば、同じ結果が生じるだろう。あるいは、いまだに高濃縮ウランやプルトニウムを警備の手薄な施設に保管しているどこかの国で、セキュリティの甘い原子炉から核分裂性物質が盗み出された場合も同じである。

我が国のどこかの都市で核爆弾が爆発する危険性は現実にある。そして、その悲劇的結末は九・一一同時多発テロの一〇〇倍の犠牲者を生み出す可能性があるのに、人々はその危険性をぼんやり感じているだけで、十分に理解していない。結果として、現在の私たちの行動は、それより小規模な核攻撃によって引き起こされる惨事にすら釣り合っていない。まったく不十分だ。

本書は、我々が直面する深刻な危険性について多くの人に知ってもらい、その危険性を大幅に減らす行動を促す試みの一つである。核兵器は二度と使用されてはならないという、切実かつ重要な目標に向かう人生へと歩み出した、私自身の経験を語ろうと思う。

私は特殊な経験をしたからこそ、核兵器の危険性を強く意識し、核戦争による想像を絶する結末について、これまで深い思索を続けてきた。また、私は核戦略を選択する場に身を置き、それに関する最高機密に直接アクセスできる人生を歩んできたが、そうした比類のない、戦慄を覚えるような、しかし見晴らしの利く立場にいたからこそ得られた結論がある。それは、核兵器はもはや我々の安全保障に寄与しないどころか、いまやそれを脅かすものにすぎないということだ。インサイダーとして、核の危険性について私がこれまでに得た知識や理解、そして年々増大していく核の危険性から未来の世代を守るために私が取るべきと考えた行動について、皆さんと共有することが自分の責務だと考えている。

膨大な量の核兵器が製造された冷戦期を経て、世界の人々は、偶然の事故にせよ人間の判断ミスにせよ、核が引き起こす大惨事の可能性に晒されるようになった。この危険性は決して単なる理論上のものではない。キューバ危機の際に分析担当者として働いた経験や、のちに国防総省で三つの要職を経験した立場から、私はこの恐ろしい可能性を日々身近に感じてきた。

核の危険性は冷戦の終焉とともに後退したものの、いままた憂慮すべき形で存在感を増してきている。二一世紀に入って、アメリカとロシアのあいだの緊張が次第に高まってきている。ロシアはアメリカやNATO諸国よりも通常戦力においてかなり劣るため、自国の安全保障のために核戦力に依存している。NATOの版図拡大と東ヨーロッパにおけるアメリカのミサイル防衛システム配備に脅威を覚えたロシアは、攻撃的な言辞に訴えるようになってきた。しかも、こうした言辞と合わせて、ロシアは核戦力の大幅なアップグレード——次世代型ミサイル、爆撃機、潜水艦、そしてこれらの新たな発射システムに搭載する次世代型核兵器——に乗り出している。最も危険な兆しは、ロシアが核兵器による「先制攻撃」の方針を撤回し、彼らが脅威と見なすいかなるものに対しても核兵器を使用する準備があると宣言したことである。重大な計算ミスのため、自国の安全のためには核兵器の使用に踏み切らざるを得ないと判断するような、ある種の不測の事態に陥る可能性もあり、これは大いに憂慮すべき事態である。

こうした危険性の高まり以外にも、私たちは冷戦時代にはほとんど存在しなかった二つの新しい核の危険性に直面している。一つは地域的核戦争であり、たとえばインドとパキスタンのあいだで想定される。もう一つは核テロリズムであり、これは冒頭の悪夢のシナリオで触れた通りである。

私が核テロリズムの脅威を現実性のあるものと認識したのは、国防長官の任期最後の年（一九九六年）のことだった。この年、サウジアラビアに駐留する我が国の空軍兵士の宿舎（コバール・タワー）の一棟にトラック爆弾が突っ込むという事件が起きた。一九人の兵士が爆発で死亡したが、もし自爆犯がもう少し宿舎の近くに接近できていたら、死傷者の数は数百人にのぼったであろう（実際、一九八三年に起きたベイルートの兵舎爆破事件では二二〇名の海兵隊員が死亡している）。アメリカは結局実行犯を特定できなかったが、レバノンの爆破事件後に米軍が撤退したのと同じように、サウジアラビアから米軍を撤退させるのが彼らの目的であることはわかっていた。

サウジアラビアにおける我が軍の使命は重要であり、この種の圧力に負けて撤退することは深刻な過ちになると私は考えていた。そこでサウジアラビアのファハド国王の協力と支援を受けて、我が軍の安全を確保しながら、同じ使命を果たせる別の遠い場所に空軍基地を移設させた。私はこの措置について声明を出し、基地は厳重に防御されており、いかなるテロ集団も我々のサウジアラビアにおける使命達成を阻むことはできないと述べた。

すると、オサマ・ビン・ラディンという名前の怪しげな人物が、私の報道発表に対する返答をインターネット上に投稿した。この人物はサウジアラビアに駐留するアメリカ軍に対するジハード（聖戦）を呼びかけ、私個人に対しても奇妙な脅迫めいた詩を送りつけてきた。

ああ、ウィリアムよ　お前はあした知るだろう
どんな若者に　お前の威張りくさった兄弟たちがまみえるかを

その若者は戦場に赴き、ほほえみ　そして
　血にまみれた槍をもって戻る

五年後の二〇〇一年九月一一日、世界中の人々がビン・ラディンについて知るようになった。そして私もあのメッセージの重要性をようやく理解した。ビン・ラディンのテログループであるアルカーイダについて分析者たちの研究が急速に進められる中で、アルカーイダが宣言した目標は単にアメリカ人を数千人殺害する（九・一一のように）のではなく、数百万人を殺害することであり、彼らは核兵器を入手しようと懸命の努力を続けていることが明らかとなった。アルカーイダが核兵器の入手に成功したなら、それをアメリカ人に対して使用することを私は疑わない。

本章の冒頭でドラマのごとく描いた核の悪夢は、いまそれを防止するのに必要な行動を取らなければ、悲劇的な現実となり得る。その行動が何であるかはよく理解されているのだけれども、人は実際に問題に巻き込まれたり、関わり合いになるまでは、具体的な行動をとることはないものだ。本書『核戦争の瀬戸際で』はここまで指摘してきたような危険性と、それを大幅に緩和するための行動について述べるものである。

いま歩んでいる道をこのまま突き進んでいけば、危険性は高まっていくばかりだ。しかし我々は別の道を選ぶこともできる。そうするためにはどうすればいいのか、私だからこそできる助言があるのではないかと望みを抱き続けている。いずれにしても、そうした助言に基づいて行動しようという意思は、危険がいかに現実味を帯びたものであり、差し迫ったものであるかをより深く理解することからしか生まれないのである。

核戦争の瀬戸際で　目次

第1章　キューバ危機、核の悪夢

キューバから発射された核ミサイルはすべて、西半球のいかなる国に対して向けられたものであっても、ソビエトによる我が国に対する攻撃と見なすのが、我が政府の方針であり、それはソビエトに対する全面的な報復措置を伴うものになるだろう。

J・F・ケネディ、アメリカ国民向け放送　一九六二年一〇月二二日

一九六二年のある秋の美しい日、電話が鳴った。私の三五回目の誕生日を祝ったわずか一週間後のことだった。当時、私は「シルベニア電子防衛研究所」という会社の社長を務めていた。同社は、ソビエトの核兵器システムを対象とした高度な電子偵察システムを扱う先駆的な企業だった。私はサンフランシスコ湾からほど近いカリフォルニア州のパロアルトにある快適な家で、妻のリーと五人の子どもたちと暮らしていた。生活は満たされていた。しかし、それはほどなく激

しく揺さぶられる運命にあった。

電話の声の主はアルバート・ウィーロン。彼とは以前、ソビエトの核戦力を調査する政府のハイレベル・パネルで同僚だったことがある。ウィーロンも私と同じ三〇代であり、史上最年少の中央情報局（ＣＩＡ）科学諜報局長であり、ＧＭＡＩＣ（誘導ミサイルと宇宙航行学に関する委員会、ソ連のミサイル開発と宇宙開発計画に関する機密情報を分析する専門家グループ）の議長でもあった。

電話は、相談があるからワシントンに来てほしいという依頼だった。これから予定を調整して来週のフライトなら、と私が答えると、彼は即座に「だめだ、いますぐにでも君に会う必要があるんだ！」と言った。その切迫した口調に私も緊張を覚えた。当時、アメリカはソビエトとの核開発競争の真っただ中にあり、ソ連は前年に核実験停止の合意を破って、五〇メガトンという世界最大の大気圏内核実験を行ったばかりだった。私はその日の夜のフライトでワシントンに向かい、翌朝、彼に会った。

ウィーロンは何の説明もなしに、一枚の写真を差し出した。私はすぐにそれがキューバのミサイル基地だとわかった。恐怖が全身を駆けめぐる。それがアメリカとソビエトの核戦争を引き起こすような展開であることが明らかだったからだ。核兵器の効果を研究した経験から、核戦争が文明の終焉をもたらすものであることを、私はよく知っていた。

それからの八日間、私は少人数のチームとともに、日々集まってくるデータを必死になって分析し、報告書を書いた。それはＣＩＡ長官を通じて大統領に提出された。毎朝、米軍の偵察機がキューバ上空を低高度で飛行し、ミサイルと兵器の存在が疑われる場所の高解像度写真を撮影した。偵察機がフロリダに戻ると、そのフィルムは軍用機でニューヨーク州北部のイーストマン・

コダック社に運ばれ、即座に現像に回された。午後までに現像された写真は、国立写真解析センターの奥深くで待つ私たちのところに届けられ、そこで専門家たちによる綿密な分析が行われたのだった。

私は二つある分析チームのうちの一つに属しており、各チームは二人の分析官と三人の画像解析官から構成されていた。二つのチームは別々に六時間作業したあと、それぞれが発見したことをもういっぽうのチームに報告して評価を仰いだ。私たちの目的は、キューバに配備されたソビエトのミサイルについて、決定的に重要な情報を見きわめることだった。すなわち、ミサイルの数量やタイプ、発射可能になるまでの時間、いつ核弾頭がミサイルに装着されるかといった情報である。

ウィーロンに提出する分析チームの共同報告書は、真夜中までに準備を始めるのが定番となっていた。最後の数時間、彼は私たちと一緒にいて、二つのチームの評価会議に参加することも多かった。次の朝早くウィーロンは、私たちの写真分析や他のデータに基づいて、ケネディ大統領とキューバ対応の特別チームに報告書を提出した。彼は自分の報告が終わったあとは会議から外れたが、ジョン・マッコンCIA長官はそのまま残って、最新の情勢に対する対応策を協議した。

私たちは、それまでソビエトのミサイル実験場で目撃されていたものと、キューバで新たに目撃されたものを比較参照しながら、ミサイルのタイプや射程距離、搭載能力をすぐに確定させた。その結果、これらのミサイルは核弾頭を搭載できるだけでなく、アメリカの大半を射程圏内に収めるものであることが判明した。さらにその数日後、私たちのチームは、それらのミサイルのいくつかはわずか数週間後に発射可能になると結論づけた。

そうした諜報データの解析のために作業部屋にこもっている時間以外、私はテレビを通じて展開される政治ドラマを見ていた。ソ連の船舶が封鎖ラインを越えないよう、ケネディ大統領がアメリカ海軍に阻止命令を下すいっぽうで、ソビエト船舶が封鎖ラインのギリギリまで迫ろうとする、という筋立てである。大統領は国民向けの演説の中で、迫りつつある危機の核心を明確な言葉で語った。西半球のいかなる国に対してであっても、キューバから核ミサイルが発射されるなら、それは「ソビエトに対する全面的な報復措置」を招くだろうという厳しい警告を伴うものだった。

「全面的な報復措置」が何を意味するのか、私は正確に理解していた。このキューバ危機の一〇年前に、核戦争のシナリオとそれがもたらす結果について研究した経験があったからだ。だから、私は毎日分析センターに通いながら、今日こそが私の地上での最後の日になるのだろうと考えていたのである。

私は核戦争の瀬戸際で展開されたドラマの役者の一人ではあった。しかし、大統領が主宰する日々の会議で交わされる議論について直接の知識をもたない端役にすぎなかった。そこでの議論については、ロバート・マクナマラ元国防長官らが詳しく記している。

それによれば、ケネディ大統領は当時、軍の指導者たちからキューバを攻撃するよう助言を受けていたという。これはきわめて恐るべきことである。私たち分析チームが確認した、一六二基のミサイルに搭載される核弾頭の多くが、実はこのときすでにキューバに運び込まれていたという事実――これは当時の我々の評価とは異なっていた――を知っていたとしたら、軍の指導者たちはどのような助言をしたのだろうか。いまとなっては想像にまかせるしかない。

最終的に、キューバのミサイル危機は戦争に突入することなく解決の日を迎えた。しかし、私は当時もいまも、世界が核兵器による破滅を免れたのは、適切な対応がとられた結果であるとともに、それと同じくらい幸運に恵まれた結果だったと考えている。

ちなみに、その後に私が知ったことはすべて、この考えを裏づけるものだった。私たちが今日手にしている当時の状況についての知識を踏まえてふり返るならば、さまざまなできごとがコントロール不能な状態となり、世界が破滅的な核戦争に陥る危険性があったことが、いっそう明確となる。

たとえば、封鎖されたキューバ海域に接近してきたソビエトの船舶は、複数の潜水艦によって護衛されていたこと、そしてそれらの潜水艦には核魚雷が搭載されていたことを、今日の我々は知っている。しかも、当時は潜水艦との通信連絡が困難だったため、艦長たちにはモスクワからの許可なしで核魚雷を発射する権限が与えられていた。うち一人の艦長が、彼の潜水艦を浮上させようとした米軍の駆逐艦に対して、核魚雷の発射を実際に検討した事実を我々が初めて知ったのは、キューバ危機から何年もあとのことだった。その艦長は、同じ潜水艦に乗っていた同僚の説得によって、すんでのところで魚雷発射を取りやめたのである。

それと同じぐらい愕然とさせられる話がある。キューバ海上封鎖と直接にはつながりのないできごとが、戦争突入のきっかけとなっていた可能性があったというのだ。キューバ危機が最高潮に達していたとき、長期の飛行計画に沿って巡回中だった米軍の偵察機が、予定航路を外れてソビエト領空に入ってしまった。ソビエトの防空部隊は、これを爆撃機と誤認し、即座に攻撃用の戦闘機をスクランブル（緊急発進）させた。これに対して米軍のアラスカ基地からは、核ミサイルを搭載した戦闘機が、その偵察機を守るためにスクランブルしたのである。

幸いにも、偵察機の機長がソビエト領空を誤って侵犯していたことに気づき、敵軍との交戦前に引き返すことができた。同じころ、アメリカの大陸間弾道ミサイル（ＩＣＢＭ）がカリフォルニア州のヴァンデンバーグ空軍基地から発射された。定期的な訓練発射にすぎなかったが、タイミングから考えて訓練スケジュールを再調整すべきであることに、誰一人として思いが至らなかった。当然ながら、これはソビエトから誤認される恐れがあった。

キューバ危機を迎える前の一〇年間、私はソビエトの核兵器の脅威を分析する仕事に従事していた。そして、最後の二年間は緊張が非常に高まりつつあることを感じていた。万が一にも、米ソ両大国のあいだで直接的かつ突発的な軍事衝突が発生したら、どのような事態を招くのか？この核の時代において、軍事衝突は比類のない悪夢だと言っていいだろう。核による破滅を防ぐ方法だけでなく、それを探し出す手がかりとなる過去の経験も、私たちはもち合わせていないのだから。軍事衝突で危機に晒されるのは、文明そのものなのだ。

あの一〇月の八日間、私はまさにそんな悪夢を見続けていたのである。

危機が去ったあと、アメリカの多くのメディアは「唯一の超大国、アメリカの勝利」を喧伝し、フルシチョフは「目をぱちくりさせている」などと誇らしげに騒ぎ立てた。しかし、そうした通俗的かつ自国中心の発想をする者たちには、まったく事の表層しか見えていなかった。というのも、世界を未曾有の破滅から救ったのは、キューバから撤退するというフルシチョフの決断であり、また、当時すぐには明らかにならなかったものの、キューバ危機は「勝利」どころか、その後、米ソ間の核兵器開発競争をいっそう激化させるという予期せぬ結果を招いたからである。

キューバからの撤退もおそらく一つの理由となって、一九六四年にフルシチョフは、レオニード・ブレジネフとアレクセイ・コスイギン(当初)に取って代わられた。共産党中央委員会第一書記に就任してソビエトの最高指導者となったブレジネフは、ソビエトは二度と核戦力において後れを取らないことを誓い、極秘のICBMと核兵器開発プログラムを加速化させた。

アメリカの国防関係者は当初「勝利」に自己満足していたものの、まもなく、ソビエトのミサイルおよび宇宙開発プログラムが急速にその量と質を向上させていく現状を目の当たりにし、もともと優先順位の高かった技術分野の諜報データ収集を、それまで以上に優先的に行う必要性に迫られた。防衛関係の企業は、私の「シルベニア電子防衛研究所」も含めて、多大なる恩恵を受けた。しかし、こうした企業の繁栄は、我が国と世界に対する危険性の増大と表裏の関係にあり、この板挟み状態は、防衛業界にいる私たちを苦しめるものとなっていった。

いまからふり返ると、キューバ危機は、核時代の歴史において特筆すべき事件であった。その最も忘れがたい深刻な側面は、危機に晒されたものの巨大さである。キューバ危機によって、私たちは核兵器によるホロコースト、すなわち人類滅亡の瀬戸際まで追い込まれた。そして、その比類なき危急存亡の秋にあっても、私たちの政策決定者の知識は、しばしば不十分であり、あるときには完全に間違ってさえいたのである。

キューバ危機のさなかやその後における人々の考え方は、ときに非現実的だった。その古い考え方は、核兵器時代の新しい現実にそぐわないものだった。たとえば、米ソ両国において、政策決定者に助言する立場の者たちは、世界を戦争に追い立てようと望んでいた。メディアはこの危機を「勝利」と「敗北」のドラマとして描いた。両国の指導者たちはあたかも戦争勃発を望んでいるかのごとく、その意思に基づいて政治的な承認を与えた。そして、危機後においても、兵器の削減や摩擦の緩和に協力するどころか――戦争寸前までいった危機の直後にあっては合理的な判断だったかもしれないが――軍拡競争を再び激化させるという決断を下した。

さしあたって、世界は核による破滅を回避することができた。しかし、長い目で見れば――少なくとも、何とか危機を回避してほっと一息ついたときは確実にそう思われたように――キューバ危機は、高まりつつある核のリスクに警鐘を鳴らす事件であった。それゆえ、一九六二年秋の想像を絶する八日間を経験したのち、私の目には、核兵器の危険性を削減する取り組みに一直線に向かう以外に、進むべき道は見えなかったのである。

私にとってキューバ危機は、ソビエトの核兵器工場に対する最新のハイテク偵察システムの開発や産業界から身を引き、ペンタゴンの指導者として、アメリカの核抑止力を維持強化するために従来型の戦略兵器を最新化する仕事に就かせ、さらにあとには、法制度の立案やグローバル外交、民間の啓発活動を通じて核兵器削減に向けた国際協力計画を遂行する道へと歩み出す契機となったのだった。

第2章 天空の火

原子の解き放たれた力は、私たちの思考の仕方を除いて、あらゆるものを変えてしまった。それゆえに私たちは未曾有の破滅に向かって漂っているのです。

アルバート・アインシュタイン　一九四六年五月二三日

キューバ危機に際して、私が諜報データ分析の依頼を受け、ワシントンへ呼び出されるに至った背景とはどのようなものであったのか。

核戦争の瀬戸際に向かう私の旅路は、実際にはこの危機より前、一九四一年のある不名誉な日曜日にとうに始まっていた。世界で最初の原子力爆弾が落とされる四年前のことだった。この日に起きたできごとは、兵役、冷戦時の偵察システム開発、政府の要職、大学での教員生活、そして外交業務に携わる人生へと私を導く最初の胎動だった。そして、私のその後の人生は大半が、核の脅威を抑えるという目標の達成に費やされることとなったのである。

もちろん、あの遠い昔の日曜日の時点では、このような人生の道のりになるとは予想できなかった。人間のありようを根本的に変えてしまう力をもつ兵器を人類が作り出した決定的な瞬間に、自分が成年を迎えることになるとも知らなかった。また、文明そのものに対する未曾有の脅威からの挑戦に立ち向かうことが、私のいつまでも消えることのない関心事になっていくとは思いもしなかった。

一四歳になってまもなく、その歴史的な日曜日はやってきた。ペンシルベニア州のバトラーに住む友人宅を訪ねていたときだった。彼の兄弟が叫びながら駆け込んできた。

「日本と戦争だ！　やつら、パールハーバーを爆撃しやがった！」

日本との戦争は一年以上前から噂されていた。危機は間近に迫っているとの見方を語るラジオのコメンテーターもたくさんいた。一四歳の私はすぐさま反応した。陸軍航空隊のパイロットとして従軍したかったが、志願できる年齢になる前に戦争が終わってしまうのではないかと恐れていた。そして実際、その通りになってしまった。

一九四四年一〇月、一七歳の誕生日を迎えたその日。私はピッツバーグへ車を走らせ、陸軍の航空士官候補生の試験に合格。宣誓まで行ったものの、そのまま自宅に帰され、欠員が出るまで待機を命じられた。当時の陸軍の見通しでは、半年ほどで欠員が出る予定だというので、それに期待しつつ、召集される前に大学で何学期かでも履修できるよう、高校を中退した。

一九四五年五月、カーネギー工科大学（現在のカーネギーメロン大学）で最初の学期を終えたちょうどそのころ、陸軍は航空士官候補生の任命プログラムを中止した。そのため、私は現役の任務に一日たりとも服さなかったにもかかわらず、名誉除隊処分となってしまった。その後、大学で二学期を履修し、一八歳になった私は陸軍工兵隊に入隊し、地図製作の訓練を受けたうえで日本占領軍に配属され、訓練のため東京郊外にある基地に送られた。

私がそれまで戦争についてもっていた机上の知識では、東京で見ることになる恐ろしいほどの惨状をあらかじめ予想することはできなかった。このかつて偉大だった都市は破壊しつくされていた。木造の建物は焼夷弾によってほとんどすべて破壊されていた。生きのびた者たちは溶け落ちたがれきのくずに埋もれて暮らし、占領軍から配給されるわずかな食糧で生きながらえていた。二か月の訓練ののち、私の所属する工兵中隊は戦車揚陸艦（LST）で沖縄に向かった。高精度の地形図を作成するのが目的だった。第二次世界大戦で最後の大規模戦闘が行われたのが沖縄で、その戦いは想像を絶する血なまぐさいものだった。およそ二〇万人の日本兵と一般市民がそこで死んだ。アメリカ側の犠牲者ははるかに少なかったが、死に方はあまりに悲惨で、多くは日本の「カミカゼ（自決）」攻撃による死者であった。

沖縄の中心都市、那覇の港に到着したときに目にした光景を、私は決して忘れることはないだろう。かつて栄えた街並みには、建物の跡形もなくなっていた。生存者はテントか建物のがれきの中で暮らし、「緑が生い茂る熱帯の景色は、泥と鉛、腐敗と蛆の戦場と化していた」。最後の戦場である摩文仁《まぶに》に建てられた「平和の礎」は死者を悼む記念碑で、あのすさまじく恐ろしい戦争で命を落とした者のうち、身元が確認された二四万人以上の名前が書き連ねてあった。

東京で、のちに那覇で、若かった自分のまなざしを通じて、私は近代戦による未曾有の惨事を目にした。歴史的な規模で行われた戦時下の暴力の目撃者となったわけだが、それは自分自身を変えてしまうような経験だった。その惨状は、何百回もの空襲による何千機もの爆撃によって生み出されたものだったが、それに匹敵するほどの破壊が、わずか一発の爆弾により広島、それから長崎にもたらされたのである。恐怖と滅亡をもたらす、想像を絶する新たな能力が、世の中のすべてを変えてしまったことを、私は臓腑にしみるほど深く理解した。

この破壊的な力を目撃したことが、私の人生を後戻りできないように形作った。私たちの世界は、核の時代において、途方もない未曾有の危機——第二次世界大戦中に何度もくり返されたような都市の破壊のみならず、私たちの文明そのものの終焉——に直面していることを痛感した。「原子が解き放った力があらゆるものを変えた」とアインシュタインが言ったとき、それが何を意味していたのかを、私は理解するようになった。そして、彼の言葉の最後につけ加えられた「我々の思考の方法を除いては」というくだりが、絶えず思い浮かぶようになった。けれども、私の思考はすでに変わり始めていた。

一九四七年六月、私は陸軍での任務を終えた。あの破壊のイメージは心に刻まれたままだったが、私は戦争の日々を過去に押しやろうとしていた。平和で繁栄を享受できる新しい世界を築くという戦後の約束に向かって、自分の青春生活を立て直したかった。復学した私は、高校時代の恋人であるリー・グリーンと再びつき合い始め、一九四七年一二月二九日にリーの実家の応接間で結婚の誓約式を行った。私は彼女を深く愛していたが、この一生の結びつきが人生に深い影響を与えるとは、当時は知る由もなかった。私たちは変わらぬ愛とたび重なる困難を通してお互いを支えあう強い絆を分かち合ったのだった。

リーと私は大学でそれぞれの専攻を学んで学期を終えたが、東海岸にそんなに長くとどまるつもりはなかった。私は学位を取得するためにスタンフォード大学に行きたかった。日本での陸軍の任務から戻ってきたときに上陸港となったサンフランシスコで、私はその湾岸地帯の美しさに打たれた。ここでは何もかもが新しく、あらゆることが可能だという感じがした。そこで私は、復員証明書を入手してスタンフォード大学への転校を出願し、一九四八年の夏、新しい暮らしをカリフォルニアで始めるため、リーと二人で大陸を横断した。かねての希望通り、スタンフォード大学では数学の学士号と修士号を取得できた。

スタンフォード大学では、数学の純粋さと美しさに畏敬の念を催し、学者たちから多くの刺激をもらった。しかし、修士課程を終えたとき、養うべき家族が増えるいっぽうで、働かなくてもやっていけるだけの収入源のないまま復員証明の有効期限が来てしまい、勉学を続けていくための資金を払えなくなってしまった。そこで私は、博士課程への道を探りつつ、アイダホ大学で一年間の数学講師のポジションを得て収入の足しにした。そのうち、ペンシルベニア州立大学で数学を教えながら学位を目指せるという魅力的なオファーが舞い込み、なんとか道が開けた。

ペンシルベニア州立大学では、博士課程に在籍しながら毎学期三コマの授業を教えるのに加え、防衛産業関連のハラー・レイモンド・アンド・ブラウン（HRB）という地元企業でアルバイトも始めた。経済的な必要性からこの仕事を選択したのだったが、私はすぐに、防衛に関わる困難な問題に自分の数学的技能を応用するのが好きで、なおかつ得意でもあることに気がついた。

数学の教授になるつもりで博士課程に進学したものの、実はその決断の背景には、危険なできごとが次々と起こる、外の世界の不安定な状況があった。スタンフォード大学で修士課程を終えたそのちょうど二週間後、北朝鮮が韓国に侵攻した。そして、核兵器開発競争を伴う冷戦が本格的に始まったのである。

朝鮮半島でくり広げられているのと同じような戦争の末路を、私はすでに沖縄で目撃していたので、朝鮮戦争に対しては個人的に高い関心をもっていた。それどころか、この戦争に従軍するようにと声がかかるのを強く期待していた。なぜなら、私はスタンフォード大学にいるあいだに、退役軍人のための上級予備役将校訓練課程（ROTC）プログラムを受講し、陸軍予備役の少尉として任官していたからである。しかし、結局一度も召集されることはなく、大学院での勉学を続けることができたのだった。

ペンシルベニア州立大学時代の私は、好戦的なソビエト連邦と対峙するうち、我が国が直面する危険が急速に拡大しつつあることに懸念を募らせていった。ソビエトは一九四九年に最初の核爆弾を爆発させ、続いて一九五三年には水素爆弾の実験に成功したとの声明を出している。

このことがいかに重大な変化であるか、私にはわかった。人類は核爆弾の恐ろしさを広島で初めて目撃したわけだが、それは従来の爆弾の一〇〇〇倍に相当する破壊力をもっていた。そして、アメリカやソビエトが実験を行っていた新たな水素爆弾は、さらにその一〇〇〇倍の破壊力をもっていた。端的に言うならば、人類はわずか一〇年という短い時間のうちに、一〇〇〇倍×一〇〇〇倍＝一〇〇万倍というほとんど理解不能な規模の破壊力を手にしたのである。

ソビエト連邦は、何千ものアメリカ人兵が命を落としている戦争で北朝鮮を支援しながら、こうした破壊能力を獲得していった。両国による兵器開発競争が進むほど、将来が不透明で不気味なものになるように思われた。そしてそのことは、私が自分のキャリア選択を考え直すきっかけにもなった。

一九五三年の半ばごろ、スタンフォード大学からわずか数マイル南東にあるマウンテン・ビューに新たな防衛研究所が誕生したとき、私は自分の前に開かれた道を歩み出すことを決めた。その研究所は、ソビエト連邦が開発中の核ミサイルへの防衛策を講じるべく陸軍が設立したものだった。休学期間中に博士論文を仕上げる手はずを整えたのち、私はこの新しい研究所の人材採用に応募し、上席研究員としての地位を得た。

一九五四年二月、勤務先となる「シルベニア電子防衛研究所」のあるスタンフォード地区に戻るため、妻のリーと私は戦前の古い木製ボディのステーションワゴンに子どもたちを乗せ、再びカリフォルニアに向けて大陸横断の旅に出た。新たな勤務先で、私は極秘偵察計画に深く関与し、防衛分野でのキャリアを築くこととなる。それはやがてキューバ危機への関与にもつながっていく。そんな中で、核兵器が残す負の遺産に対する私の考え方も変化していくのである。

今日となっては、秘密に満ちた冷戦初期の時代精神を理解するのは難しい。ただ、アメリカではソビエト連邦の核の脅威に対する本質的な理解を欠いていたために、安全保障上の不安が深刻化していた。ソビエト人たちは核による「先制攻撃」能力の獲得を狙っている恐れがあり、それゆえにその核戦力――核弾頭の保有数、配備数、そして実戦能力――をより正確に把握することが必要不可欠とされた。軍事的な誤算という悲劇を避けるために、そして軍事予算のより適切なマネジメントのために、当時まだ完全に確立できていなかった新たな技術に基づく、強力な軍事偵察能力が明日にも必要とされていたのである。

そんなわけで、それからの数年間、私はこの重大な課題に取り組むことになる。

第3章　ソビエト核ミサイルの脅威

戦争を想像するだけで身の毛のよだつような存在に変えたのは、浮いて漂っているような核兵器の脅威ではない。核兵器が何をなし得るのか、それが何発存在しており、何を標的としているのか、といった苦労の末に手に入れた詳細な知識を両陣営がともに保有していること、そして核兵器はいかなる防備をも打ち破るという確実性こそが、戦争をそうした恐怖の存在に変えたのである。

トーマス・パワーズ『インテリジェンス・ウォーズ』

核の脅威や危険を減らそうという私の旅の始まりは、（冒頭の引用文にある）「核兵器が何をなし得るのか……といった苦労の末に手に入れた詳細な知識」を獲得するために捧げられた。第二次世界大戦という歴史的な暴力に続いて、大戦において最大の同盟国だったアメリカ合衆国とソビエト連邦のあいだに戦後対立が生じ、それが解決されないどころか深刻化していったことで、国際環境はそれまで以上に危険なものとなっていった。

より大きな破壊力をもつ核兵器を製造、蓄積しようと二つの超大国がくり広げる軍拡競争は、終わりの見えない熱狂が続いた。核兵器庫の中で膨れ上がっていく「必要以上の破壊力」を削減するための、相互に開かれた新たな取り組みの機会は、秘密と敵意に満ちた精神によってことごとく潰された。核兵器を用いた最終戦争（アルマゲドン）を避けるためには、常に合理的で常に十分な情報をもつ当事者どうしが恐怖を共有する「相互確証破壊（MAD）」の原則というゾッとするような現実主義に加え、限りのない幸運に頼るしかなかった。

ソビエトのミサイル開発と宇宙開発計画が、その広大な国土の一一のタイムゾーン（標準時間帯）にまたがり散らばって配置されていたため、アメリカはほとんどその実態を摑んでいなかった。一九六〇年代には、ソビエト連邦にミサイル技術で後れをとっている（いわゆる「ミサイル・ギャップ」）のではないかという国民的な論争が起きたくらいだ。私たちはソビエトの核戦力の規模や配備だけでなく、射程距離、命中精度、運搬可能サイズ、その他重要な特徴などの実戦能力についても、より詳しく把握する必要があった。そして、この目的を達成するためには偵察技術の大改革が必要とみられた。

新型の非常に高度な偵察技術が必要とされたのには込み入った理由があったのだが、我々が戦略的に考慮すべき本質は、ソビエトの大陸間弾道ミサイル（ICBM）の命中精度とその核弾頭のサイズと威力が、地上に配備されたアメリカの報復用核兵器を先制攻撃で破壊できるのかどうかという一点だった。ちなみに、核兵器は通常堅固な「地下式サイロに格納」（防護）されており、それらを破壊するのは、都市のような「脆弱な」標的を破壊するより難しい。

理論的には、仮にソビエトがアメリカの地上核戦力を先制攻撃で破壊することができるとすれば、ただでさえ危うい相互確証破壊のバランスが崩れ、期待できる抑止力を失うことが予測された。なぜなら、報復攻撃によるダメージが大幅に低減されることでソビエトの優位性が高まり、アメリカは破滅的な危機に追いやられることになるからである。同様に、ペンタゴンの中には、ソビエトが核攻撃に対する効果的な防衛手法を編み出すなら、アメリカの報復攻撃の脅威が減り、抑止力が弱められてしまうと懸念する者もいた。

冷戦における偵察戦の勝利は、アメリカに決定的に重要な知識をもたらした。もちろん、それで安全が確実に保障されたわけではなかったが、当時においては、戦争を「想像するだけで身の毛がよだつ」ものと感じさせることが、核による破滅の脅威を和らげる――つまり、相互確証破壊の原則をより確実にする――ための基礎的な手段となった。

これは前進であった。核の脅威に対する知識の深まりは、脅威を段階評価したときのいわゆる「最悪の事態」を回避し、予想される軍拡競争の範囲とペースを抑制する方向に作用した。また、知識の深まりは、将来の大きな協調関係へと道を開いてくれる可能性があった。軍拡競争への膨大な支出――とりわけ、「見えない」支出――を続けることは、アメリカとソビエトの双方を弱体化させるものだったからである。

「必要は発明の母である」という格言は、アメリカの冷戦時の偵察技術について言えばまさにその通りで、そこから優れた発明や諜報上の成功が生まれたのだった。

□

次なる私の旅は一九五四年、二六歳のときに始まった。当時、私はカリフォルニア州マウンテン・ビューにある「シルベニア電子防衛研究所」の上席研究員を務めていた。最初に手がけたプロジェクトの一つは、標的に向かうソビエトのＩＣＢＭの誘導信号を妨害するために考案された電子防衛システムの評価を行うことだった。ソビエトが核弾頭を搭載したＩＣＢＭの開発をすでに進めており、アメリカの攻撃目標に正確に着弾させるために無線誘導を使っていることは判明していた。妨害電波発生装置を作る前に、我々には解決すべき課題が二つあった。一つは、誘導信号の特徴を知ること。もう一つは、ソビエトのミサイルを誤誘導することで被害をどの程度抑えられるのかを知ることだった。

核兵器は恐るべき破壊力をもっているため、ＩＣＢＭを誤誘導して着弾させることで被害を大幅に抑えられるのか、まったく確証がなかった。妨害電波によってミサイルの行き先をボストンからニューヨーク、あるいはピッツバーグからクリーブランドに変更させたからといって、何の違いがあるのか？　それでもなお、私はさまざまな攻撃シナリオに対して、妨害電波を使った場合の被害低減に関する統計の尤度《ゆうど》（あるいは傾向性）を分析してみた。皮肉なことに、この分析に使用した統計手法は「モンテカルロ法」と呼ばれ、水素爆弾の設計に必要な計算を行うため、スタニスラフ・ウラムとジョン・フォン・ノイマンが開発したものだった。

ある面において、私の分析は肯定的な結果を示した。効果的な妨害電波の使用は、中規模の核攻撃による予想死亡者数を三分の二ほど確実に減少させることを示していた。つまり、もし誤誘導が成功すれば、本来なら七五〇〇万人が即死するところを「わずか」二五〇〇万人に抑えられることが明らかになったのである。ゾッとするような結論だが、これはまだ核攻撃が引き起こす結末の全体像を十分に描ききれていない。

なぜなら、放射能の灰が降る、いわゆる「核の冬」によって生じる長期的な死者数が含まれていないし、対処や治療が間に合わず死亡に至る負傷者が数千万人にのぼる可能性が考慮されていない。さらに、経済、政治、社会システムが完全に機能停止する問題を取り扱っていない。はっきり言って、我々は大規模な核戦争が文明にもたらす破壊の規模を適切に数値化する術をもち合わせていないのである。

これらの計算は、核攻撃に対する防衛システムの有効性を証明するためのものであったのだが、逆に私は、大規模な核攻撃の破壊力に対しては、何ら可能な防衛手段は存在しないことを教えられたのだった。唯一意味のある防衛手段は、それを起こさせないことなのである。私は、我々が優先すべきは核攻撃からの防衛という無意味なことに資源を投入するのではなく、むしろ攻撃を未然に防止することに投入すべきであると結論づけた。この基本的な認識は、防衛分野におけるその後の長いキャリアを通じて、私を導く原則となった。

『科学と政府』の著者であるC・P・スノウは、核攻撃に対する弾道ミサイル防衛（BMD）システムによって、何百万人もの人が死から「救われる」と計算している科学者たちについて、次のような的確なコメントを残している。

「未来の人々は、我々についてどのように思うだろうか？　彼らは、我々が人間の心をもった狼だと言うだろうか？　彼らは、我々が人間性を放棄したと思うだろうか？　もちろん、彼らにはそのように言う権利があるだろう」

私はソビエトのＩＣＢＭに対する電波妨害の潜在的効果を測定するいっぽうで、誘導システムの特徴をどのように見きわめようかと考えていた。我々の研究所は、ソビエトがＩＣＢＭ飛翔実験を行う際に、その無線誘導信号を傍受できるよう設計されたシステムを開発した。そして、陸軍はこれらの監視システムをいくつか導入し、ソビエトを取り囲む防御線上に配備した。というのも、ＩＣＢＭは飛翔中に高度数百マイルに達するため、傍受対象となる信号は、我々の電波が届く範囲（電波地平線）より上空――通常、傍受する地点から一〇〇〇マイル以上もの距離になる――にまで達するからだ。

ソビエトが――そしてアメリカも――ＩＣＢＭを慣性誘導（高精度の加速度計を使用する）に切り替え、もはや傍受すべき誘導信号がなくなったのち、我々の拠点ではさらに重要な信号を傍受した。それは、ミサイル実験の際に飛翔中のパフォーマンスを計測するための「テレメトリ信号」と、ソビエトの発射基地が実験ミサイルを追跡するために使用する「ビーコン信号」だった。この信号の傍受と分析は相当やりがいのある仕事で、すっかり夢中になってしまった。ソビエトは二つの信号を、ミサイルが設計通りのパラメータに達したかどうかを判断するために使用していた。そして、我々はこれを逆に使って、ソビエトの設計パラメータがどんなものだったかを突き止めたのだった。

我々は、信号の傍受、分析の双方でかなりの成功を収めた。我々の地上拠点は、ソビエトが実施したほぼすべてのＩＣＢＭ飛翔テストにおいて、テレメトリ信号とビーコン信号の傍受に成功した。これらの信号を傍受してミサイルの特徴を決定するという挑戦は、冷戦期を通じて継続され、この間、アメリカはソビエトのミサイルシステムの実行能力に対する理解を着実に洗練化させていった。信号解析の巧妙さ（データの収集と処理についても）は本書の範囲を超えるものであるが、これまでの文脈において考慮すべき重要な点は、我々はソビエトのミサイルの射程距離、精度、配備、保有数についてアメリカの理解が進むように、創造的な解釈を伴う作業を力強くやり続けたという事実である。

この問題の重要さと困難さのゆえに、アメリカ政府は、この問題に関わっている民間の契約業者と政府職員を一緒に集める必要があった。そうして生まれたのが、CIAと国家安全保障局（NSA）によって創設された「テレメトリとビーコン分析委員会（TEBAC）」であり、それはさまざまな情報収集者と分析者が情報を共有し、ソビエトのICBMに対する評価作業のピッチを上げることを目的としていた。このエリート集団による極秘の活動は、アメリカが冷戦において間違った計算をしないために決定的に重要なものだった。

TEBACは我々の上位の政策決定者に対して、ソビエトの核兵器能力に関する正確な情報を提供した。そして、言うまでもないが、ソビエトもまたアメリカの能力を徹底的に監視しようと動き出した。もしそうでなかったら、双方はお互いに対して最悪のケースを想定した評価を行い、その結果、莫大な支出を伴う果てしない軍拡競争を続け、ただでさえ危うい核の均衡をより大きな危険に晒したであろう。TEBACはソビエトの最も危険なミサイルについて、最も確実かつ正確と言える説明を行う責務を負っていたのである。

TEBACは活発な調査分析を行ったが、ソビエトの核兵器の保有数までは割り出すことができなかった。数の情報は「鉄のカーテン」に遮られ、入手が特に難しかった。初期の試みのうち最も成功したものは、広大なソビエトの高度上空を飛行するU－2偵察機が得た画像からもたらされた。U－2はソビエトのミサイルおよび宇宙計画の中核となる施設の画像を収集した。アメリカは一九五六年から数年の間、ＩＣＢＭ基地、弾道弾迎撃ミサイル基地、核実験施設のような重要施設の高解像度画像を入手するために、これらの偵察機を送っていた。偵察は数か月間隔で行われ、貴重な情報をもたらしてくれた。

Ｕ－２が撮った画像がワシントンに届くと、それらは国立画像解析センター（ＮＰＩＣ）に送られて分析された。画像にミサイルや核施設が写っている場合、画像解析のために特別の技術チームが編成された。そのチームの顔ぶれは毎回変わったが、ほとんど常に参加していたのはアルバート・ウィールトン（宇宙技術ラボ）、エブハート・レクティン（ジェット推進ラボ）、カール・ダケットとランディ・クリントン（陸軍ミサイル司令部）、ボブ・フォッサム（シルベニア電子防衛研究所の同僚）と、私であった。新たなデータを分析し、画像に写ったソビエトの兵器を評価・分析したレポートを書くために、一日一二時間の会議を三日間ぶっ通しで行ったりしたものだ（これは「ジャム・セッション」と呼ばれた）。我々が作成する報告書は、インテリジェンス・コミュニティにおいて、兵器分析に関する最も信頼のおけるレポートと見なされていた。

一九六〇年五月一日、ソビエトはアメリカのＵ－２偵察機一機を撃墜、パイロットのフランシス・ゲーリー・パワーズを捕虜とした。分析に明け暮れた我々の日々は、これで終わった。

しかし、ＣＩＡはＵ－２の脆弱性を痛いほどよくわかっていたので、以前から衛星写真を使った偵察システムの開発を続けてきていた。コードネーム「コロナ」と呼ばれたこのシステムは、幸いにもＵ－２が撃墜されたその年に運用可能となった。コロナはＵ－２ではできなかった広範囲を偵察する能力をもっていた。雲に視界を遮られない限り、一回につき数週間の運用で、一一のタイムゾーン（標準時間帯）にまたがるソビエトの全領土を偵察することができた。ただし、一つだけU－2にかなわない能力があった。それは高解像度の画像を撮影する能力である。これはのちに画像衛星の導入で解決されることになる（なお、コロナの開発に関する驚くべき物語は、フィリップ・トーブマンが『Secret Empire』で見事に描き出している）。

我々がソビエトのミサイルの脅威の深層を明らかにしようと努めているころ、世間ではソビエトのほうがその能力において先んじている、すなわち「ミサイル・ギャップ」があると大げさに主張されていた。その政治的な空気の中、CIA長官のアレン・ダレスは、一九五九年にヒューズ航空機のパット・ハイランド社長を座長とした会議（ハイランドパネル）を特別に招集した。パネルの顔ぶれはハイランドのほかに、陸軍ミサイル司令部、海軍の潜水艦ミサイル部隊、空軍ミサイル司令部、そしてジェット推進ラボの面々だった。これら名誉ある軍の「長老」たちに加えて、ハイランドは三〇代の「ひよっ子」であるウィーロンと私も招集した。これにより、パネルにはTEBACのジャムセッションからの知見がもたらされ、私とウィーロンが上官たちに助言するという奇妙な立場に置かれた。

およそ一週間、我々は入手可能なデータをすべて検討した。CIA、NSA（国家安全保障局）、そして陸海空軍の諜報分析官のブリーフィングも聞いた。我々全員の一致した見解は、ソビエトのICBM計画は突貫工事で完成されたものではなく、配備済みのミサイルはわずか数基にすぎないというものだった。報告書は、ソビエトは実戦対応可能なICBM計画を保有しているものの、配備されたミサイルの数は多くはなく、「パネルによる分析検討の結果、ソビエトの初動運用能力では、ごくわずかな数のミサイル（一〇基）のみが発射可能な状態にあると考えられる」と結論づけた。しかし、この報告書はその後数十年、世間の目に触れることはなかった。

こうしたハイランドパネルの分析結果により、軍と政府高官のあいだではソビエトのミサイルが圧倒的であるという恐れは霧消した。しかし、その情報は——ごく最近、秘密解除となった——は当時の一般世論の不安を解消させるために使用することはできなかった。両核大国間の緊張は、その後も高まり続け、一九六一年、ソビエトがいわゆる「ツァーリ・ボンバ」(当時、アメリカの国連大使だったアドライ・スティーブンソンによれば「モンスター爆弾」)の地上実験を行い、核実験停止合意を破ったことで最高潮に達した。それは五〇メガトンの爆弾であり、史上最大の爆弾であった(のちに我々は、「ツァーリ・ボンバ」が本来一〇〇メガトン級の爆弾であり、投下する航空機への損傷と、爆破飛散物の量を抑えるために能力を落として行われていたことを知らされる)。

これが、のちに我々が経験する史上最大の核危機、第一章で述べた「キューバ危機」の背景である。この危機と私がどのように関わったのか、また、アメリカとソビエトがこの危機を軍拡競争を抑制するためでなく、逆に助長するように利用したことは、すでに述べた通りだ。

キューバ危機は、アメリカの防衛産業に大きなビジネスチャンスをもたらし、我々のいたシルベニア電子防衛研究所はとりわけ大きな恩恵にあずかった。テクノロジーを活用した諜報活動は政府にとってさらに優先順位が高まり、防衛関連産業は大変な活況を呈した。

そうした軍拡競争の過熱がはっきりと明らかになったのは、ソビエトが新たに二つのICBM実験を開始したときだった。アメリカのインテリジェンス・コミュニティでは、新たなミサイルの性格をめぐって大きな議論が巻き起こった。空軍の諜報担当は、新たなICBMのうち一つ(SS−8)は一〇〇メガトン級の「モンスター爆弾」を搭載するための設計だと主張し、その特徴を調査分析することが最優先課題とされた。

ＩＣＢＭの実験中、ソビエトはすべてのミサイルの動力航行を、アメリカの地上基地で傍受できる高度（電波地平線）より低い位置で行ったため、ロケットエンジンの特徴やミサイルの大きさを特定する我々の解析能力は大きく妨げられた。そこで、陸軍は自前の空挺部隊によるテレメトリー信号傍受システムを空中で運用することを決め、トルコとパキスタンの二か所に配備するためのシステム製作を許可した。

一九六三年の秋、新たに配備されたシステムの運用点検を行うため、私はパキスタンに飛んだ。ペシャワール空軍基地に到着した数時間後、ちょうどソビエトのＩＣＢＭ発射実験が迫っているとの警報が入ったため、私はパイロットに頼み込んで、ミサイル監視ミッションの航路に沿って飛んでもらった。ソビエト連邦領を眼下に見下ろすヒンドゥークシ山脈の上空を、高度四〇〇〇フィートで飛行するときは実にスリル満点であった。そのスリルを抑制できたのは、ＩＣＢＭの特徴を見きわめるために飛んでいるという確信であり、もしそれが発射されたら、何百万人のアメリカ人が犠牲になるという確実な知識があったからだった。

我々の空中で運用したシステムは、ＳＳ－８の動力航行を捉えたが、実際に我々がその高解像度画像を手に入れることができたのは、一九六四年の一〇月革命記念日の軍事パレードで披露されたときであった。ソビエトはこれらのパレードを一面では国内の士気を高めるために、他面ではヨーロッパの我々の同盟国を脅迫するために行った。しかし、我々は同じその機会を情報収集のために利用したのである。ＴＥＢＡＣのテレメトリー分析と組み合わせ、撮影された画像はＳＳ－８が比較的軽量の爆弾を搭載するために設計されたミサイルであると結論づけた。この結果、モンスター爆弾の恐怖は消え、アメリカのモンスター爆弾製造への意欲も同様に消え去った。

私個人にとって、キューバ危機後の時期は、別の意味でも最も緊張に満ちた日々であった。一九六三年までに、私は約一〇年にわたったシルベニアでのキャリアを見つめ直していた。直近の三年間、シルベニア電子防衛研究所の社長を務めていたが、仕事は挑戦と興奮に満ちており、会社は多くの実績を残していた。我々の仕事はやりがいがあり、評判も良く、社員の士気も高く、業績も拡大していた。私が社長であるあいだに会社の規模は二倍となり、さらなる成長が見込まれていた。さらに重要なことに、我々の会社は、アメリカのインテリジェンス・コミュニティが担うソビエトのミサイル開発と宇宙開発計画を把握する任務の支援を行うリーダー企業でもあった。当時の状況を考えれば、我々の仕事は間違いなく最重要なものであった。

そのいっぽうで私は、我々の研究所が次なる時代の核となる技術に関して、後れを取りつつあるのではないかという不安を感じていた。親会社の「シルベニア電子機器」は、世界最大の真空管メーカーだったが、新たな半導体技術の受け入れには難色を示していた。というのも、会社の一番のドル箱である既存の生産ラインの廃止につながることが間違いないからだった。このような問題――私はこれを「リーダーシップがもたらす負債」と名づけた――は、既存の価値基準を打ち砕くような新たな技術を導入するときに、常に発生するものである。

我々の電子防衛研究所はアナログ技術に優れていた。しかし、半導体素子を基盤とするかつてない新たなデジタル・テクノロジーが、ヒューレッド・パッカードなどいくつかの企業が開発を進める小型で高速なコンピューターとともに、すでに現れ始めていた。集積回路（ＩＣ）の導入により、市場には以前とは比べものにならないほど優れた製品が登場していた。私は新しいデジタル技術と最新の小型コンピュータを用いる最先端の現場に立ちたかったし、それが我々の直面する偵察技術の問題を解決するのに決定的な役割を果たすということも知っていた。けれども同時に、電子防衛研究所がアナログ技術との関わりを断ち切れないがゆえに、いつまでも業界のリーダーでいることはできないことにも私は気づいていたのである。親会社の官僚的な体質にも嫌気がさし始めていた私は、大企業のネガティブな影響力と戦うより、使命達成やチーム作り、技術優先が推奨されるような、より柔軟性のある新たな会社を立ち上げるべきだと考えるに至った。

一九六三年のクリスマス休暇を迎えるころ、頭の中はこうした計画でいっぱいだった。そして休暇の終わるころ、私は決断を下した。一月の初めに辞表を提出し、四人の幹部社員とともに新たに「ＥＳＬ」という会社を立ち上げたのである。

第4章 シリコンバレーの原風景

ESLへの投資は、その顧客が誰であるかを説明できないのであれば、あまりにも危険すぎる。

フランクリン・P・ジョンソンからペリー宛て書簡（意訳）一九六四年四月

親戚や友人のほとんどが、シルバニアの恵まれた職場——当時、私は電子防衛研究所の最高責任者だった——を去って、今日「シリコンバレー」として知られる地域の中心部できわめてリスクの高いベンチャービジネスに乗り出すことを、愚かな行為と見ていた。一九六四年の時点では、大胆なアイデアをもつ若手のハイテク企業家が集う拠点として知られるシリコンバレーは世間に知られておらず、実際、まだシリコンバレーとは呼ばれてはいなかった。しかし、デジタル時代は到来しつつあった。私は自分のアイデアに自信をもっていたし、シルベニア時代の成功条件を、時代遅れの技術にこだわり、官僚主義に染まった親会社の束縛を捨て去ることで、さらに発展させることができると確信していた。

我々の新会社、ＥＳＬの基本理念は、冷戦下の諜報作戦に貢献することだった。社長兼最高経営責任者として、私の関心のすべては、ＥＳＬが規模と能力を拡大しつつ、理念達成のために不可欠な貢献を確実に行えるようにすることにあった。同時に、会社での仕事に歩調を合わせつつ、かつてキューバ危機の前後にそうしていたように、無報酬のコンサルタントとして我が国のインテリジェンス・コミュニティに対する貢献も続けるつもりであった。

私が最優先すべきと考えていた課題は二つあった。一つは、ソビエトが実施するすべてのＩＣＢＭ発射実験について、より完全なテレメトリ信号データ入手するにはどうしたらいいか。もう一つは、当時まだ開発初期段階にあった弾道ミサイル防衛（ＢＭＤ）システムの正確な能力把握に必要となる主要信号をどのようにして解析することができるか、ということだった。いずれも難しい課題であり、その解決のためには、シリコンバレーで開発中のすべての技術が必要だった。

私は、デジタル技術は最終的に我々の世界を根底から変化させると見ていた。そこで、ＥＳＬは、自分たちのもつすべての資源をデジタル分野における技術開発の一点に絞って集中的に投下することで、この新技術の開拓におけるトップランナーとしての地位を確保しようとしたのである。加えて、衛星偵察システムに重点を置くことも計画にあった。それは、偵察衛星には地上や空中での諜報データ収集システムがもつ限界を乗り越える力があると見ていたからであった。

ＥＳＬの立ち上げと経験で得た経験は、それからあとに私が取り組んだ、核兵器の脅威を減らすためのあらゆる仕事に不可欠のものとなった。それは、私の考えや行動の基盤（パラダイム）となったのである。ESL時代、私は核のもたらす危機についてさまざまな角度から学び、そこで得た教訓は当時も、またそのあとの取り組みにも大きな役割を果たした。核危機という問題と格闘する際には、組織的な独創性と独立性が必要であることを学んだ。我々はビジネスをしようとしていたのだが、さらに深い次元ではある種の使命感を有しており、むしろそのほうが重要であった。核危機は過去に例のない問題であり、人類の長い歴史におけるターニング・ポイントでもあった。その危険性は比類なき大きさで、それまで有効であった伝統的な組織間の調整機能を、我々が試行錯誤しながら見つけ出していく新しい方法によって強化しなければならなかった。

我々は、ソビエトの脅威を明確にすることに関する、しばしば困難を伴う諜報活動を、自由な発想で進められる適切な環境を作り出す必要があった。そこで絶対不可欠となるルールは次のようなものだ。すなわち、組織間の政治的な対立はより高い次元の協力精神に道を譲るべきこと、公共の利益を常に意識すること、共同作業による分析を促すこと、大胆な分析アプローチを推奨すること、である。失敗は恥じるべきことではなかった。むしろ、失敗がなければ十分な進歩は期待できないのだ。

また、我々は常に時間的に切羽詰まった仕事を手がけていたため、解決と回答を導き出す鍵となる実験を円滑に行うことができるよう、官僚主義的でムダの多い仕事の流れを、普段から効率化しておく必要があった。そして、そうした取り組みの中で明らかになったのは、冷戦下の情報収集任務のあらゆる局面——検出、収集、処理、分析、そして結果報告——において、最先端の技術は決定的に重要な役割を果たすということだった。

ESLで得た教訓は、私の仕事のやり方の基礎となった。中でも特に重要なのは、人々が「巡回経営管理」と呼んだものである。私はプロジェクトの現場をたびたびぶらりと訪ねた。そのおかげで、現場で問題解決に取り組んでいる人たち、彼らの成し遂げた仕事や苦しんでいる課題、難解で扱いにくい問題を検討するときの取り組み方について知っておくことは、経営にとって絶対欠かせないということがわかった。また、プロジェクトチームのメンバーとともに働くうち、考え方の枠組みを共有し、同じ土俵の上で対話する術を学んだ。私は彼らと同じ言葉を話し、彼らの考え方を核心部分まで理解することができた。

我々のESLは、設立当初から核危機に対処するための会社だったため、独自の運営方針を維持する必要があった。たとえば、この会社は外部からの出資を一切受けずに設立された。なぜだろうか？　実は、シリコンバレーのベンチャーキャピタルの草分けであるドレイパー・アンド・ジョンソンは、出資を真剣に検討してくれた。しかし、我々は自社製品や顧客名を開示することができなかったので、彼らもそれがやむを得ないことだと納得し、提案を撤回したのだった。

そんなわけで、ESLは完全に従業員の出資だけで設立された。私を含む創業者たちと数百人の技術スタッフがESLの株式を購入し、外部者への譲渡は認められなかった。誰かとび抜けて金持ちがいるというわけではなかったが、多くが電子防衛産業で一〇年程度は働いており、離職時に退職金も手にしていたから、まるで資金がないわけでもなかった。要するに、ESLの資本は、創業者やスタッフたちの生活費向けの貯蓄が元手だったのである。我々が取り組むきわめて重要な課題の高いリスクを考えれば、こうした真摯なコミットメントは適切なものであると思われた。

ESLの五人の創業者は、それぞれ約二万五〇〇〇ドルを出資し、ほかの従業員は五〇〇〇〜

一万ドルを出資した。これは一九六四年当時の若い技術者にとって大金だった。（会社の資本として提供した）生活資金を自らの手で守り、増やすというモチベーションは、どの従業員にとっても非常に強力なものとなった。そのおかげで、わずか一〇万ドルほどの資本金で始まったESLの総資産は、設立一年目の終わりまでに五〇〇万ドルまで増えた。すべては創業者と従業員の力によるものだった。

事業規模が拡大していくいっぽうで、ESLはカルフォルニア州サニーベールのモフェットパークに本社を置く最初の企業となった。このあたりはのちに、アタリ、ヤフー、人気レストランのライオン・アンド・コンパスをはじめとするシリコンバレーの企業が集中するエリアになるのだが、当時はまだ我々の社屋――美しい褐色の二階建てだった――がその片隅にぽつんと建っているだけだった。あたりにはトマト畑が何エーカーも広がり、その向こうにコースト山脈の山並みが連なって見えた。しかし、ESL本社はそれから何年もしないうちに、世界の広大な地域を監視するためのダイナミックかつきわめて独創的な諜報関連プロジェクトがいくつも入居する、複数のビル群から成る複合施設へと変貌を遂げるのである。

ESLの初期において、最も緊急性を要する課題の一つは、ソビエトがアメリカのICBMに対する弾道ミサイル防衛（BMD）を効率的に運用できるのかどうか、見きわめることだった。アメリカの防衛計画担当者たちは、偵察衛星で監視を続けていた、ソビエトの開発中のミサイル防衛システムについて警鐘を鳴らしていた。その能力と、それが運用された場合にアメリカの抑止力がどの程度低下するのか、激しい議論が巻き起こった（皮肉にも、それから五〇年後、アメリカがヨーロッパに配備したミサイル防衛システムについて、今度はロシア側が同じ恐れを抱くことになるのだが)。

一九六〇年代の半ばから後半にかけて、アメリカの戦略立案担当者の中には、ソビエトに匹敵する防衛システムを構築して配備し、仮に核戦争に突入したときには、ソビエトの防衛システムで破壊されるであろうミサイルの埋め合わせができるよう、我が国のICBMの戦力を大幅に強化すべきだと主張する者たちがいた。このため、我々は新たな核の軍拡競争に身を置く羽目になってしまった。結果として、我が国のインテリジェンス・コミュニティは、ソビエトの弾道ミサイル防衛システムの能力を把握せよという非常に大きなプレッシャーに晒されることになった。それに応じて、我がESLも新たなアイデアを生み出し続け、そのいくつかは大きな成果を上げたのである。

この時期、我々はインテルが発表したばかりのデジタル部品を搭載した小型衛星システムを提案し、いくつかの契約を勝ちとった。このシステムは大変に有効なものだった。その当時、アメリカ政府が大型衛星による情報収集・処理システムの企画提案を求めていた。ESLは若くて小さな会社だったが、ほかの会社には真似できない一流の設計チームを立ち上げ、受信側サブシステムの構築を提案した。うまく契約に辿り着ければ、それまでとは比較にならないぐらい巨額の契約になるはずだった。

設計は最良のものだった(と我々は信じていた)ので、きっと契約を得られるだろうと自信過剰に陥っていた。しかし、この過剰な自信のために、我々は愚かなことに「プランB」を準備しなかった。競争入札に敗れた我々は、その規模に比して過剰な人員を抱えこむ結果に陥ったのである。普通ならそういう場合、会社は従業員の一部を解雇するものだ。ところが、我々は自分たちの才能あふれるチームはそう簡単に代えられるものではないと信じていたから、普通ではない、より危険な道を選んだ。才能ある従業員を解雇することは、他の従業員に誤ったメッセージを送り、それまで築いてきた会社の文化を永久に変えてしまうと考えたのである。

我々はすばやく次善策を考え出した。モフェットパーク近隣の目ぼしい会社に出向いて、余剰人員を半年から一年ほど「レンタル移籍」させることを提案したのである。具体的には、移籍先の会社に直接の給与のみを支払ってもらい、ESLは彼らを社員のまま留めおいて、福利厚生などの間接費用を負担するという仕組みだった。こうして一時的に移籍した従業員たちは、すべて一年以内にESLに復帰し、彼らは——そしてESLのすべての同僚たちも——忠誠心というものが双方向的であることを理解したのだった。翌年、業績は再び急成長を遂げ、我々はレンタル移籍した従業員たちが戻ってきて新たなプロジェクトで働き始めたことをみなで喜んだのである。

こうした偵察衛星システムを開発を行ういっぽうで、我々は地上に基盤を置くシステムの開発も続けていた。そのころ生まれた諜報に関する新たな課題の複雑性と、その課題があったからこそ生まれた優れた対応を物語る事例がある。それは次のようなものだ。

ESLの最も独創的な技術者の一人であるリュー・フランクリンは、アメリカ海軍調査研究所（NRL）のジム・トレクスラーが行った「月面反射通信計画」なるアイデアに啓発された。トレクスラーは、ソビエトのレーダーが電源オンになるとき、月が適切な場所にさえあれば、それが月面ではね返されて地球に戻ってくることに観測で気づいた。これを知ったリューはある試算を行った。月は非常に大きいので、ソビエトの弾道ミサイル防衛システムから発されるレーダー信号も月面ではね返り地球に戻ってくる。その信号はアメリカの巨大地上アンテナで受信できるほど強いはずで、ほぼ確実にその信号の特徴を判断できるだろう、というのだ。

ＥＳＬの施設からわずか数マイルの距離にあるスタンフォード大学キャンパス内の牧歌的な丘の上には、当時最も大きなアンテナの一つが置かれていた。直径一五〇フィート（約四五メートル）もあるパラボラ（椀型）で、数マイル離れた場所からも目立つ建造物だった。このアンテナは、反射器に接続された強力なトランスミッター（送信機）を使って電波を照射し、月の軌道を記録するのに使われていた。しかし、その管理者は限られた時間しかアンテナを使用していなかったので、それ以外の時間帯に我々が他の目的に使うことを許可してくれた。我々は、月が反射板の役割を果たしてくれる位置にある時期を見はからって、アンテナに超高感度のレシーバー（受信機）と記録装置を接続した。真夜中に動かしてみると、我々ＥＳＬのチームは、リューがまさに予測した通り、ソビエトのレーダー信号を捉え、高品質で録音することに成功したのだった。

リューと彼のチームは翌日、かかりっきりでその信号の解析に当たった。そしてその夕方、私は解析結果をもって、中央情報局（ＣＩＡ）のアルバート・ウィーロンと国防総省の高官らに報告するためにワシントンに飛んだ。高品質の信号録音のおかげで、我々は決定的な評価を下すことができた。ソビエトのレーダーは、アメリカのミサイルや軌道上の人工衛星を細かく監視することはできても、我々の抑止戦力を標的にミサイルを発射できるほどの正確性はもち合わせていなかったのである。

ただ、そのような報告をもってしても、我が国も弾道ミサイル防衛システムを構築すべきとする圧力は、わずかに弱まっただけだった。数年後、当時のリチャード・ニクソン大統領は「セーフガード（安全装置）」と呼ばれる防衛システムの導入を発表し、配備済みのＩＣＢＭを守ることがその目的とされた。しかし、システムの運用開始から一年もしないうち、セーフガードは密かに解体されてしまった。我が国の安全保障に特段の損失となることもなかった。

ちなみに、スタンフォードの巨大アンテナに接続したBMDレーダー受信機を稼働させていたとき、我々は思いがけない妨害電波を受信した。それはきわめて興味深い偶然なのだが、巨大アンテナが位置するパロアルトのタクシーが、いずれもソビエトのBMDレーダーとまったく同じ周波数で無線通信を行っていたのだった。そのため我々は、地球と月面の往復五〇万マイル（約八四万キロ）もの距離を飛んで受信機に到達するソビエトのレーダー信号を分析するために、わずか一〇マイル（約一六キロ）しか離れていないタクシーからの不要な信号を除去するデジタル機器を設計する必要に迫られたのである！

さて、ESLによる技術革新の事例をもう一つ紹介しておきたい。それは、偵察機を使用した情報収集システムが抱える最も難しい問題の解決策を生み出したことである。

高精度の方向探知サブシステムは、信号の位置を割り出すのに重要な役割を担う。ただし、偵察機が傍受した信号によって正確な方向探知を行うことは、高周波の電波については不可能とされてきた。航空機の機体が電波信号を複数の経路で反射してしまう（専門用語でマルチパスと呼ばれる）ため、信号方向の誤読につながるというのがその理由だ。

創造力に長けたESLのエンジニアの典型ともいえるレイ・フランクスは、突然こんなことをひらめいた――ある航空機における電波信号のマルチパスをモデル化し、デジタル・コンピューターを搭載する他の航空機にそのモデルデータを記憶させれば、偵察中にリアルタイムでマルチパスによる信号方向の誤読を修正できるのではないか。彼のこの天才的なアイデアは、驚くほどうまくはまった。あとは、航空機に搭載できるくらい小型で頑強で、なおかつ高速なデジタル・コンピューターが入手できるかが成否のカギだった。まさにそのとき、ヒューレッド・パッカードがHP2000という適当なモデルを市場に投入したのである。ESLはこの製品を採用したことで、ヒューレッド・パッカードの最優良顧客の一社となったのだった。

このほかにも、我々はデジタル技術を活用する方法を発見した。技術スタッフのメンバーたちが、我々のデジタル処理システムを「信号」以外のデータにも応用できることに気づいた。社内で最も優秀な研究者のうち、ボブ・フォッサムとジム・バークの二人が、新たなシステムをデジタル画像に応用するプロジェクトを担った。折しも、アメリカ航空宇宙局（NASA）が低解像度のデジタル画像を地上に送信できる資源技術衛星（ERTS、のちの「ランドサット」）の運用を、CIAが高解像度のデジタル画像を送信できる新しい画像偵察衛星の運用を、それぞれ始めたところだった。デジタル化の波は、画像の世界にも押し寄せたのである。

結果としてESLは、地球に続々と送られてくる膨大なデジタル画像の処理システムを設計する契約を獲得した。当初、この仕事はデジタルデータを受信して画像に変換するものだったが、すぐにそれ以上のことができるとわかった。ノイズ除去、空間歪み補正、画質向上など、さまざまな形でデータを操作して画像を改善することが可能になったのである。

とはいえ、当時のデジタル技術はまだ初期段階だったので、これらの作業は大変な労力を伴うものだった。我々は、当時商業化されていた中で最大の処理能力を誇るIBM製のコンピューター（IBM360）を設置するためのスペースを借りた。ソフトウェアの開発にも、数多くの人材と年月を投じた。ある意味で、我々はフォトショップ（アドビ社の定番画像処理アプリケーション）の先駆けだった。それでも、一般の消費者がデジタルカメラや自宅で画像処理できるパソコンを買えるようになるのは、もっとずっと先のことなのである。

信号の受信や処理以上に究極的な利益をもたらすのは、その分析だった。伝統的に、諜報データの解析は政府機関の独占的な仕事だった。しかし、ESLが設立されるころには、最重要の諜報対象はきわめて技術的なもの——ICBM、核爆弾、弾道ミサイル防衛システム、超音速航空機、そして無人偵察機など——になっていた。ソビエトの保有するこれらの兵器について信頼性の高いデータを取集するためには、少なくとも同じ程度に複雑な諜報技術が必要とされた。

そのため、政府は専門性をもつ企業と契約を結び始め、我がESLはその先駆となった。テレメトリー信号、ビーコン信号、レーダー信号のデータ分析については長期契約を結び、ICBM、人工衛星、弾道ミサイル防衛システム、軍事レーダーの性能評価を行う契約も獲得した。我々はソビエトの核の脅威に関する「得がたい、詳細な知識」を入手するという国の重要任務の核心に関与していたのである。

我々が行っていた諜報データ分析の仕事は、その当然の帰結として、軍備管理・軍縮局（ACDA）への関与につながっていった。ACDAと最初に接したのは、ケネディ政権が一九六一年に同局を設置した直後のことで、シルベニア電子防衛研究所とESLの両者がACDAからデータ分析契約を請け負った。私はACDAの仕事を通じて、核兵器管理の分野における知の巨人、ウォルフガング・パノフスキーとシドニー・ドレルと出会い、二人とはその後長く同僚として働いた。彼らとの仕事を通じて私は、軍備管理と核兵器削減こそが、核による破滅の危険性を緩和し、手に負えない「恐怖による均衡」への暴走を止め、引き返させるために最も重要な方法になると確信するに至った。

我々は一三年の月日をかけて、駆け出しのスタートアップ企業だったＥＳＬを、アメリカが向き合う核兵器の脅威に関する諜報活動の評価分析において、重要な技術的貢献を行う企業へと成長させた。一九七七年までに、我々は一〇〇〇人の従業員（私はその全員を覚えている）を雇用し、経営的にも大成功を収め、全国的な知名度も得ることができた。

そのときは少しも気づいていなかったが、やがて私は、ＥＳＬで貫き通したのと同じ経営理念が、国防総省というまったく異なる環境においても、しっかり役に立つことに気づかされる。

私は人生の新しい転機を迎えようとしていた。それは、やがて私を核戦争の瀬戸際に導き、新たな任務をもたらす転機だった。そして、核兵器の使用を防ぐための新たな兵器開発の責任者になったとき、偵察システムの開発に用いたデジタル技術と経営手法の両方が、非常に重要なものであることが明らかになるのである。これは核の時代における典型的な矛盾と言えよう。役割は変わり、用いる手段も変わるだろう。たとえそうであっても、私の根本的な使命が変わることはないだろう。私はそう考えていた。

第5章 国防次官への就任要請

技術者にとってこれは世界で最も面白い仕事だ。いまの君には想像できないような形で、心と知性を広げてくれるだろう。

ジーン・フビニからのアドバイス（抜粋）一九七七年三月

ＥＳＬの売上高と株価が大幅な上昇を見せたちょうどそのころ、私の人生に劇的な変化が起きた。一九七七年一月、新たに発足したカーター政権の国防長官となったハロルド・ブラウンから、彼のもとで研究・エンジニアリング担当の国防次官に就任するよう要請があったのだ。それまで私は政府機関での勤務を考えたことはなかった。自分が創業した会社、家族、マイホームのあるカリフォルニアにとどまることに強い責任を感じていた。この要請について妻のリーとも相談をしたが、彼女も私と同じ考えだった。しかし、国防長官からの要請はなおも続いたため、具体的な仕事の中身について話をしようという先方の要請を受け入れ、ワシントンに行くことにした。

核の時代だったその当時、核抑止に関する重大な危機が生じつつあること、そしてそれは偵察命令を出すくらいでは対処できないほどの危機であることを、それまで以上にはっきりと理解するようになった。アメリカとソビエトのあいだには、危険なほどの軍事力の差が生まれつつあったのである。あらゆることが核兵器の使用防止にかかっていた当時のことゆえ、これは気が重くなるような事態だった。

私はハロルド・ブラウンを崇敬していた。彼がケネディ政権で国防研究技術本部長を務めていたとき、専門的見地から何度か助言を行ったことがあった。それまで一緒に仕事をした人々の中でも最も優秀な人物の一人であっただけに、彼が私を次官に就けようとする理由には注意深く耳を傾けた。

ブラウン国防長官は、アメリカが抜き差しならない重大な安全保障上の危機に晒されていると語った。ソビエトは長らくアメリカの三倍の通常戦力を有してきたが、さらに核戦力でもアメリカに追いつき、核抑止力を不安定化しているという。彼はESLが開拓した新しいデジタル技術をアメリカの通常兵器システムに組み込むことで、ソビエト側の数的優位を「相殺（オフセット）」できると考えていた。さらに、その仕事には必然的に巨額の予算管理が伴うため、「給与支払い」の経験をもつ人物を望んでいたのだった。

私はその後、ブラウン国防長官の同僚で政策アドバイザーも務めるジーン・フビニと長いこと話し合った。頭脳明晰で興奮しやすい性格のフビニは、ブラウンの国防研究技術本部長時代、右腕となる本部長代理を務めていた。彼は、新しい技術でアメリカの軍事システムを変革する取り組みが、技術的にいかに刺激的でやりがいのある仕事かを言葉巧みに語り、最後にはこんな決め台詞を口にした。「技術者にとってこれは世界で最も面白い仕事だ。いまの君には想像できないような形で、心と知性を広げてくれるだろう」。

また私は、新任の国防次官補であるチャールズ・ダンカンとも会った。ダンカンはこんなふうに言った。自分の保有する株式はすべて白紙委任信託にした。あなたも創業者として保有するＥＳＬの株式――私が保有する資産のほぼすべてだったのだが――について、同様にすることができるのではないか、と。

自分の経営スタイルは、産業界ではうまく機能したとはいえ、政府機関でも通用するかどうか、当初は確信をもてなかった。企業経営を正式に学んだことはなく、現場で独学で身につけただけにすぎなかった。しかし私は、このやりがいのある新たな仕事の詳細を学べば十分であり、まったく新しい経営のやり方を身につける必要はないだろうと結論づけた。それどころか、この非常にやりがいのある決定的に重要な仕事においても、きっと自分は成果を出せるのではないかという気がしてきた。

このように自分の中で熟慮を重ねただけでなく、私は、デジタル技術がソビエトの通常戦力における数的優位を相殺するのに決定的な役割を果たせることを理解していた。さらには、カネのかかる冷戦下の軍拡競争において、我々の技術を活用することで経済的に不変の優位に立てると確信していた。

妻のリーは自分のキャリアを中断してまで、ワシントンに家を買うことに同意してくれた。そして私は、自分が設立した会社、家族、そして良き友人たちにほろ苦い別れを告げたのだった。

ワシントンの新しいオフィスの窓からは、サンタクルーズの山々もコースト山脈も見えなかった。とはいえ、私は防衛産業や政府の諮問会議に長く関わってきたため、人々が忙しく行き交い、声がよく響くペンタゴンの長い廊下には慣れっこだった。ペンタゴンは世界で最も優れた建築物の一つであり、米軍の強大さを象徴していた。

国防次官という複雑な仕事に慣れるのには数か月かかった。諜報分析を手がけた会社時代とはまったく別世界ではあったが、核の悲劇を防ぐために最も有効な仕事であることがすぐに明らかになった。

幸いにも、周りには助けてくれる専門家たちがたくさんいた。フビニは毎週土曜日の朝に私のオフィスに立ち寄り、さまざまなサポートや助言をくれた。補佐官であるゲリー・ディネンは、マサチューセッツ工科大学（ＭＩＴ）のリンカーン研究所で所長を務めたきわめて優秀なエンジニアで、ちょうど私と同じ時期にペンタゴンに着任した。国防高等研究計画局（ＤＡＲＰＡ）の局長だったジョージ・ハイルマイアーは、ＥＳＬでシステムラボの責任者を務めたボブ・フォッサムが後任者として赴任してくるまで、六か月間任期を延長して残ってくれた。

また、次官就任後一か月で、最高の軍事補佐官を得ることもできた。フビニの助言によると、国防次官の仕事において軍事補佐官は絶対不可欠で、若手ですばぬけて優秀な軍人はポール・カミンスキー空軍中尉であり、彼は国防大学（ＮＤＵ）での一年間の研究期間をちょうど終えたところとのことだった。さっそく彼を招聘しようとしたところ、空軍参謀長のデービッド・ジョーンズから回答があり、カミンスキー中尉はすでに他の部署に配属されたという。フビニは熱しやすい性格だったので、私に対して、すぐにジョーンズ参謀長に電話してカミンスキーの任務を解き、国防次官のもとに送ってよこすよう要請すべきだと言った。私はその通りにしたし、フビニもそのようにした――私にとってこれは、自分の職位がもつ権限がいかに大きいかを実感した最初の経験だった。

私はいまや、あらゆる軍事研究とエンジニアリングを監督するだけでなく、米軍および国防関連機関が製造・実験するすべての兵器に関する責任者だった。そして、どの米軍部隊もそれぞれの計画を成功裏に進めるためには、国防次官たる私の支援が必要であることを認識していた。

私の最初の肩書きは国防研究技術本部長（DDR&E）であり、ソビエトの人工衛星スプートニク打ち上げへの対応策として創設されたポストだった。その二代目本部長を務めたのが、当時の国防長官ハロルド・ブラウンで、彼はこの本部長のポストがエンジニアリングだけを所管するのではあまりにも権限が弱すぎると考えていたため、私の管轄権限を、防衛システムの開発はもちろん、兵器製造、さらには情報通信と諜報システムにまで拡大した。その結果、私の実質的な権限が強まったので、ブラウン国防長官は議会に対し、私の肩書きを研究・エンジニアリング担当の国防次官とする――そこには、国防総省の装備調達を管轄する最高責任者としての権限も含まれていた――認可を求めた。議会は一九七七年後半にこの変更を認め、私は二度目の就任宣誓を行ったのだった。

議会上院の公調会は、上院軍事委員会との初めての出会いの場でもあった。防衛産業で長い経験を積んだおかげで、私は上院議員たちが懸念している問題の大半によく通じていたので、公聴会は順調に進んだ。最も思い出に残っているのは、ジョージア州選出のサム・ナン議員との出会いだ。ナン議員は軍事委員会の中で最年少の一人だったが、軍事問題については明らかに誰よりも豊富な知識をもっていて、NATO（北大西洋条約機構）による戦術核兵器の管理に対して批判的な立場を取っていることで知られていた。公聴会で彼は、洞察に満ちたとても難しい質問を投げかけ、ソビエトの軍事力の数的優位を（デジタル技術の導入によって）相殺しようという私の考えを問いただそうと、いつも通り「尋問」にかけた。それが強く印象に残っている。そのときはわからなかったが、この出会いをきっかけにナン議員と私はその後、核安全保障の問題について長きにわたって協力し、多くの成果を生むことができたし、その過程で深い友情をはぐくむこともできたのだった。

しかし、国防次官としての仕事のために、払わなければいけない予想外の犠牲もあった。最初の就任宣誓に先立つ公聴会の席で、上院軍事委員会のジョン・ステニス委員長は、私がESLの保有株式を白紙委任信託に付すことを承認しなかった。チャールズ・ダンカン（国防次官補）や、その数年前のデービッド・パッカードについては、こうした白紙委任信託を認めたのにもかかわらずだ。ステニス議員は、国防総省の調達に関する最高責任者という私のポジションはきわめて慎重であるべき立場で、産業界とのあらゆるつながりは、たとえそれが持ち株の白紙委任信託によって遮断されているとしても認められないと主張した。

私はESLを辞めてワシントンに引っ越してしまっていたので、もはや引き返すことはできず、ESLの創業者株をすべて売却して委員会の判断に従うことにした。数か月後、ESLの取締役会は、会社をTRWに売却することを決定したが、その売却価格は私が創業者株を手放したときの市場価格の何倍もの高値だった。ESLの身売りから一週間後、私はある記者から取材を受けた。国防総省職員の特権の一つである、ペンタゴン内の「高官用食事室」にどれほどのコストがかかっているかを納税者に知らしめるのが主眼のようだった。その記者は私に、高官用の食事室で食べるとどのぐらいの支払いになるのかと訊いてきたので、躊躇することなく「一〇〇万ドルぐらいかな」と答えたものだった。

翌年、傷口に塩を塗り込むような事件が起きた。

アメリカ内国歳入庁（IRS）から、一九七七年の税務記録の検査を受けた。私たち夫婦はカリフォルニアからワシントンへの引っ越し代を、妥当な営業上の必要経費であると考えていた。けれども、内国歳入庁は引っ越し代が政府から払い戻されることを「知っていた」ので、それを経費として認めなかったのである。しかしその当時は、大統領から指名を受けた赴任者に対して、政府の払い戻しは行われていなかった。妻のリーはアメリカ公認会計士の資格をもつ税務の専門家だったので、疑い深い会計検査官にこのことを説明した。急いで確認を行った結果、リーが正しいことが証明されたため、彼は検査を打ち切ろうとした。が、リーは打ち切りを望まなかった。ほかに我々が還付申告を忘れていた経費を見つけたので、会計検査官が税務記録を引っ張り出してきたのを機に、あらためてそれを申告したのである。ピリピリしたやり取りのあと、検査官はリーの主張が正しいと認めざるを得なくなり、申告通りの還付を許可した。還付金は微々たるものではあったが、心理的に得たものは大きかった。私たち夫婦はこの二つの問題（持ち株売却と税務記録検査）に関して不公正な扱いを受けたと感じていたが、国防次官の仕事を引き受けたことはいまだに正しい選択だったと信じている。たとえ経済的には損失があったとしても。我々は決して後ろをふり返りはしなかった。

国防次官になったことは、私の人生において最も重要なターニング・ポイントの一つだった。その後の私の人生はすっかり変わってしまった。フビニの予想は的中した。この仕事は私の心と知性を豊かにしただけでなく、ワシントンでどのように軍事政策が考案されるかについて、私の理解を大いに深めてくれた。国家の防衛政策が立案され、実施される最前線にいる人たちと自由に接触できたことは、その後、核安全保障に関わる上で決定的な意味をもつことになった。さらに、そこで国際外交も経験できたことは、これもまたその後の私のキャリアにとって決定的に重要だった。

核兵器の脅威を緩和する取り組みの責任は重く、気の休まらないものだった。私はやがてアメリカの抑止力を維持する上で最も差し迫った大きな問題に直面しつつあることに、私は気づかされることになる。それは冷戦期の正念場であり、ちょっとした間違いも許されなかった。戦場を革命的に改善するという我々の仕事は、最先端の技術と大胆な設計変更を必要としていた。そして、それは最初の一回で確実に成功させなくてはならなかった。

もし私が人生の旅路において要職を自ら求めていたら、いままさに委ねられた職務よりも緊急かつ重要な任務は決して得られなかっただろう。

第6章 「相殺戦略」とステルス技術の登場

カーター大統領殿

私はソビエトがミサイルで奇襲攻撃をしかけてきて、我が国が破壊されてしまうことを深く憂慮しています。そこで、我が国を救うべく、私は「月爆弾」を設計しました。とても大きなロケットを作り、弾頭部には鉄のケーブルを詰め込み、ケーブルの一端は地球にしっかりと固定するのです。準備ができたらロケットを月に向けて発射！　ロケットが上昇するにつれ、ケーブルは自然とくり出されていくでしょう。月面に着陸したら、ロボットを使ってケーブルを月に固定します。地球の自転により月は引き寄せられ、ソビエトの領土に激突！　あとは実施のタイミングです。

憂慮する市民からの手紙（抜粋）　一九七七年三月

国防次官としての私の最優先の仕事は、「相殺戦略」を可能な限り早く立案し、実行することだった。これは、我々が包括プロジェクトと呼んでいたものであり、（核兵器以外の）通常兵器においてソビエトのもつ数的優位を埋め合わせ、全体的な軍事均衡を再構築し、抑止力を強化するためのものであった。

私が早々に直面した構想上の問題は、カーター大統領が「月爆弾」の手紙についての回答を求めてきたときに起きた。私の側近が国防省の物理学者が書いた回答案と一緒にその手紙をもってきたのだが、その学者は必要とされるケーブルの重量とロケットのサイズを計算し、言うまでもないが、実現不可能と結論づけていた。私は回答案にサインし、あるひらめきを得て次のように付け足した。「もし月爆弾が可能だとしても、地球の半分を壊滅させることは現政権の政策ではない」と。これが、私が技術と政策というものを組み合わせて考えた最初の事例であった！

もちろん、単純化するため編集したとはいえ、月爆弾の手紙は本物であった。手紙の差出人の奇想天外なテクノロジーと政策アイデアは、最も暗い冷戦時代にはヒステリーに近い恐怖が存在していたという現実を如実に示していた。著名な防衛専門家とプロの軍人たちで構成された「現在の危機に関する委員会（ＣＰＤ）」は、ソビエトの軍拡により、アメリカは「脆弱性の窓」で守られているにすぎないと主張していた。多くのまじめな観察者たちが、我々の安全保障状況は、絶望的なものになったと考えていた。学校の生徒たちは核攻撃を受けた場合は、机の下に「潜って頭を隠す」ように教えられていた。

どのようにして我々はこのような恐れに囲まれた状況に陥ったのか？

第二次世界大戦が終わると、トルーマン大統領は軍事力の大幅な削減を命じた。それは八〇〇万人ほどの軍隊を五〇万人まで減らすというものであった。さらに、大統領は防衛産業の縮小にも大ナタをふるった。しかし、スターリンは彼の約三〇〇万のソビエト軍を維持し、近代的な防空システムを作り、空軍の地位を大幅に向上させた。特に重要だったのは、彼が防衛産業の近代化と強化を命じたことである。スターリンは大戦中、「デモクラシーの武器庫」であるアメリカの戦いぶりに強い印象を抱いた。そして第二次世界大戦を「機械の戦争」と呼び、ソビエトも次なる「機械の戦争」における勝利を目指して準備を進めることを誓った。

トルーマン大統領は当時、アメリカが核戦力を独占していることを知っていたので、ソビエトの軍備拡大に張り合おうとしなかった。しかし朝鮮戦争が勃発したことで、トルーマンはすぐに気づいた。マッカーサー将軍はしきりに勧めるものの、現実問題として核兵器を使用することはできないのだ、と。だから、トルーマンは従来型の消耗戦を選んだ。しかしそうなるとアメリカの準備は不十分であった。北朝鮮軍、そしてのちには中国人民志願軍の参戦に緊急対応するために、トルーマンはアメリカの防衛産業を再び動員した。しかし、陸軍の兵力要請に対して、陸軍の正規戦力の増強を承認するのではなく、予備役を招集することで対応した（すでに述べたように、私は陸軍の予備役の一人であったが動員対象とはならなかった）。

一九五二年、アイゼンハワーが大統領選挙に勝利し、半年もしないうちに休戦協定の交渉が始まった。戦争が膠着状態になると、予備役部隊は招集が解除され民間人に戻った。そのときにはすでに、ソビエト連邦との長期戦に直面していることは明らかだった。アイゼンハワーはソビエト軍の数的優位を深く懸念するようになった。しかし、彼はアメリカの核戦力における優位によって、共産陣営の通常戦力における数的優位を相殺できると考えていた。これがアイゼンハワーの

「相殺戦略」である。それを支えていたのは、巨大な常備兵力を維持すれば、やがてアメリカの経済を蝕むことになるという彼の強い信念であった（この考えは最終的に、ソビエトの経済に関して正しかったことがのちに証明された）。

アイゼンハワーからカーターに至るまで、我々はソビエトの巨大な軍隊に対し、戦略と戦術の両面において核兵器で対抗してきた。ソビエトは東ドイツの西側国境から英仏海峡に向けて侵攻する計画（ちょうどナチスのバルバロッサ作戦を逆方向にしたもの）をもっていると考えられていた。その侵攻を止めるアメリカの戦略は、西ドイツ内に入ったソビエト軍に対して戦術核兵器を使用することだった。それは言い換えれば、我々の同盟国の領土内で核攻撃を行うということである。アメリカの戦略立案担当者たちは、我々の核戦力とその展開手法に圧倒的な優位性があるため、ソビエトは戦略核兵器による報復を行わないだろうと判断していた。その結果、アメリカは現地（西ドイツ）の陸軍部隊のために、とりわけすぐれた技術を用いて一連の核兵器の開発を行ったのである。

長いこと培われた条件反射のようなものかもしれないが、陸軍は信じられないことに戦術核兵器をほかの爆弾と同じように使える大型爆弾と見なし、おかげで通常の爆弾ほど数を使わなくて済むくらいに考えていた。そんなだから、彼らは核以前の兵器が単に自然な形で進化したものであるかのように戦術核兵器を配備した。たとえば、高射砲部隊に対する核攻撃、巨大バズーカに対する核攻撃（これが「M－388デイビー・クロケット」）、地雷原の破壊のための核攻撃、といった具合に。ちなみに、大方の予想通りソビエトも自前の戦術核兵器の開発に成功した。戦争が起きたら、彼らはそれを使って西ヨーロッパの通信網と政治の中心を破壊する計画を立てていた。

当時の戦略と兵器をふり返るとき、非常に危険な新時代の到来に際して、我々のふる舞いは異常なほどに無謀で、ほとんど野蛮だったと言っていい。今日に至ってもアメリカはいまだに、戦術・戦略いずれの用途でも配備可能な戦域核兵器を保有しているが、さすがに戦場で核兵器を使用する戦略はもはや考えられない。いっぽう、ロシアの武器庫にはいまでも大量の戦術核兵器が保管されているわけだが、同国はいまのところ軍縮交渉において議論することに前向きでないので、それに関する我々の情報は非常に限られている。

一九七七年当時、アメリカは核兵器に関する二つの課題に直面していた。一つは、ソビエト軍による西ヨーロッパ攻撃への抑止力は、それまでアメリカの戦略核兵器の優位性に依存していたが、この年までにソビエトがアメリカに追いつき、戦略的均衡が生まれたことである。アメリカのアナリストの中には、ソビエトに追い抜かれたと主張する者もいた。もう一つは、仮に我々が戦略核兵器について優位性を保っているとしても、西ドイツ国内で戦術核兵器を使用する戦略は危険かつ無謀すぎるという問題だった。

かつてないほど危険な世界にあって、我々は直面する現実に合わせた新たな相殺戦略を必要としていた。我々の戦略の中心にあったのは、戦術核兵器の開発ではなく、通常兵器を改良し、戦場で自軍よりも強大な敵に対しても、革命的な絶対的な勝利を収められるような能力を示すことであった。この戦略の遂行が、国防次官として、私の最優先課題であった。この任務は、多くの新しい取り組みと新しい技術が戦場において戦力を飛躍的に向上させるという強い信念に支えられるものであり、構想面、実施面、そして何よりも運営管理面においても大きな挑戦であった。

ブラウン国防長官と私は、この新しい相殺戦略を、私が精通している最先端のデジタル技術を基盤とすることで合意した。着任してまもなく、私は国防高等研究計画局（DARPA）を訪ねた。この機関は私のポストと同様に二〇年前のスプートニク・ショックへの対応として創設された部署だった。私は高感度センサーとスマート兵器についての詳しいブリーフィングを要請したが、それはこれらが新しい相殺戦略の基盤となるからであった。DARPAの局長を務めるジョージ・ハイルマイヤーは、ロッキード社で進められている大胆な研究プロジェクトの初期段階について詳しく説明してくれた。このプロジェクトは、軍用機に対するレーダーや赤外線誘導地対空ミサイル——世界中の軍隊、とりわけソビエト軍が広く配備していた——による攻撃を無効化するというまったく新しい発想に基づいた航空機製造計画であった。「ステルス技術」と呼ばれるこの新技術をもし実現できれば、敵軍が数的に上回る場合でも、戦術的な近接航空支援（CAS）において、我が空軍に即座に圧倒的な優位性をもたらすことができる、と私はすぐに気づいた。なぜなら、これにより敵の対空防衛を無力化できる上、我々が展開する陸海作戦の有効性が一挙に何倍も効果を増すからである。私はハイルマイヤーに、この構想をできるだけ早く実現するために必要な資源は何でも提供すると伝えた。

半年のうちに、士気の高まったロッキードのステルスプロジェクトチームは、ベン・リッチの素晴らしい指導のもと、試作機の実験飛行を成功させ、基本的な方向性が間違っていないことを証明した。レーダー実験の対象領域を飛行した際、この実験機は、小鳥と同じ程度にしかレーダーに認識されなかったのである。

この目覚ましい成果を受けて、私はステルスプログラムを重要機密事項に指定し、空軍をDARPAに協力させ、のちにF－117となるステルス戦略爆撃機を設計・開発・製造させた。

同時に、四年以内に実用機による実験を成功させるという目標を与えた。新しい軍用機を実用化するために必要とされる時間は一般的に四年より長く、一〇年から一二年ということも珍しくなかった。しかし、相殺戦略の緊急性に照らして、その中核となる他のステルスプログラムや新たな巡行ミサイル計画と同様に、F－117についてもそれに特化した運営管理プロセスが必要であると考えていた。私は小規模の評価チームを立ち上げて自ら座長となり、軍事補佐官であるポール・カミンスキーが幹事役を務め、背広組と制服組の調達担当の適切な人材が構成員となった。

我々は毎月一回の会合をもち、プログラムの管理者が前月の進捗を示し、期限遵守のために障害となる可能性のある問題については詳しく説明を行った。検出された障害を克服するためにどんな対応をすべきか、特定できるまで会議をやめなかった。さらには、会合で決まった対応を実際に行うために必要な資金をひねり出すよう——場合によっては他のプログラムから資金を流用しても——調達担当責任者に指示してから会議を終えた。

初期の会合では、私の指示に納得のいかない調達担当者が自分の所属する部署の上司に抗議し、今度はその上司がブラウン国防長官に報告するということが何度かあった。そのような場合、ブラウンは私の決断を支持した。こうしたことが二、三回くり返されると反対は収まり、プロジェクトの進捗も加速した。調達プロセスが勢いを増したおかげで、F－117の開発はきついスケジュールもコスト目標も乗り越え、時間をかけすぎることが無駄なコストを生み出す主要な原因の一つであることを証明した。

立法府も我々の仕事を側面支援してくれた。あらゆるステルス計画は厳重機密とされ、我々は少数の選ばれた議員——細々と時間のかかる説明を必要とせずに議会で予算を確保してくれる軍事委員会のメンバーなど——にしかブリーフィングをしなかった。ナン上院議員の全面的な支援は絶対に必要不可欠であった。彼の公平性と軍事に関する広い知識は同僚議員の尊敬の的であり、彼は相殺戦略の目標を達成することがアメリカの安全保障にとって決定的に重要であることを理解していた。

私はこの運営管理プロセスは控えめに用いるべきと知っていたので、こうした仕事の進め方をしたのは、相殺戦略の中で最重要の位置を占めるステルス計画と巡航ミサイル計画についてのみであった。私はできることなら、ペンタゴンの効率性と実行能力を向上させるために防衛調達システムの全体を改革したかった。しかし、私は国防次官として、その大仕事をやり遂げるための時間も労力ももち合わせていなかった（のちに述べるように、私は一度国防次官を辞したあと、国防総省のアドバイザーに、さらにその後は国防副長官となり、この大仕事に取り組んだのだった）。

空軍の最も期待の若手将校であり、私の軍事補佐官であったポール・カミンスキーは、ステルス計画の運営管理に欠くべからざる人材であった。私が離職したあと、彼は空軍のすべてのステルス計画の責任者となった。この計画が目覚ましい成果を上げたのは、多くの優秀な人材の献身によるものであるが、とりわけカミンスキーとロッキードのベン・リッチの働きによるものである。のちに統合参謀本部副議長となるジョー・ラルストン少佐も主要な役割を果たした。そして、何よりもナン上院議員なしでは、議会を通じてこれらの計画を前進させることは決してできなかっただろうと思う。他の議員はこれらの計画について知識が乏しく、それが国益にかなうかについてはいつもナン議員の確認を求めたのである。

ここで、F－117戦略爆撃機の運用開始に至るまでの主だった成果を列挙すると、次のようになる。一九七七年一一月、爆撃機としての本格的な開発を開始。一九八二年一〇月、実用機の試験飛行成功。一九八三年、運用開始。当初は米軍内でも懐疑的な意見が上がっていたが、数年後に湾岸戦争における「砂漠の嵐作戦」でその実力を証明した。

Ｆ－１１７戦略爆撃機は一般にもよく知られているほうだが、我々はそれ以外にもステルス兵器を開発している。大型爆撃機（Ｂ－２戦略爆撃機）、短長距離巡航ミサイル、偵察機、そして戦艦も。当初の相殺戦略におけるフォース・マルチプライヤー（戦力倍増装置）は、それ自体が新たな相殺戦略における軍事能力を増強する結果につながったのである。その有名な例が、ロッキード社が開発したステルス技術研究用の実験艦「シーシャドウ」である。レーダー反射断面積が非常に小さく、水中音波探知に対する被感知性もきわめて低いことが実験で証明された。同艦が実際に運用されることはなかったが、高レバレッジ設計の有効性を証明し、それは現在建造されている最新鋭の巡洋艦や駆逐艦にも応用されている。相殺戦略が生み出した技術革新には持続性があり、汎用性が高く、多用途に活用できることが証明されたのである。

根本的に新しく、技術的に高度な相殺戦略によって突如もたらされた戦場における圧倒的な優位性――その後の数年で証明されることになる――を理解するためには、決定的なステルス技術以外にもさまざまな要素が組み合わさって、初めて全体の戦略が成立していることを見なくてはならない。その成功は究極的には互いに相関する三つの要素から成り立っていた。戦場におけるあらゆる敵軍をリアルタイムで発見し位置を特定する高性能のセンサー群、スマート兵器と呼ばれるきわめて高い精度で目標を打撃できる兵器群、敵のセンサーを回避できる――すなわち、ステルスシステム――攻撃用航空機と戦艦の設計であり、Ｆ－１１７はその最初のものであった。

私が国防次官に就任したとき、スマート兵器の開発はすでに始まっていた。私はその重要性を強調し、運用開始を急がせた。そのラインナップは、砲弾（M712カッパーヘッド＝レーザー誘導方式）から、空対地ミサイル（AGM－65マーベリック＝画像誘導方式、AGM－114ヘルファイア＝レーザー誘導方式）、長距離巡航ミサイル（ALCM、BGM－109トマホーク＝いずれも地形照合誘導方式）に及んだ。これらの多くは今日も米軍の攻撃力の柱となっている。

相殺戦略を構想することが発想の大転換を伴ったとすれば、その実施には創意工夫と勤勉、そして逆境に堪える忍耐が求められた。国防次官としての任期の半ばごろ、私はペンタゴン担当のメディア関係者を実験施設に案内し、スマート兵器のデモを見てもらった。ニューメキシコ州のホワイトサンドで行われたこのデモは大成功だった。旧式の戦車を標的とした実験では、カッパーヘッドが命中し、標的を完全に破壊した。空中発射の高精度誘導爆弾もすべて標的に命中した。

これらの劇的な成功に自信を得た私は、メディア関係者をカルフォルニア州のポイント・マグに招待し、潜水艦からのトマホーク発射実験を見学してもらった。当日はブラウン国防長官も同行した。我々はそろって丘の上に立ち、潜水艦が潜む湾を見下ろした。トマホークはまったくの計画通りに発射された。ところが不運なことに、それは海面に現れるやいなや、コントロールを失って潜水艦から数百ヤード離れた海面に墜落した。私はひどく落胆したが、ブラウン国防長官に向かって言った。「心配することはありません。トマホークはもう一発あります」。数分後、もう一発のトマホークが発射された。しかし、これもまた同じ失敗をくり返した。

ブラウン国防長官は明らかにいら立ち、私に向かって言った。「これじゃ、私はメディアに向かって何と話せばよいのかね？」。私も「長官自身が何か考えてください！」と切り返すのが精いっぱいだった。しかし、彼はその通りにしてくれた。ブラウン長官はメディアに対して、この実験の目的は設計の欠陥を明らかにすることにあり、今回の実験は見事にその目的を果たした、そしてその欠陥の原因はすぐに明らかにされ、修正されるだろうと説明した。実際、我々は数週間のうちにその通りのことを行った。以来、トマホークは我々の最も信頼できる兵器となり、二度のイラク戦争においても何百回も発射され、際立った成功を収めた。

同様に、スマートセンサーも相殺戦略には欠かせない重要な構成要素であった。私は国防次官に就任したとき、自分が詳しかったアメリカの偵察衛星の優れた技術を、通常戦力に応用しようと考えていた。きわめて優秀な冷戦期の衛星システムは、最先端のデジタル技術を取り入れており、その技術は、優れた偵察衛星システムを可能にするだけでなく、地上と空中における監視システム――これらは戦場における現場指揮官を直接的に支援するものである――の開発にも道を開くものであった。

そうして開発されたものの一つが「空中警戒管制システム（AWACS）」であり、私の就任時にはすでに本格的な開発が始まっていた。AWACSは高性能の空中レーダーで、戦場を飛行するあらゆる航空機の位置と方向をリアルタイムで現場指揮官に示してくれる。AWACSが航空戦に革命的な変化をもたらしたことは疑いなく、実際にそうした結果が得られた。

それでは、リアルタイムで地上のすべての車両の位置と方向を現場指揮官に示して、地上戦にも革命的な変化をもたらしてはどうだろうか？　この目的を達成するための早期警戒管制機「E－8ジョイント・スターズ」は、ちょうど私がペンタゴンを離れた直後に開発が始まった。湾岸戦争で「砂漠の嵐作戦」が実施される前には、実験は最終段階まで来ていた。同作戦を指揮した故ノーマン・シュワルツコフ司令官は、運用テスト完了前のジョイント・スターズを戦場に投入する命令を下した。そして、それは実戦において目覚ましい効果を発揮し、いまやそれなしで戦場に向かいたいと思う指揮官は一人もいないくらいである。

もう一つのスマート空中センサーは、我々がESLで開発したシステム「ガードレール」だ。もともと平時の偵察用に使用されたが、戦場において重要度の高い標的を探索する際にも応用可能であることがわかってきた。

相殺戦略の革命的な構成要素の一つは、全地球測位システム（GPS）である。私の次官就任数年前に実験的な計画として始まり、一九七九年までに四つのGPS衛星が地球を周回する軌道上に乗せられた。合計二四機の投入が計画されていたが、予算の見通しはまだ立っていなかった。一九八〇年度の予算編成の際に、ブラウン国防長官とホワイトハウスの行政管理予算局（OMB）が合意し、GPS計画は興味深いものの絶対的優先事項ではないとされ、予算削減のために打ち切られることになった。

これに危機感を抱いた私は、ホロマン空軍基地にあるGPSの実験施設を視察してくるあいだ、計画の打ち切り決定を一週間延期してほしいとブラウン国防長官に頼み込んだ。GPSは相殺戦略に不可欠と考えていたものの、それが当初の想定通りに機能するのか確認する必要があったのである。私は軌道上の四つの衛星が基地の上空に来るときにホロマン空軍基地に到着できるよう、タイミングを見計らって出張計画を立てた（四つの衛星が重なる時には完全な精密性が期待できるのだが、特定の場所でそれが起きる回数は限られている）。

GPS計画の責任者であるブラッド・パーキンソン中佐は、類まれな才能に恵まれたエンジニアであるとの評判を聞いていたが、私はまさにそれを自分の目で確かめる結果となった。私にブリーフィングを行ったあと、彼は滑走路上に記された直径一〇メートルの円の真ん中に駐機されたヘリコプターへと私を案内してくれた。窓が黒塗りされたそのヘリコプターは離陸し、我々は周囲の見えないままで三〇分間、GPS信号だけを頼りに自分たちの場所を確認しながら飛行した。それから基地に戻り、パイロットは相変わらず周囲が見えないままにもかかわらず、見事に一〇メートルの円の中にヘリコプターを着陸させた。

ホロマン基地で確信を得た私はペンタゴンに戻り、GPS計画を救うために必要なあらゆる手段を準備した。幸いにもブラウン国防長官は同意を示し、計画の予算が復活した。ただし、私は一つだけ妥協した。それは、衛星コンステレーション（複数の衛星を組み合わせた運用方式）を二四機から一六機に削減することである。これは北半球におけるGPSのカバー範囲が狭まることを意味した。しかし、運用が始まりさえすれば、その価値がすぐに明らかになり、残り八機の配備予算は復活すると確信していたし、実際その通りになったのである。

GPSは軍事用途において、私が当初考えていたよりもずっと重要な技術であることがわかってきた。また、それは民間セクターでも広く使われる技術となった。歴史の決定的に重要な時点において、GPS技術が生きのびるための手助けをする役割を果たせたことを、私は誇りに思っている。しかし、行政管理予算局の却下決定を覆すよう大統領に働きかけて成功させたのはブラウン長官であり、その価値があまりに高すぎるゆえに開発計画を中止できないほどのレベルまでGPS技術を育て上げたのはブラッド・パーキンソンだった。パーキンソンはいまスタンフォード大学教授として、重力定数を検証するために、衛星を使った超高精度時間計測を実現するための最前線で活躍している。ＧＰＳに関する初期の科学的研究の大半はジム・スピルカーが担った。この先見性のある起業家も現在はスタンフォード大学にいる（ちなみに、スタンフォード大学の工学部キャンパスにある一番新しい建物には「ジム・アンド・アンナ・マリー・スピルカー」の名が付されている）。ハロルド・ブラウン、ポール・カミンスキー、ジョー・ラルストン、ブラッド・パーキンソン、ジム・スピルカーのような人々に加え、冷戦期の高度な偵察技術革新に関わった先駆者たちが、人間は自分たちの時代に横たわる深刻な問題に対して立ち向かい、それを克服できるという私の信念を支え続けてくれた。

ステルス、スマートセンサー、スマート兵器のような新しい「システムの中のシステム」は、一九七〇年代に最優先事項として開発が始まり、八〇年代初めに製造され、八〇年代後半には実戦配備された。そして、その直後に行われた砂漠の嵐作戦が、これら冷戦期に開発された優れた軍事技術の予期せぬ実験場となり、その力を証明することになった。

「砂漠の嵐作戦」の司令官たちは、ほぼ完全な情報をもっていた。これに対してイラク軍の司令官たちは、Ｆ－１１７戦略爆撃機がイラク軍の部隊を分断する間、その存在に気づくことすらできなかった。Ｆ－１１７のステルス性のために、イラクのレーダーが感知できなかったからである。同機はイラクで約一〇〇〇回出撃し、約二〇〇〇発の高精度誘導爆弾を投下し、その八〇％が目標に命中した。この正確性はかつては考えられないものであった。ソビエト製の近代的な防空システムで守られたバグダッド上空を夜間飛行するあいだ、撃墜された機体は一機もなかった。相殺戦略の兵器は砂漠の嵐作戦で目覚ましい軍事的成果を上げ、抑止力の強化はもちろん、アメリカの軍事的優位性の維持に役立っている。私は相殺戦略の野心的な目標を達成できたことを喜び、自分の果たした役割を誇りに思っている。ハロルド・ブラウンとポール・カミンスキーのリーダーシップを賞賛したい。ほかにもこの試みに不可欠の貢献をした人は多くいる。相殺戦略はナン上院議員の十分な支援がなければ、時宜にかなった予算を配分されなかったであろう。システムは大量に生産し、配備する必要があるが、それはレーガン政権期の大半を通じて研究・エンジニアリング担当国防次官を務めたディック・デローのリーダーシップのもとで開始された。兵器が配備されたあとも、この革命的な新しいシステムにふさわしい戦術と訓練方法を開発する必要があった。そして実際、開発は続けられた。砂漠の嵐作戦が開始されたとき、チャールズ・ホーナー将軍がF－117戦略爆撃機の独特の能力を生かし、バグダッドという最も堅固な都市の上空で夜間作戦に使用した（それは、夜間にのみ真の意味で「見えない」戦闘機となる）のを見て、私は驚きつつもうれしく思った。それはイラクの防空部隊を壊滅させ、非ステルス機にも「タダ乗り」の機会を与えた。

もっとも、あらゆる人が相殺戦略を支持していたわけではない。その開発過程においては、国防改革評議会（DRC）と呼ばれるグループが活発な反対運動を行っていた。DRCはもともと、F－15やF－18のような戦闘機の高コストと仕組みの複雑さに焦点を当て、それらの開発計画に係るコスト増とスケジュールの遅延をどうにかしなくてはならないと批判をくり広げた（F－22、F－35の開発計画が遅延している現在の状況に照らすと、どうも戦闘機特有の問題であるようだ）。

そうした合理的な立ち位置から、彼らは不合理な立ち位置――いかなる軍事システムにおいても、新たな技術は必ずや高コストと計画の遅延につながるという見方――に転じていったように私には思われた。彼らの主張は基本的に、新たな技術は実験ではうまくいっても、実際の戦場、すなわち「戦争の霧」の中では機能せず、我が兵士たちには複雑すぎて使えないというものだった。また彼らは、新しい集積回路（IC）技術はまだまだ粗削りで信頼できないとも主張した。電気機械式計算機とICを使ったヒューレッド・パッカードの計算機の両方を使ったことがある人には明らかなように、その反対が真実である。DRCは新しいIC技術が複雑性とコストを高めると主張したが、実際にはICの導入によって、軍事用・民生用を問わず、コストは劇的に下がり、信頼性が高まっていた。DRCはそのことを理解せず、通常兵器で数的優位に立つソビエトに、より多くの兵士、戦車、航空機をもって対抗しようと主張していたのだった。

DRCが推し進めていた考え方の典型例が、ジェームズ・ファローズが一九八一年に出版した著書『National Defense』で展開された。同書が出版されたとき、私は公務を離れてハンブレヒト・クイスト（H&Q）というハイテク産業に特化した投資銀行に勤めつつ、その合間を縫ってスタンフォード大学で安全保障問題に関する研究活動を行っていた。私が当時書いた「ファローズの間違い」という反論は、一九八二年の『International Security』（マサチューセッツ工科大学出版局）に掲載された。そこで私は、なぜ「ICイコール複雑」と考えるべきではないのか、ICは現実にコストを下げ、信頼性を向上させている、といった点について、専門的な論証を行った。また、DRCが主張する「兵力で兵力に対抗する」戦略の根本的な間違いについても指摘した。その理由は、第一にソビエトの戦力に数で対抗するためには防衛予算の大幅増が必要なこと。第二に、必要とされる人員を確保するために徴兵制度を復活させるという次なる要求が生じること。両者とも、政治的に実現不可能な発想であることは明らかだった。

DRCによる反対は、我々の構想の一部を遅らせはしたが、どれ一つとして止めることはできなかった。ただし、我が軍が新しい技術に適応できないかもしれないという懸念は、私自身も持っていた。ベトナム戦争後、我が軍の士気、訓練度、能力は低下しており、最新技術を用いた相殺戦略システムが配備されたとしても、それを使用するのはこの軍隊なのである。陸軍はこの問題（相殺戦略以前の問題として）に十分に気がついており、その解決策を見出しつつあった。徴兵制度が廃止され、全員が志願兵となることで各兵士の服務期間が長期化するので、集中的な訓練計画を実施すれば効果を上げられると、陸軍首脳は考えたのである。実際、彼らは素晴らしい訓練制度を確立した。陸軍の再建計画への決意、とりわけ彼らの訓練への熱心さに、私は安心した。我々の新たな相殺戦略システムが運用可能になるとき、我が軍の兵士はそれを使いこなせると自信を深めた。そして実際その通りになった。

砂漠の嵐作戦のあと、下院軍事委員会のレス・アスピン委員長（のちの国防長官）は、スマート兵器に関する論争から得られた教訓について公聴会を開いた。国防総省を出たあとだったが、私も証人として呼ばれた。委員会は、DRCのリーダーのピエール・スプレイも招いた。私は、相殺戦略の兵器は期待通りに作動したこと、空軍はその使用に際して最適な戦略を開発していたこと、それは我が軍の損害を劇的に減らし、圧倒的な勝利に決定的な役割を果たしたことを証言した。スプレイは、スマート兵器は「戦争の霧」の中ではうまく機能しないというお決まりの評価に終始した。彼の証言のあと、アスピン議長はスプレイに対して、もしあなたの証言通りなら、我々は砂漠の嵐作戦で負けていたはずではないか、と皮肉な言葉を投げかけたのだった。

その実施に向けて没頭していた目まぐるしい日々を思い出すにつけ、革命的ともいえる相殺戦略は技術上かつ人類史上の画期的な成果であり、この核兵器の時代におけるアメリカの最も重要な業績の一つであったと考える。それは重要な国家プロジェクトであるにとどまらず、危険に満ちた時代に対する新たな思考法を生み出した。相殺戦略は、核の悲劇を防ぐための恐ろしくも実際的な手段として、決定的な軍事的優位性をもっているというソビエトの自信を霧消させ、なおかつそれを経済的かつ驚くべきスピードで成し遂げたのである。軍拡競争を停止させ、遅らせるのに経済が不可避的に重要であるとすれば、相殺戦略の費用対効果の高さは、その面でも決定的に重要である。

しかし、もっと根本的な教訓があるのではないか。それは、今日における技術の必要性である。もし革命的な技術が、核兵器とその危険性をこの世界にもたらしたのだとしたら、革命的な技術は、より進歩した安全な体制を作る上でも絶対不可欠となる。その体制にもさまざまな形がある。まずは、軍事的均衡による敵対的な相互抑止に基づく体制。より穏やかな時代には、大規模な軍縮協定の相互遵守を確認する体制。さらに安全なグローバル協力の時代においては、核物質を保管するための信頼性の高い安全保障システムに基づく体制。冷戦期のアメリカにおける偵察技術の革命がそうであったように、相殺戦略とそれが戦場での行動にもたらした革命は、人類と技術の勝利であり、我々の進むべき道を示している。これは間違いなく、私の人生の旅路において決定的な役割を果たしたできごとだった。

しかし、通常戦力の近代化によって抑止力を維持する相殺戦略を追求するいっぽうで、我々は核戦力の近代化も進めていた。次の章では、私が国防長官就任の当日から直面したもう一つの重要な課題と、それをめぐる激しい議論について述べることにしよう。抑止力を強化するため、我が国の戦略核兵器を増強せよというプロジェクトを、私は託されたのだった。

第7章 アメリカの核戦力強化

私たちは不毛な議論に陥ってしまった。海モード、陸モード、空モード、いずれのモード（方法）が一番いいのか。そこで第四のモードを提案したい。私はこう呼んでるんだ。共通モード（Com-mode、英語で「便所」を意味する）ってね。

セシル・ガーランド（ユタ州の牧場主）、CBSテレビ　一九八〇年五月一日

一九七〇年の半ばまでに、ソビエトは核兵器とその搬送手段についてアメリカと均衡していた。ソビエト軍が長きにわたって維持してきた我が軍に対する三倍の数的優位を、核兵器によって相殺するとしたアイゼンハワー大統領の発想はもはや無効だった。私が国防次官に就任したとき、ソビエトの攻撃をいまなお抑止できるのか、という点について深刻な議論が巻き起こっていた。

前国防副長官のポール・ニッツェは、「現在の危機に関する委員会（CPD）」と呼ばれる超党

派グループの最も雄弁な代弁者であり、アメリカはいまやソビエトの核による奇襲攻撃に対して「脆弱性の窓」（無防備ゆえに攻撃を受ける危険性）を向けていると強く主張していた。カーター大統領の戦略は、技術革新を通じて（核を除く）通常兵器の能力向上を目指すというものだった。それはオフセット（相殺）戦略へとつながる考え方であり、それから数年にわたってこの構想の基盤作りが優先された。しかし、ＣＰＤからの圧力が一つの要因となって、カーター大統領は、明らかな抑止力を確保するためにはソビエトと核の「均衡」を維持しなければならないと判断した。ある意味で、核の（数的）均衡を維持すべきという政治的圧力は、核抑止力を維持すべきという使命と少なくとも同じぐらい、あるいはそれ以上に我々の計画に大きな影響をおよぼした。

しかし、ソビエトの増強計画に合わせて我々の核戦力の規模をただ拡大すればいいというものでもなかった。抑止力の信頼性を保つためには、我々の核戦力が敵の攻撃を乗り切り、その上でソビエト領内に侵入して目標を破壊できる状態を確実にしておく必要があった。

そこで私は、先端技術を活用した通常戦力の強化による相殺戦略を実施すると同時に、核戦力のアップグレードも進めるという大規模な取り組みに着手した。通常戦力のアップグレードは「新思考」（優れた技術を用いてソビエトの数的優位を相殺する）に基づいて進められ、核戦力のアップグレートは（ソビエトは先制攻撃で我が軍を壊滅させようと現実に計画しているという）「旧思考」に基づいて進められたというのは、なんと露骨なアイロニー（皮肉）だろうか。

防衛戦力の妥当性に関する議論は通常、その抑止能力に基づいて行われた。確かに、それは基本的な必要条件だった。しかし、それは唯一の条件でもなければ、戦力規模を決める上で必ずしも優先すべき要素でもないことに、私はすぐに気づいた。抑止戦力の規模は政治的な尺度によるところも大きいのである。「それでソビエトの戦力と均衡がもたらされるのか?」というのは、私にとってはたいした問題でないように思われたが、冷戦下において、ソビエトよりも小規模な核戦力で十分だと考えるアメリカ大統領は一人としていなかったことも事実である。こうした認識に基づく義務感のほうが、抑止力の実際的な必要性よりも、核軍拡競争の動機としてより強く働いたように私は思う。「トライアド」(核戦力の三本柱)の必要性についての議論もやはり、抑止力の必要性に基づいたものがほとんどだった。けれども、たとえ潜水艦発射ミサイルしかなくとも、我々は抑止力に自信をもっていいという確信が私にはあった。それはともかく、抑止力が十分であるとの確証が得られさえすれば、抑止戦力の具体的な規模と構成は主に政治的な要請によって決められるのが現実だった。したがって、我々の戦力はソビエトの戦力と均衡が保たれていた(同様の政治的要請は今日も変わらず行われているようだ。ロシアの攻撃を抑止するのに、もはや何千発もの核兵器はいらない。にもかかわらず、政治的な理由から我々は新STARTで合意した数――戦略核弾頭の配備数一五五〇発――よりも減らそうとはしない)。

歴史的に見て、我々の戦略核兵器と抑止力による安全保障は、「トライアド」戦略を基本としてきた。空については、ソビエト領内の目標まで無誘導爆弾を運ぶB-52。海については、ソビエトとの国境付近を哨戒潜行する潜水艦から発射されるポラリスミサイル(潜水艦発射弾道ミサイル、SLBM)。陸については、複数の弾頭をもち、アメリカ国内の堅固な地下式サイロに配備されているICBM(主にミニットマンミサイル)という「三本柱」がそれにあたる。

トライアド戦略は複雑な歴史の中から生まれたものだが、すでに深く浸透し、いまや神聖視され、疑問を呈することすら難しくなっていた。ちなみに、核システムはいずれも非常に値が張るが、それでも国防予算の一部を占めるにすぎない（私の国防長官時代には一〇％以下だった）。管理運営に多数の人員を必要としないため、予算の大部分を占める人件費がさほどかからないからである。

ＳＬＢＭは敵からの攻撃に強いので、ＳＬＢＭのみで構成されるアメリカの核戦力は十分で信頼に足る抑止力になると私は判断していた。しかし、性能の高さと確実性を兼ね備えたポラリスミサイル・システムが老朽化しつつあり、大幅な改善（ミサイル一基ごとの弾頭数増加、命中精度の向上、敵のソナー探知システムによる監視、追跡、位置特定の効力を低下させる「静粛性」の向上）のためトライデントミサイルへのリプレース（更新）計画が進行中だった。ところが、トライデント開発計画は深刻な技術的問題に悩まされ、かなり深刻な状況にあったため、抑止力の増強に向けてトライデントの立て直しを最優先課題とすることにした。私はトライデントの開発主体だったロッキードミサイル・アンド・スペース（ＬＭＳＣ）社を訪ね、社長のボブ・ファーマンに会った。彼は私と問題を共有し、最も有能な部下であるダン・テレップをトライアドの責任者に任命した。その後テレップにも会い、彼がプログラム開発上の欠点を理解し、その修正に向けて我慢強く取り組んでくれていることに私は満足した。やがてトライデントは、我々の最も完成度が高く信頼できる兵器システムとなった。テレップはＬＭＳＣの社長となり、ロッキード社のＣＥＯを経て、最終的にロッキード・マーティン社の会長にまでのぼり詰めた。

私はまた、トライアドの空の柱、すなわち老朽化しつつあったＢ－52の根本的な立て直しにも取りかかった。ソビエトが既存の大規模な防空システムをさらに増強するにつれて、我が国のＢ－52は目標到達前に撃墜されるのではないかという懸念が深まりつつあったからだ。前政権はＢ

―52を、生産体制がほぼ整いつつあったB―1にリプレースする方向に動き出していた。私が最初に行ったのは、技術的に見て相当時代遅れなB―1の生産計画を撤回することだった。というのも、それはソビエトの圧倒的な防空網に侵入する能力をさほど向上させることがなかったからである（私はこの計画を全面的に撤回したかったが、議会内の一部のB―1信奉者たちの支持をつなぎとめるために、小規模なB―1研究開発計画の維持には同意した）。私の次の行動は、空中発射型巡航ミサイル（ALCM）の開発計画を認可し、入念に管理監督することだった。B―52は巡航ミサイルを搭載し、ソビエトから何百マイルも離れた地点――ソビエト連邦内の目標周辺に分厚く配備された地対空ミサイルもそこまでは届かない――から発射できた。それに加えて、我々は新たに八基のALCMを装填できる回転ランチャー（B―52各機に一台ずつ装着可能）を開発した。B―52の攻撃能力は、さらに二つの機外パイロン（懸吊架）を装着し、それぞれに六基のミサイルをもたせることで、合計二〇基の核兵器を搭載できるところまで拡張された。

ALCMは比較的安価な改良によってB―52の寿命を数十年引き延ばすことに成功し、費用対効果がきわめて高いことが明らかになった。ALCMは飛翔高度が低く（二〇〇フィート）、レーダー・シグネチャー（レーダー反射波の波形、航空機やミサイルを判別するのに使われる）も小さいので、壮大なソビエトの防空網にたやすく侵入できた。そのおかげで、B―52は「スタンドオフ」（敵の有効射程外からミサイルを発射できることを指す）型の搬送機となり、生存率（搭乗員も含めて）を大幅に高めることができた。

ALCMの重要な構成要素は、一〇〇フィート（約三〇メートル）以内という超高精度の着弾誤差を実現する、地形照合技術を用いた高精度の新型誘導システムだった。このいわゆる「地形等高線照合技術（TERCOM）」システムは、集積回路（IC）チップを搭載するコンピューターで設計された驚嘆すべき技術だった。コンピューターには、アメリカの偵察衛星が撮影したソビエト連邦の広範囲におよぶ画像が保存されていた。また、ALCMに追加されたもう一つの重要な要素は、小型で軽量のきわめて高効率なターボファン・ジェットエンジンである。世間にはほとんど知られていない、小規模ながら独創的な企業であるウィリアムズ・インターナショナル社の創業者、サム・ウィリアムスによって開発された。彼は真の意味で天才であり、さらに言えば技術の世界の予言者だった。空軍のALCMと海軍のSLCM（トマホーク）の共同開発計画は、国防総省で最も腕利きのプログラム・マネージャーの一人、ウォルター・ロック海軍大将によって非常に効率的に進められた。

F－117ステルス戦略爆撃機の開発計画が順調に滑り出したのち、私は長距離飛行と大量積載が可能なステルス戦略爆撃機B－2の開発を承認した。B－2はレーダー・シグネチャーが群を抜いて小さく、敵の防空システム上空をそのまま飛行することが可能なため、「スタンドオフ」で運用する必要がなかった。B－2の開発・製造契約は、国防次官在任の最後の年にノースロップ・グラマン社とのあいだで交わされた。

ALCMとB－2という二つの兵器開発計画は、それだけでアメリカに明確かつ強力な抑止力をもたらしたと私は考えていた（いまもそう思っている）。奇天烈な空想でしかない「月爆弾」を使ったり、ありきたりの古い発想で通常戦力を三倍に増強したりする代わりに、ソビエトの挑戦に対して我々の技術をいかに効果的かつ経済的に使うべきかを示した手本と言えるだろう。

我が国の核トライアドにおけるICBMの柱は、ミニットマンとタイタンだった。タイタンは老朽化しつつあったが、ミニットマンⅢは比較的近代的なミサイルで、一基につき三個の高精度弾頭を搭載できた。CPDは、ソビエトの核による「青天の霹靂」的な奇襲攻撃は、地下式サイロに格納されているミニットマンを破壊できると主張していたが、私に言わせれば、それは大げさに誇張された懸念だった。我が国の地下式サイロは直撃、もしくは直撃に近い場合を除けば、いかなる攻撃からもミサイルを防御できるものだった。ソビエトのICBMは、我々の諜報活動の成果によれば、ソビエトの指導者たちが自分たちの攻撃によって地下式サイロ内のミサイルを破壊できると確信できるほどの命中精度を備えているとは考えられなかった。

さらに、仮にソビエトが高精度の誘導システムを入手したとしても、自分たちのICBMが着弾する前に我が国がミサイルを発射する（いわゆる「警報即発射」）可能性について懸念しなければなかった。我々の警報システムはかつて（そしていまも）一〇分から一五分前に警報を出すことが可能で、しかも我々のミニットマンミサイルはそこから一分以内に発射できるのである（冷戦が終わった現在も「警報即発射」を維持し続けることに、私は深刻な懸念を抱いている。これについてはあとで取り上げるが、ポスト冷戦期においては「警報誤作動」の危険性を冒すべきではないと考える）。ところが、CPDはこう主張した。時間的に余裕のある警報を受けたとしても、それが誤報である可能性を憂慮して大統領本人がミサイル発射命令を踏みとどまる可能性があるというのだ（のちに私自身が経験する事件を踏まえると、一理ある意見ではあるが）。

国防次官に就任したとき、私はMXミサイルの開発を引き継いだ。それは一〇個の弾頭をもつミニットマンの後継機であり、すでに開発に着手していた。理論的に考えれば、一基のミサイルに一〇個の弾頭を集中させれば、相手の先制攻撃の絶好の目標になるのは当然だ。あえてそれを前提とするなら、その対処法は、ソビエトの奇襲攻撃で大きな被害を受けることのないような場所に発射台を設置し、攻撃を「乗り切る」方法を探すしかない。そして結局のところ、検討したいかなる対処法も、想定される問題よりもひどい結果にしかならなかった！

この問題の解決法を探そうという試みは、私が国防次官時代に経験したうち、間違いなく最も非現実的で腹だたしい冒険の旅になった。我々はその旅の最初から、提案の洪水に晒された。MXミサイルの航空機への搭載、電車への搭載、トラックへの搭載、海底の大陸棚への設置など。こうした提案はいずれも非常に複雑で、費用も高額になることがまもなく明らかになった。しかも、それぞれが何らかの脆弱性を抱えていた。この想定される脆弱性の問題は、最も深刻な国家の危機を引き起こすものと当時は騒がれた。しかし、今日を生きる人たちにしてみれば、この問題とそれに対して提示された対処法は、単なる考え過ぎの産物、何かの茶番劇としか映らないだろう。

ともあれ、喧々諤々の議論のあと、我々はもともとの地下式サイロを基本とするシステムに落ち着いた。二〇〇基のMXミサイル（各一〇個の弾頭を搭載）を製造し、それらをネバダ州とユタ州にまたがる乾燥地帯（グレート・ベースン）に建造した四六〇〇か所の地下式サイロに配備することにした。またその際、どのサイロにミサイルが格納されているのかソビエト側に特定されないよう設置することとした。こうすることでソビエトは四六〇〇か所を攻撃目標とするという勝ち目のない攻撃戦略を取らざるを得なくなり、その結果、奇襲攻撃の可能性は減ることになると考えられた。そして当然のことながら、ネバダ州とユタ州の住民たちは反対した。

大統領はこの新たなMXミサイル配備システムを最終承認する前に、この計画のメリットを説明するための公開フォーラムに国防総省を参加させる決断を下した。フォーラムはソルトレークシティーで行われ、テレビで全国放送される予定だった。現地に到着するやいなや、MXサイロが置かれるユタ州を描いたポスターが目に飛び込んできた。大きな雄牛の目玉からキノコ雲が立ちのぼる様子が描かれていた。病欠すべきだったのではないかと迷いが生じたが、私の素敵な冒険は続いた。コンベンションホールに着くと、会場はすでにMXミサイル配備に反対する大勢の人々で満員状態だった。フォーラムのハイライト（いや、ローライトでも言うべきか）は、ユタ州のある市民グループを代表する牧場主が私に向けてこう言い放ったときだった。「私たちは不毛な議論に陥ってしまった。海モード、陸モード、空モード、いずれのモード（手法）が一番いいのか。そこで第四のモードを提案したい。私はこう呼んでるんだ。共通モード（Com-mode、英語で「便所」を意味する）ってね」。

この瞬間、MXミサイルの配備提案はもはや意義が失われたことを知った。落胆したが、心の奥底ではほっとしていた。

当然のことながら、安全なMXミサイルの配備方法を考案しようという我々の無駄な努力に対して、次期レーガン政権はきわめて批判的だった。そして政権の初年度、彼らは新たな手法を提案した。地下式サイロを密集させ、向かってくるソビエトの弾頭を「とも倒れ」させるというものだった。他の案と同様に、この案にも深刻な問題があることが明らかとなり、賛同者たちはこの案を取り下げ、次のように結論づけた。「何てことだ。それじゃあ通常の地下式サイロに配備しようじゃないか」。そして実際、彼らはICBMの脆弱性を解決する試みを放棄したのだった。おそらく、最初からそのようにすべきであったと思う。アメリカの抑止力は当時（そしていまも）、総合的に見て相当に安全かつ確実なものであり、MXのために特別に安全な配備方法を探すことは、まったく必要のない「念入り」すぎるやり方だった。破滅ばかりを口にする予言者たちがこの要らぬ騒ぎへ向かって暴走するのを許したことを、私は後悔している。ついでに後日談をお伝えしておくと、第一次ブッシュ政権がソビエトとの戦略兵器削減交渉（ＳＴＡＲＴＩ）で合意に達したあと、最初に廃棄されたのが、もはや配備されることないＭＸミサイル――我が国にとっては最新のＩＣＢＭなのだが――だった。

ＭＸミサイルをめぐる不名誉な論争で実にみじめな経験をしたその日の夜、ソルトレークシティーのホテルに帰って寝ていた私は、イランの砂漠での人質救出計画が悲惨な失敗に終わったという電話で叩き起こされた。私はそのアメリカ大使館の救出作戦に関わっていなかった（ブリーフィングもされていなかった）が、特殊部隊で命を落とした人々、未解放に終わった人質、そしてこの作戦失敗で責任を取らされるペンタゴンの同僚たちのことを思うと、悲しみに打ちのめされた。この日は私の国防次官在任中、疑いなく最悪の一日であった。

この日のソルトレークシティーにおける不幸な記憶にもかかわらず、核戦力をより高度化し破滅的なものにしようという断固たるソビエトの軍拡計画に対して、トライアド戦略を維持するべく、当時の我々がとった措置の重要性を私はいまも信じている。敵意に満ちた、しばしば非協力的な当時の精神的風潮の中で、確実な安全を保証することまではできなかったが、それでも核の悲劇を抑止し続ける上で大事な役割を果たしたことは間違いない。

核戦争を防ぐという使命におけるアメリカの主たる戦略的テーマは熟しつつあった。一つは技術に対する評価である。たとえば、老朽化したＢ－52を蘇らせるために高度に発展させたＡＬＣＭを採用することで成功を得た正確性、実用性、そして経済性。これはソビエトの戦略兵力に対する巨額の投資を一夜にして無価値なものとする優れた解決策だった。この改良されたＢ－52が配備されたことにより、ソビエトの核軍拡競争に向けられたあまりに膨大な支出が浮き彫りとなり、それは疑いなく、均衡のとれた軍縮へ進むことの賢明さを教えてくれるシグナルとなった。そしてもう一つのテーマは、抑止力の維持に必要とされる、偉業を実現するためのスケールの大きな能力をもった人材の出現である。それは、Ｆ－１１７計画を率いたベン・リッチや、トライデントミサイルの後継機開発計画を泥沼にはまりかけた技術的問題から救い出し、トライアド戦略に不可欠の新たな構成要素としてのＳＬＢＭを定着させたダン・テレップのような人々である。また、ＭＸミサイル論争において、脆弱性シナリオに関するほとんど強迫観念に近い、教条的で、重箱の隅を突くような議論が行われたことは、その皮肉な結果として、そうした考え方そのものの権威の低下をもたらした。

戦略的思考における変化は、間違いなくそのころから感じられるようになっていたのである。

第8章 核警報、軍縮、そして失われた核不拡散の機会

私の警報コンピューターは、ソビエトからアメリカに向けて二〇〇発のICBMが飛翔中であることを示しています。

北アメリカ航空宇宙防衛司令部の当直将官からペリー宛ての電話（要約）一九七九年一一月九日

次官に就任して三年目。真夜中に北アメリカ航空宇宙防衛司令部（NORAD）の当直将官からの電話で叩き起こされた。電話口の将官は単刀直入に言った。警戒用コンピューターに、ソビエトからアメリカに向けて二〇〇発のICBMが飛翔中であると表示されている、と。一瞬心臓が止まりかけ、最悪の核の悪夢がとうとう現実になったと思った。しかし、その将官はすぐに、これは誤作動であると結論づけたと語った。何でそんな誤作動が起きたのか、私なら何かわかるのではないかと思って、彼は電話をかけてきたのだった。その将官は、翌朝にはこの事件について

大統領に報告する必要があるので、そこでいったい何が起きたのか、どうしたら同じような誤作動の再発を防げるのか、できるだけしっかりと把握しておきたいと考えていたのである。しかし実際には、オペレーターが誤って訓練用のテープをコンピューターにセットしていたことを突き止めるまでに、その後数日もかかってしまった。人的なミスだった。破滅をもたらす核戦争が事故によって引き起こされていたかもしれない。これは決して忘れることができない恐ろしい教訓だった。

この失敗が、核兵器の歴史の中で起きた些細な事柄として追いやられることなく、核戦争そのものにつながる可能性はどれほどあったのだろう？　当直将官はなぜ正しい結論にたどり着くことができたのだろうか？　その恐るべき瞬間に、彼らの頭の中で何が起きていたのかを正確に知ることは我々には決してできない。それほど大きなショックを受けたあとになお理性的でいられたと仮定した上で、もし自分が彼の立場だったら何を考えただろうかと想像してみたこともあった。

ソビエトの指導者の誰かが、そのような攻撃（ICBM二〇〇発）でアメリカの攻撃力を無効化できると考えたのだろうか。私なら、そんなはずはあるまいとすぐに疑っただろう。その攻撃で我々のICBMや爆撃機を多数破壊できたとしても、アメリカの潜水艦が何千発もの核弾頭で応戦し、ソビエトを全滅させてしまうだろう。いや、そんなことはソビエトの指導者たちも先刻承知なのだ。

さらに私なら、その警戒用コンピューターに表示された攻撃を見たら、何か特異な事態が起きていることに気づいただろう。なぜなら、ソビエトの指導者があえてそのような恐ろしい危険を冒そうと思うようなできごとが、世界ではほかに一切起きていなかったからだ。そして、このような推論から、私は警報が誤作動であると判断したと思う。

とはいえ、これら二つの結論はこの手の判断、すなわち想像される限り最高度のプレッシャーのもとで行われる判断については、驚くほど不十分な根拠しか与えてくれない。

私については、この警報（と推定されるもの）に対して疑ってかかる姿勢があったけれども、もし当直の将官がそうでなかった場合はどうなっていたのであろうか？　この人的ミスがキューバ危機や中東戦争のさなかに起きていたらどうなっていただろうか？　もし当直の将官が異なった結論を下していたら、警報は最終的に大統領にまで届けられ、彼を叩き起こし、およそ一〇分以内に世界の運命を決する判断を、その判断を支える文脈や背景情報なしに行わせていただろう。

これこそ、私が核警報決定プロセスに深刻な問題があると見なした理由である。それは、大統領がこの恐ろしい決断を数分のうちに、ほとんど情報も得ないまま下すことを想定している。しかし実際、当時の決定プロセスはこのように機能していたのであり、今日もそれは本質的には変わっていないのである。

このような決定プロセスでは、判断に必要な背景情報――当直の将官、NORAD司令官、そして大統領、さらにはソビエト側の当事者、それぞれに文脈があるだろう――がきわめて重要となる。我々が軍縮協定の締結を目指す最も重要な（通常、見すごされている）理由の一つは、背後にある情報を得ることなのである。そう、一九七七年の軍縮合意の成功によって、当時進行中だった軍拡競争にブレーキがかかり、アメリカとソビエト双方の国防支出と互いに突きつけ合っていた脅威は確かに低減された。しかしそれより重要なのは、この合意のおかげで、我々は生きるか死ぬかの対立を続けていた敵国との対話に乗り出し、それによって両国に一定の透明性と——これが一番重要なのだが——背後にある情報、すなわち相手に対するより深い理解を得られたことである。我々は互いにまもなく恐ろしい決断を下すところだったのだから。私の考えでは、こうやって得られた情報のほうが、軍縮が達成された数字の問題よりはるかに重要だった。軍縮条約の数量に関する条項は「害を及ぼさない」ためのもので、条約それ自体は我々に本質的に重要な情報をもたらすという、より大きな目的に資するのである。

こうして、カーター政権は我が国の戦略核兵器を増強しつつも、それらの戦力についてソビエトとの二国間で互いに制限を設けるための交渉を開始した。一九七一年のソビエトとの第一次戦略兵器制限交渉（SALTⅠ）で示されたように、軍縮と軍備管理の取り組みはしばらくのあいだ、慎重な足取りながらも進められた。両国とも、そのままの勢いで核戦力を増強し続けることは心理的にも経済的にも難しいと感じており、実際に兵器削減を行う必要があった。目の前の現実が、両超大国間における懐疑と敵意の冷戦精神を凌駕し始めたのである。そうした状況を受けてカーター大統領は、一九七二年に発効したSALTⅠに続くさらなる核戦力制限の合意を目指して動いた。

新たに計画されたSALTⅡには、SALTⅠの主な欠点——ミサイルの数を制限したものの弾頭については制限がなかったため、ミサイル一基に対し複数の弾頭を搭載するインセンティブになってしまった——を是正する狙いがあった。SALTⅠで弾道弾迎撃ミサイル（ABM）を制限したことは間違いなく有益だったけれども、いっぽうでICBMの制限はこの「抜け穴」を許し、おそらく「害を及ぼさない」原則に背くものだったと思われる。

ソビエトはこの抜け穴を利用し、それぞれ独立した目標を攻撃できる一〇個の核弾頭を搭載可能な（専門用語で「MIRV」と呼ばれる）新型のICBM（「SS－18」）を開発した。それに対してアメリカも、同じく一〇個の弾頭を搭載できるMXミサイル（のちの「LGM－118Aピースキーパー」）で対抗した。このため、予想に反してSALTIは署名当事国の兵器庫に核弾頭を積み増すインセンティブを与えることになったのだった。その結果、将来的な危険を孕んだ不安定さが生まれた。もしソビエトが十分な正確性をもってアメリカのMXミサイルが配備された地下サイロを狙えるとしたら、ソビエトは核弾頭一つで我が国のミサイル一基、つまり一〇個の核弾頭を一気に破壊できることになる。そうなると、ソビエトからすればアメリカに対して奇襲攻撃をしかければほぼ間違いなく有利になる、というシナリオが成り立ってしまう。

長期にわたる、ときに緊張に満ちた交渉の結果、SALTIIは署名された。しかし、上院での批准は骨の折れる戦いになること間違いなしだった。というのも、「現在の危機に関する委員会（CPD）」がすぐさま、合意による制限はソビエトの奇襲攻撃に対して我が国をより脆弱な立場に追い込むものだと主張したからである。しかし、SALTIIに関して私が問題視したのはまったく逆のことだった。SALTIIはミサイルに加えて弾頭数も制限することで、複数独立目標弾頭（MIRV）というSALTIの抜け穴を防いだ。しかし、SALTIIのMIRV制限は、両国がそれぞれ一三二〇個のMIRVシステムを保有することを認めるという、（私の見解では）あまりにも控えめなものだったのである。それでも、SALTIIは正しい方向にむかう一歩だった。

批准に向けた戦いのため、カーター大統領はウォルター・モンデール副大統領にリーダーとしてその取り組みを牽引するよう命じた。モンデールは、アメリカ国家安全保障局（NSA）長官のボビー・インマン海軍大将と私を上院対策のチームに選んだ。インマンと私は、すべての上院議員との一対一での面談を計画し、一九七九年一一月下旬から始めることにした。ロバート・バード上院議員がこれらの面談を調整し、最も重要と思われるものには自ら同席した。

上院議員たちとの面談と並行して、条約批准に関する国民討論が、一九七九年一二月にテレビで行われることとなった。NSA前長官であるノエル・ゲイラー海軍大将と私が政権側の代表に選ばれた。アイオワ州選出のジョン・カルバー議員が上院を代表した。また、ポール・ニッツがCPDの三人の条約反対派を率いた。カルバー議員は、感情に訴える筋の通った条約賛成の意見を述べ、討論の口火を切った。続いて発言したポール・ニッツェが、カルバー上院議員は嘘をついたと有無を言わせず糾弾したことに私はショックを受けた。驚くことではないが、「討論」はそこで頓挫し、思慮深い熟慮に満ちた賛否を述べ合う場とはおおよそかけ離れたものになってしまった。

結局、SALTⅡは上院での投票にまで至らなかった。一九七九年一二月末、ソビエトがアフガニスタンに侵攻し、カーター大統領は制裁措置を取った。モスクワオリンピックの参加辞退はその最たるものとして知られているが、おそらく最も重要な措置はカーター大統領がSALTⅡの批准要求をひそかに取り下げたことである（SALTⅡはその後も発効することはなかったが、MIRVシステムの制限という目標については、のちに第一次ブッシュ政権がSTARTⅡで取り組むことになる。これについては後章で述べたい）。

冷戦のこの時期におけるアメリカとソビエトの二国間軍縮交渉は一見先行きの明るいものと見られていたが、いま当時をふり返ってみると、そこには歴史上たびたびくり返されてきた不合理かつ感情的な考え方、すなわち人類史上の数々の戦争に通ずる考え方が見てとれる。そしてそれは、核の時代においてはかつてないほど危険な考え方となる。実際そのような考え方が、核戦略に関する熱狂的な議論に人々を駆り立て、自ら生み出した核戦力の破滅的な力を大幅に増大させ、いつの間にか核戦争の瀬戸際まで導いたのである。その行き着く先がどこなのかわからなかったのは、あまりにも深刻な想像力の欠如のせいだった。一九七〇年代、八〇年代を通じた核戦力の増強以前から、我々の核戦力は世界を吹き飛ばすのに十分すぎるものだった。我々の抑止力は理性のある指導者なら誰でも大人しくしているような恐ろしいものだったのだ。それなのに、我々は強迫観念に取りつかれたように核戦力の不十分さを主張してきた。我々は「脆弱性の窓」について幻想を抱いていたのである。アメリカとソビエトの政府は国民のあいだに恐怖を流布してきた。我々はあたかも核時代の到来が何ら世界を変えなかったかのようにふるまってきたが、世界はかつてないほどに変わってしまっていたのである。

たとえそうだとしても、軍備の管理と軍縮に向けた早期の取り組みは、常に成功したとまでは言えないものの、少なくとも新たな考え方が生まれてきたことを示していた。多くの人にとってそれは甘い考えのように思われたが、非現実的な軍拡競争の中で「過剰殺戮」を可能とする数量の核兵器が蓄えられた冷戦の状況を考えれば、むしろきわめて現実的なものだった。

大局的な視点から核兵器について考えたときに出てくるもう一つの課題は、世界の他の地域への拡散という問題である。ソビエトと協定を締結して核兵器の制限に努めるいっぽうで、我が国は他国への核兵器拡散を防ごうと動いていた。我々が把握していた韓国、台湾、イラン、イラク、パキスタン、インド、イスラエル、そして南アフリカについては、その隠された核計画を中止させるよう努力した。ただ、その努力が実ったとはっきり言えるのは、韓国と台湾においてのみだった。核不拡散について私は責任ある立場にいなかったが、もし当時それが優先事項であると判断していれば、政府の努力に何かしら影響を及ぼしていただろう。しかし、主にソビエトの核兵器の脅威に集中していたために、他国のきわめて初期の段階の拡散計画については、通り一遍の関心しか払っていなかった。そして今日、我々は核不拡散の努力の失敗という悔やむべき負の遺産に直面している。その広がりを止めるのは、それぞれの計画の初期段階よりもはるかに難しい状況になっている。

核決定プロセス、軍備制限、そしてのちには核不拡散について、私はまだまだ語るべきことがある。なぜならば、核兵器の危険を減らすための他のさまざまな努力と同様に、これらはいまも優先的課題であり続けているからである。こうした取り組みは相当の外交的努力を必要とし、私自身もその分野での経験を積む必要があった。相殺戦略、戦略核兵器の増強、そのほか当時軍事的に必要とされた課題の解決に責任を担っていた国防次官時代を通じて、私はそうした経験と技術を自分のものとする機会を得た。そしてそれはその後の人生の旅路において非常に重要な意味をもつことになる。私はそれらの機会を活かして重要な利害関係をもつ国々に足を運び、そこで核問題の中枢に関わる人々とのつき合い方を学ぶんだ。そうした（核問題に取り組むために）絶対不可欠となる経験と、そこから生まれた外交戦略について詳しく述べるのは非常に重要なことであると私は考えている。

第9章 外交官としての国防次官

一九八〇年一月一日、カーター大統領は中華民国とのあいだで一九五五年に結ばれた相互防衛条約を一方的に破棄した――カーターはソビエトに対して「中国カード」を切ることを決断したのだ。

リチャード・カッツ「カーター外交の瓦解」一九八〇年

研究・エンジニアリング担当国防次官の職務は、政治判断に直接的に関わるものではなかったので、私は党派的に中立であろうと努めた。それを議員たちが理解してくれれば、ある問題のメリットを議会で証言する際に受け入れてもらいやすくなると考えたのだ。他方、三つの重要な例外を除けば、私の職務は外交的折衝を必要としないものがほとんどだった。その三つの例外とは、中国、NATO、そしてキャンプ・デービット合意である。

冷戦期におけるアメリカの大きな戦略は、政権によってその詳細はいくぶん異なるものの、ソビエトの「封じ込め」だった。西側諸国は、戦争にぎりぎり至らない見識ある実現可能な政策によってソビエトの拡大を止めるいっぽう、ソビエトの国家システムが内部矛盾により最終的に崩壊する日を忍耐強く待っていた。ソビエトは、中国やユーゴスラビアのような民族主義色の濃い共産主義国に対して、世界「革命」における自国のリーダーシップを認めさせようとしたり、いわゆる「衛星国」に対して抑圧的な注文を無制限に押しつけたりできるという非現実的な前提、思い込みのもとに動いていた。そのことが、西側諸国がソビエトへの圧力をいっそう強める原因ともなった。封じ込めの主たる戦略的意図は、ソビエトの地理的拡大の試みを制限し、西側との軍事的衝突を防ぐことで、核紛争の防止という目標に貢献することだった。それゆえに、カーター大統領がアメリカと中国のあいだで準公式的な同盟を結ぼうとしたことは、私には非常に適切な措置であると思われた。私は彼を助け、それを実行することに前向きであり、やがてその機会を得た。

カーター大統領の命を受け、私は中国に飛んだ。アメリカが中国の通常兵力の近代化を支援するという両国合意の一環だった。私は中国の軍備や軍事製造能力を確認したのち、目的を達成するための計画を提案することになっていた。そこで私は、アメリカ陸海空軍の高級将校と最も適当な技術分野の専門家からなる素晴らしいチームを編成した。相応する中国のチームによって迎えられた私たちはそれから八日間、彼らの案内で、内モンゴルの戦車工場からゴビ砂漠のミサイル実験場に至るまで、中国の主な施設を視察した。

訪問先の研究責任者や工場長たちはほとんどみな、文化大革命によって施設の発展が大幅に遅れたという感情的な弁明から話を始めた。それに対して私は、文化大革命のさなかにあなた方は何をしていたのかと尋ねたものだ。答えはいつも次のようなものだった。「私は養豚場に送られ、肉体労働を通じて再教育されました」。中には泣き崩れる者たちもいた。視察旅行が終わりに近づいたころ、通訳を務めてくれた若い中国人の少佐に同じ質問をしてみた。彼は一瞬躊躇したあと、文化大革命の開始直後は紅衛兵だったが、病気がちな父親が養豚場に送られたので、彼が死ぬのではないかと怖れ、その面倒を見るために部隊を離れて自分も養豚場へ行ったと話してくれた。共産主義的な価値観を克服する何とうるわしい儒教的な価値観の物語であろうか（一四年後、国防長官として再び北京に降り立ったとき、この少佐は准将になっており、飛行機から降りるタラップの下で出迎えてくれた。それはとても幸せで感動的な再会だった）。

中国訪問から戻ってまもなく、マレー・ラーナー監督『毛沢東からモーツァルトへ』という優れたドキュメンタリーを見た。バイオリニストのアイザック・スターンが、私とほぼ同時期に上海を訪れたときの様子を描いた映画だ。とりわけ印象的だったのは、上海音楽院の院長とのインタビューだった。そこで彼は、文化大革命中に西洋音楽は国家の腐敗を招くと考えた紅衛兵により、押し入れに閉じ込められたことについて話していた。それは中国の至るところの工場長から聞かされた話と似通っていた。アメリカ人にとって、文化大革命中の紅衛兵の信じがたい自己破壊的行動に共感を寄せることはほとんど不可能だ。

また、偵察システムの分野で仕事をしていたおかげで、ゴビ砂漠のミサイル実験場視察はとりわけ思い出深いものになった。長年のあいだ、アメリカの偵察衛星が撮影した高解像度画像を通じて、私はこの実験場の発展を細部に至るまで分析研究してきた。そのため、実験場に到着したとき、私の目にはとてもなじみ深いものに映った。数日内に控えた発射実験に向けて準備の整ったICBMの発射台を見せられたとき、私は自信たっぷりにその上に立ち、長期にわたる研究結果に基づき、アメリカの視察団を相手に中国のICBM計画について講釈を垂れたものだった。一週間後、ペンタゴンの執務室に戻ると、同じ発射台の前に立つ一群の人々を捉えた衛星画像がデスクに置いてあった。そのうちの一人は他の人たちと離れて立っている。その人物は丸印で囲まれ、その脇に「ペリー博士」という書き込みが！　なんと目ざとい画像解析担当者なのだろう。

ちなみに、私の補佐官を務めていたジェラルド・ディネンもこの中国訪問に同行した。彼と私は、相手方の二人の中国人と親しい関係になり、お互いの妻どうしも同様に親しくなった。この四人の女性たちはいつも一緒に行動したので、他の中国人たちは彼女たちを「四人組」（文化大革命を主導した江青ら四人を指す呼称）と呼び始めた。文化大革命はわずか数年前のことであり、私は最初、中国人たちがその暗い時代を茶化すジョークを口にしたことに驚かされた。しかしまもなく、中国人のユーモアセンスは決して抑えつけられないものであることを学んだのである。

我々視察団は最終的に、中国の研究施設と工場はアメリカのそれよりあまりに遅れていて、有効な技術移転は難しいという評価を下した。加えて、中国はまず民生技術、特に電子産業の構築に力を入れるべきで、そうすれば一〇年後にはもっと効果的な協力ができるだろうとアドバイスした。彼らは技術と決意をもってそれに取り組み、世界に認められるようになった。しかし、一九八九年の天安門事件で民間人が虐殺される事態が起きたのち、アメリカは中国と軍事技術を共有する意思を失ったのだった。

いっぽう、私がNATOで経験した外交折衝は、中国でのそれとはだいぶ異なっていた。アメリカの防衛装備調達責任者として、他のNATO諸国の調達担当者と政治的にも外交的にも深いつき合いがあった。我々は年に二回、ブリュッセルで会合を開き、ソビエト率いるワルシャワ条約機構（WPO）軍のプレゼンスに対抗する上でNATO加盟諸国に影響を及ぼす装備調達関連の問題について話し合った。その根本的な課題は、NATO軍の即応能力を維持向上させることだった。

NATOの抑止態勢は、冷戦下における抑止戦略全体の根幹部分を占め、それは戦場においてNATO軍の共同作戦実施能力を示せるかに大きくかかっていた。それゆえにNATOの軍事作戦に関する調達関連の主たる課題は、多国籍軍間の相互運用性——特に通信システムと弾薬備蓄について——を確保することだった。戦場において互いに速やかな意思疎通が必要であるにもかかわらず、加盟国はそれぞれ独自の軍事通信システムを構築していたため、他の加盟国と同じ周波数や変調方式では作動しない可能性があったのである。

我々は、あまりに深くなじみすぎた時代遅れの考え方を変える必要があった。効果的なコミュニケーションのために、各国に必要な妥協を認めさせることが最優先課題となった。そして、同様の相互運用性を、燃料や弾薬といった共用備蓄にも適用する必要があった。軍事力の相互運用性の問題は、歴史にもしばしば登場する。イギリスのウェリントン公は、オランダとの連合軍が互いの弾薬を使用できなかったために、ウォータールー（ワーテルロー）の戦いで危うく負けるところだった、というのがその一例だ。

装備調達の効率性もNATOにとって死活問題だった。もし各国が独自に戦闘機や空対空ミサイルを設計するとしたら、その無駄な重複の結果、研究開発費用は相当に跳ね上がる。そして、いずれの国も、製造工程を巨大化することによる費用対効果、すなわちスケールメリットを見込めなくなってしまう。アメリカの立場はいつも通りだった。我が国がすでに巨大な製造基地をもっているのだから、あらゆるNATO加盟国は米軍のシステムを購入すべきだ、そうすればどの国も最低単価での装備が可能になる、と。当然のことながら、他の加盟国はこの手法を歓迎せず、活発な競争が生じた結果、どの同盟国の調達コストも膨れ上がった。

そこで、アメリカの装備調達責任者の役割として、私は新しい方法を試みた。すなわち、私が「兵器製造における家内制分業」と呼ぶ考え方に同意してほしいと提案したのである。たとえば、アメリカはNATO加盟国が使用する長距離空対空ミサイルを製造する。これに対して、ヨーロッパ諸国はアメリカを含む全同盟国が使用する短距離空対空ミサイルを設計製造するのだ。長い議論の末にこの考え方は根を下ろし、私の次官任期三年目が終わるまでにNATO諸国はこの計画の実現に向けて前進しつつあった。ところが私が離職して一年後、推進者を失ったこの計画は徐々に後退し、古くて非効率的な調達手法が再び幅を利かせるようになったのだった。それでも、他の国々との単独もしくはグループ外交の技術に触れられたことは、私にとって非常に学びの多い経験であった。そしてそれは、核の時代に実際に求められることに取り組む上で、他国間の協調が必要であることをあらためて私に教えてくれた。結局のところ、NATO加盟国間の相互運用性は、経済的な利益だけでなく、ヨーロッパにおける抑止の成功のためにも不可欠なのである。さまざまなレベルでのさまざまな形の協力が、核兵器の使用を防ぐための典型であり、政策の原則にならなければならないのだ。

私はより伝統的な外交の現場にも参加したが、そこでもまた、大きな破壊や紛争に直面したときでさえ力を合わせて復興を成し遂げる人間の能力を学ぶことができ、勇気づけられた。それについて言えば、私はカーター政権の代表的な外交成果であるキャンプ・デービット合意を間近に目撃したのみならず、その後の展開にも深く関わった。カーター大統領がエジプトのナセル大統領とイスラエルのベギン首相と交渉を行っている最中に大統領執務室を訪ねたときの緊迫した空気を鮮明に記憶している（私の訪問の目的は、交渉のある一面について大統領に助言することだった）。カーター大統領はのちに、ベギン首相ほど強情なネゴシエーターには会ったことがないと打ち明けてくれた。しかし、それより鮮明に覚えているのは、エジプトとイスラエルの交渉に突破口を見出して中東から戻った大統領を、アンドリュース空軍基地に出迎えに行ったあの夕方の感動である。これは中東地域でそれまでに達成された唯一の平和協定であり、カーター大統領の粘り強い創造的な外交なくしては決して達成されなかったであろうと思う。間違いなく、彼はこの外交的な成功によってノーベル賞を受賞すべきだった。

帰国から数日後、カーター大統領はエジプトとイスラエルの指導者たちを集めてホワイトハウスで祝宴を開いた。それに先立って、ブラウン国防長官は両国の国防トップを招いた別の祝宴を開いた。私は後者に参加し、イスラエルのエゼル・ヴァイツマン国防大臣と話していた。そこへ、エジプトのカマール・アリ国防大臣が入ってきた。ヴァイツマンは歩み寄っていって挨拶をし、彼を私のところに連れてきて言った。「アリ将軍をご紹介します。彼はしぶとい老人です。我々は彼を三度撃墜しましたが、彼は生きて帰って来たのです！」。ヴァイツマンとアリはそのとき強い絆で結ばれ、そこから先の一生涯もその絆は続いた。他の誰よりもこの二人のおかげで、平和協定は実際に機能したのだった。

その祝宴で、私はヴァイツマンが平和にそれほどまでに専心する理由を知った。祝宴にも参列していた彼の息子は、一九七三年のヨム・キプール（贖罪日）戦争で頭部に重傷を負い、固定用の金属プレートが体内に残り、いくつかの認識障害を患ったことがあったのだ。それゆえ、ヴァイツマンがアリに語った次の言葉は真実味をもって伝わってきた。「三度の戦争は恐るべき損失を我々に、特に若い人たちにもたらした。我々は二度とやるべきではない」。

平和協定ではイスラエルとエジプトの双方にアメリカが軍備支援を行うことが定められ、その詳細を詰めるために私は両国を訪問するようになった。最初はエジプトに行き、防衛装備担当の国務大臣だったモハンマド・フセイン・タンタウィ将軍と集中的に議論した（一九九五年に国防長官としてエジプトを訪問したとき、タンタウィは国防大臣になっていた。「アラブの春」のさなかの二〇一二年には、新大統領選出までの国家元首代理を務めた）。この議論は実務的であり、生産的でもあった。エジプト軍は米軍がもつ優れた技術にアクセスできるようになったことに感謝の意を示した。続いて私はイスラエルに行き、特に苦もなく協力に向けた詳細を詰めることができた。ただ、すべてのイスラエル人が本当に話題にしたかったのは、エジプトはどんなところなのかということだった。彼らはみなカイロに行きたがっていた。エジプトへの旅など、彼らにとって以前は考えられないことだったのである。人々がいかに早く生涯にわたる憎しみを受け入れ、飲み込み、友情の機会を摑み取ることができるのかを目の当たりにし、私は深い感銘を受けた。

中国、NATO、エジプトおよびイスラエルという三つの任務は、私の知識と技術を重要な形で広げてくれた。核兵器の脅威を減らすための旅路において、私はいつも変わらずその危険を減らす責務に役立つよう、さまざまなやり方で努力を続けてきた。日本では極端な新しい破壊力の目撃者だった。水面下で増強されていくソビエトの核兵器を監視したり、規模を特定したりするのに必要不可欠な、偵察技術の開発に携わる企業家であり、スパイであった。また、紛争時の優位性を確保しようというソビエトの企てを食い止めるべく、実戦能力の改革・改良を行う戦略家であり、いわゆる「武器屋」でもあった。アメリカとソビエトという超大国どうしが、危険で金のかかる核の軍拡競争の将来におよぶ悪影響に対処するため、現実的な二国間対話に本腰を入れるようになると、コミュニケーションと協力関係が深まり――端的に言えば、外交が求められるようになり――モスクワとワシントンのあいだの地政学的関係に変化の兆しが現れ始めた。そうなると、外交の経験が重要な意味をもつようになる。

あとで述べるように、私が三つの任務を通じて学び始めた外交技術は、一九八〇年代にさらに磨かれ、その後国防長官になったときには計り知れない価値をもつようになり、外交上の重要課題が生じる困難で複雑な新しい状況の中で引き続き生かされていく。

ところが、私の旅路はこのとき、この外交の経験という非常に重要な素養をもっていることがある種の皮肉と言えるような段階に差しかかっていた。カーター大統領が（ロナルド・レーガンに敗れて）二期目の続投に失敗したことで、私は在野の生活に戻り、政策を決定したり実行したりする地位を離れたのだった。皮肉と言ったのは、多方面にわたる豊かな民間人としての経験が、いまや核戦争の脅威を減らすという私の使命を遂行する上で必要不可欠であるように思われることだった。

私は距離を置いて、ペンタゴンの怒濤の日々の中で学んだことをふり返ってみた。「戦略防衛構想（ＳＤＩ）」のような核兵器の問題をテーマとする公開討論に参加したりもした。学究生活に戻り、多くの学生たちに出会い、もし世界がもはや核兵器の脅威に晒されない日が来るときには決定的に重要となることの多くを、彼らから学ばせてもらった。また、世界中のさまざまな場所で核に関わる公式あるいは非公式な外交を続け、政府関係者や影響力のある専門家たちと出会ったが、彼ら彼女らはのちに私が国防長官としてペンタゴンに戻ったとき、核の脅威を緩和するための終わりなき旅におけるかけがえのない支えとなってくれた。さらには、その探求の旅のつれあいとなる、志を同じくする専門家にもこのころ出会った。ソビエト連邦が歴史の波間に消え、冷戦が終結し、強い原動力——それはときにチャンスであり、ときに危険性だったが——をもって核危機の新たな時代が到来し、自分の旅路が変わっていくのを実感した。

第10章　冷戦の終結、再び民間人として

私は、かつて我々に核兵器をもたらした我が国の科学者たちにお願いしたい。それらの核兵器を無力化し、時代遅れのものとする方法を教えてほしいのです。

ロナルド・レーガン　一九八三年三月二三日

カーター大統領が再選に失敗したあと、妻のリーと私は再び東から西へと大陸を横断し、我が家のあるカルフォルニアへと帰った。核戦争の瀬戸際で旅を続けるのをやめてしまおうという思いは心の中のどこかにあったのかもしれないが、すぐに消え去ってしまった。それは以下のようなことがあったからだ。

第一に、核攻撃に対する新たな「防衛」策を考案するという提案（レーガン政権による「戦略防衛構想」）がなされたことだ。私はすぐにこの構想には非常に低い評価を下した。第二に、ソビエ

トや世界の他の国々の優れた人物たちと核の脅威に関する非公式の外交を始めたこと。当時生まれつつあった新たな外交環境は、核の脅威を減らすための新たなる精神と考え方が登場する前触れのように私には感じられた。第三に、変化しつつある核危機のダイナミクスについて考え、教えるという満たされた時間を手にしたこと。そして第四に、最先端の技術に関する状況を常に把握しておく機会を失わなかったことである。

カルフォルニアに戻ったあと、リーは以前勤めていた会計事務所に復帰し、一九八〇年の税金還付業務のサポートにちょうど間に合った。私が創業したESLは、TRW（現在は独ZF傘下となった、自動車・電子・航空宇宙分野などにまたがる複合型企業）の傘下に入っていた。ちょっと前まで国防総省の調達責任者を務めていた人間として、自分が始めた防衛計画にビジネスの成功がかかっているような防衛分野の大手企業で働くつもりはなかった。代わりに私はサンフランシスコのハンブレヒト・アンド・クイスト（H&Q）という投資銀行に就職した。ハイテク分野を対象とする小規模な投資銀行で、何年も前にESLの株式公開を手がけていた。また、創業者のジョージ・クイストは、TRWに売却されるまでESLの取締役に名を連ねていた。革新的な技術に焦点を絞った、H&Qの小規模だが影響力の大きいベンチャーキャピタルの仕事に、先端技術を評価・応用するペンタゴンでの経験を生かせるだろうと考えたのである（防衛分野での投資例はほとんどなかったけれども）。

私はまた、スタンフォード大学の国際安全保障・軍備管理センター（CISAC、現在は国際安全保障協力センター）所長のジョン・ルイス教授から誘いを受け、同センターの非常勤シニアフェローとなることに同意した。私のもつ学位のうちの二つは、世界最高の大学の一つであるスタンフォードで取得したものだったので、CISACのメンバーに加えてもらえたことは本当にうれしかった。そこで私は国家安全保障と核兵器の問題について思考を洗練することができた。さらに私はそこで、「国家安全保障における技術の役割」という新たな科目を立ち上げた。歴史を通じて、技術は安全保障上きわめて重要であり続けたが、言うまでもなく、一兵士として沖縄にいた一〇代後半から、自らが技術の変化を加速する責任を担っていた五〇代までのあいだに目撃したような目まぐるしい速度で変化したことはかつてなかった。

実は、スタンフォードでの大学院時代に優秀な数学者であったジョージ・ポーリャ教授と、自分自身の大学講師としての経験に影響されて、理論数学の教員になる道を考えたこともあった。しかしいまや私は、迫りくる核の危機に直面してきた少数のエリート集団の一人として、現実世界の課題に関する新たな視点を教室の中にもち込むこと、とりわけまもなくこの問題に直面するであろう若い人たちのあいだにもち込むことの重要性を感じていた。

また、政府の官僚たちによって続けられてきた「トラック1」外交を補うものとして、「トラック2」外交と呼ばれる非政府による国際外交が存在感を増してきており、私はそこでも活発に活動した。一九八〇年代から九〇年代の最初の三年間にかけて、現地の科学者や知識人たちとの会合をもつため、私はスタンフォード大学の代表団を率いてほぼ毎年ロシアを訪問した。トラック2外交の目的は、公的な立場を離れて触手を伸ばし、政府関係者があとから辿れるような新たな道筋を見つけることであり、しばしばそれは公式と非公式の外交を組み合わせることで、より容易に達成できた。このような土台作りは、外交全般の有効性を高めるためだけでなく、有意義な対話がほとんどなされなかった冷戦期の、疑念に満ちた空気が存在する状況のもとでも重要だった。

しかし、トラック2外交の主な成果を紹介する前に、核の時代には場違いとも言える古くさい、どこかで聞いたような考え方が突如として現れ、それが私の新たな試みの妨げになったことについて述べておきたい。そうすることで、当時の流れを摑んでもらえると思う。ちなみに、そのような妨げはこのときが最初というわけではなかった。

この古くさい考え方は――表面的には新しい考え方に似ているのだが――政府高官のあいだで生まれ、八〇年代初頭に話題をさらった。一九八三年三月二三日、レーガン大統領は核兵器を無効にする防衛システムを開発するため、アメリカの科学者とエンジニアに呼びかけを行い、世界を驚愕させた。彼は次のように述べた。「私は、かつて我々に核兵器をもたらした我が国の科学者たちにお願いしたい。それらの核兵器を無力化し、時代遅れのものとする方法を教えてほしいのです」。

レーガン大統領のスピーチは、強力な近代技術に支えられた新たなミサイル防衛構想に触発されたものだった。それは、アメリカの衛星コンステレーション（多数の衛星によって地球全体をカバーする通信・観測システム）に配備したレーザー兵器により、ソビエトのＩＣＢＭを飛翔中に破壊するというものである。この構想を現実に移し替えるために生まれたプロジェクトこそが「戦略防衛構想（ＳＤＩ）」であり、まもなく「スターウォーズ計画」と呼ばれるようになった。先端技術をまとめて一つのシステムに組み込むこの構想は、まばゆく輝く新たなもののように見えたかもしれないが、この企ての究極の目標は、ソビエトのＩＣＢＭ誘導システムを妨害電波で誤作動させ、弾道ミサイル防衛能力を完全無欠にするという初期の発想とまるっきり同じで、達成不可能であることが、私にはわかっていた。

戦略防衛構想に息を吹き込んだレーガン大統領のスピーチからまもなく、私はワシントン・ポスト紙に構想のメリットを掘り下げて考える論説を寄稿するよう求められた。そこで私は大統領の提案を批判し、「我々がソビエトのＩＣＢＭとＳＬＢＭ（潜水艦発射型弾道ミサイル）戦力を打倒するためのシステムを開発、実験し、そして配備するまで二〇年もかかるとしたら、それに対抗するさまざまな手段を考え、開発し、配備するのに十分な時間を、ソビエトに与えることになるだろう」と指摘した。また、のちに科学ジャーナル（科学技術広報協会『スコープ』誌、一九八五年）に掲載された記事の中で私は、「この構想において、実現可能なことは望ましいことではなく、望ましいことは実現可能ではない」とも論じたのだった。戦略防衛構想の技術的実現性に対して私が疑問を呈したことは、特別な重みをもって受け止められた。それは、先端技術を画期的な目標を達成するために活用することにキャリアの大半を注いできた私の指摘だったからだ。私はまた、構想から逆に派生しうる危険性についても指摘した――すなわち、新たに生み出されるミサイル防衛システムがたとえ役立たずであったとしても、それは再び核開発競争を誘発することになる、ということである。

強力なレーザー兵器とそれを打ち上げるのに必要なロケット、衛星コンステレーションの開発は疑いなくきわめて困難なものであり、巨額の支出を伴うことは火を見るより明らかだった。ただ、ＳＤＩの非実現性について私が考えていたのは、もっと根本的なことだった。結局それは、敵がまったく対策を講じないという想定のもとでないと成功はあり得ないのである。レーザー兵器やロケット、衛星などは、長期間にわたって、おおよそソビエト軍の監視網に晒されたまま構築・

配備される。当然のことながら、ソビエトは我々が何を作ろうとしているかをある程度正確に理解し、それに合わせて自らの攻撃システムを調整したり変更したりするだろう。それは、間違いなく膨大なコストのかかる我々のSDIシステムに比べれば、それほど費用のかかるものではないはずだ。

歴史をふり返ると、ソビエトが自ら実例を示してくれたことがある。一九六〇年代、ソビエトはそれこそ膨大な費用を投じて、国土全体をカバーする防空システムを構築した。その配備の様子を見ながら、我々はB－52戦略爆撃機による攻撃計画を変更し、同機を数百フィートの高度で飛翔させることで、ソビエトの防空システム――それは高高度からB－52の爆撃を受けることを想定して設計されていた――によるレーダー探知を回避できるようにした。その後一〇年以上もたってから、ようやくソビエトは我々の計画変更に気づき、新たな戦術を打ち破るべく防空システムの修正を行ったのだった。

第七章で詳しく述べたように、アメリカはその後、B－52に搭載する空中発射巡航ミサイル(ALCM)を開発し、ソビエトから何百マイルも離れた地点から攻撃できるようにしたことで、ソビエトの防空システムを無力化することに成功した。この空中発射ミサイルは二〇〇フィートの高高度を飛翔するだけでなく、非常に低いレーダー・シグネチャー(レーダー反射波の波形、航空機やミサイルを判別するのに使われる)――初期に製造されたステルス性能をもたない大型のB－52には搭載されていなかった――しか示さなかったため、探知および目標捕捉能力の低いソビエトのレーダーでは捉えきれなかったのである。

このように、アメリカはB－52の爆撃戦術と展開方法に比較的安価な変更を加えることで、非常に大規模でコストのかかったソビエトの防空システムをほぼ無力化することに成功した。しかも、B－2のようなソビエトの防空システムを打ち破る能力をもつ戦略爆撃機に代替されるまで、開発から時間がたった旧型機であるB－52の寿命を延長させることもできたのだった。

ここまで詳しく述べた通り、防衛システムを通じて「ダメージを減らす」発想の限界を、自分なりの計算に基づいて観察し、見きわめた経験があったので、核の時代における「攻撃」対「防御」に関する私の考え方はとっくの昔に変わってしまった。核の時代においてはほとんど破滅的な力をもつゆえに、攻撃システムは基本的に有利だ。一度きりの使用を想定して設計されている攻撃システムについては、特にそう言えるだろう。第二次世界大戦のとき、アメリカの爆撃機はドイツの一つの目標群を破壊するために何度もくり返し出撃しなくてはならなかったので、ドイツには我々の攻撃戦略が変化するたび、それに合わせて自軍の防空システムを修正する時間の余裕があった。そのため、我が国の爆撃部隊は多大なる損失をこうむったのだった。

その当時、どんなに優れた防空システムが相手であっても、（攻撃一回あたりの）部隊損耗率は四～八％にすぎなかった。しかし、アメリカの爆撃機は一つの目標に対してくり返し出撃せねばならなかったので、この程度の損耗率でも、搭乗員する兵士たちにとっては破滅的な数字だったのである。割り当てられた二五回もの出撃任務の末に生還できる者が、いったいどれほどいるだろうか？

ところが、ＩＣＢＭを用いる核戦争においては、一、二度の出撃ですべてが終わる。わずか一〇％しか撃墜できない防空システムはあまりに無力で、あとに待ち受けるのは破滅だけである。ＩＣＢＭ攻撃に対して有効性があると言える防空システムは、撃墜率が九〇％を優に超えるものでなくてはならない。しかも、最初の攻撃に対して！　ちなみに、実際の戦闘においてそれだけの撃墜率が達成されたことを示すデータは、歴史上存在しない。

先述したワシントン・ポスト誌の論説記事の中で、もしアメリカがＳＤＩをスタートさせれば、ソビエトは間違いなくそれに対抗する計画を立ち上げるだろうと指摘した。最も予想される戦略は、ＳＤＩを数の力で圧倒しようとすることだ。ソビエトは弾頭を装着した何千ものおとりを配備することで、ＳＤＩが対処しなければならない標的の数を増やそうとするだろう。我が国は標的を識別するという難題を抱えることになる。さらに、ソビエトはミサイルと弾頭をＳＤＩより安いコストで製造するだろう。こう考えると、我が国はＳＤＩの配備にまで至らずとも、ただ着手するだけで、新たにより危険な核軍拡競争を引き起こすことになるのである。

結局、アメリカは戦略防衛構想の実現を断念した。しかし、攻撃と防御の「弁証法」は冷戦後も形を変えて続いていく。アメリカが地上配備型の弾道ミサイル防衛（ＢＭＤ）システムを配備すると、それに刺激されたロシアと中国が多数のおとりとＩＣＢＭを製造する、というように。

核攻撃に対する防衛という絶望的な発想の、終わりの見えない歴史をふり返るとき、「解き放たれた原子の力は、我々の考え方を除く、すべてのものを変えてしまった」という、アインシュタインのあまりに現実的で容赦のない所見が、まさにその象徴であると考えたい誘惑にかられる。軍事的な脅威の高まりに対して防衛措置を講じようと考えるのは、いつの世においても間違いなく普通のことだった。ところが、大規模な攻撃に使用される核兵器は確実な破壊をもたらし、その破壊力があまりにも大きいために効果的な防御が不可能になってしまう。争いが起きたら身を守るというのは昔ながらの伝統的な考え方ではあるが、今日となってはもはや意味をなさないのである。核戦争においては、長らく「規範」とされてきた防御への信頼が、単なる自己欺瞞でしかなくなってしまった。防御を信頼するというあり方は、きわめて人間的で無理がない。しかしそれは、目の前の新たな現実に対する一種の逃避に根差したものなのである。

□

こうしたできごとによって、私は核の時代をどう生きるべきかを考え、教え続けるよう駆り立てられた。民間人としての新たな生活も、ものごとを深く考え抜くのに適した環境を与えてくれた。そんな中で、将来の戦略を考える上で多くのことを学んだ最も重要な経験は、「トラック2外交」における人的交流だった。一九八〇年代から九〇年代前半にかけて毎年行われたロシアの専門家や研究者たちとの会合では、ロシアの代表団があまりにもありふれた党の公式見解を表明し、トラック2外交の本質――公的な立場を離れて触手を伸ばし、政府関係者があとから辿れるような新たな道筋を見つけること――を台なしにする退屈な議論に終始することも多々あった。いっぽうで、とても印象的なロシア人に何人か出会った。何よりも重要なのは、その数人と知的な絆を築けたことが、当時の私にとって大きく役に立ち、国防長官になってからはさらにその価値が上がったことだった。

そうした人間関係のもつ可能性、そしてその非常な重要性について、私はすでに直接的にも間接的にも知っていた。中国の政治、軍事官僚や技術者との交流。NATO加盟国の首脳や有力な大臣、官僚たちとのつき合い。さらには、かつて戦場で敵どうしだったイスラエルとエジプトの将校たちとの仕事。そうした経験を通じて、私は人間関係の可能性と重要性を学んだのだった。核兵器の危機に満ちた空気の中にあっても、長年にわたる疑念と敵意を乗り越えることは可能だっい、たのである。

私が親しくなった中で印象深いロシア人の一人に、アンドレイ・ココーシンがいる。最初に出会ったとき、私は彼が書いたレーダー技術に関する論文について好意的にコメントした。論文が深い関心をもって読まれたことを喜んだ彼と、そのまま長いこと話し込んだ。その後の会合で、我々は技術に関するたくさんの困難な問題について議論を重ねたが、アンドレイは党の公式見解をすっかり離れたところでアイデアを生み出そうとしてくれた。ソビエト連邦が崩壊したあと、私はロシアの代表団をスタンフォード大学に招き、ロシアからの客人を我が家に迎えて妻のリーと二人でもてなした。アンドレイは英語も流暢だったので、私が担当する授業にゲストとして来てもらった。彼の講義を聴けたことは、その年の学生たちにとって最高の思い出になった。

出会ったロシア人たちと真の友人になることが、あまりにたやすいことに私はいつも驚かされた。彼らはみなアメリカ人を疑ってかかるよう教えられていた。とりわけ憎きペンタゴンで役職にあった私に、彼らが疑いの眼差しを向けるのは当然と考えねばならなかった。けれども、実際そのようにはならなかった。私が彼らの議論に聞く耳をもち、合理的な反論をすることがわかると、彼らは疑いを捨て、さまざまな問題について私と話し合うようになった。

その後私が国防副長官、国防長官時代になってからも、ロシアを訪ねるたびにアンドレイと会った。彼は国防副大臣になっており、それゆえに大事な対話当事者の一人となった。トラック2時代からの長きにわたる友情のおかげで、我々がのちに政府関係者として関わることになる仕事はきわめて円滑に進んだ。あとで述べるが、一九八〇年代にアンドレイと私が築き上げた信頼関係を背景として、旧ソビエト連邦の共和国に残された核兵器を解体する「ナン・ルーガー計画」の速やかな実施に、間髪おかず取りかかることができたのだった。

一九八〇年代の大半を通じて、トラック2外交におけるロシア人との議論はほとんど不毛なものだったけれども、一九八八年を前後して、時代の精神にそれまでとはっきり異なる決定的な変化が起きたことに私は気づいた。ミハイル・ゴルバチョフが共産党書記長に就任し、「グラスノスチ」（日本では「情報公開」と訳されている）という新たな政策を打ち出してから数年が過ぎたころだった。我々のほとんどは、グラスノスチの信ぴょう性を疑っていた。しかし、一九八八年にモスクワで開催されたトラック2の会合で活発な開かれた議論を目の当たりにし、私は驚いた。意見の食い違いの大半は、ロシア人とアメリカ人のあいだではなく、ロシア代表団のメンバーどうしのあいだで起きたのだ！

エストニアの首都タリンで開かれた次の会合までに、グラスノスチに刺激された政治的雰囲気はさらに熱を帯びた。アシュトン・カーター――トラック2外交の同僚であり、ローズ奨学生（オックスフォード大学の大学院生を対象とする奨学金）として学術、防衛分野で目覚ましいキャリアを積み、私の親しい友人にもなった――と私はどちらもこの会合に参加し、大きな変化が起こりつつあることをすぐに感じとった。そこで話したエストニア人たちは、我々のトラック2の同僚であるロシア人を明らかに軽蔑しており、ロシア人はエストニアの「占領者」であり、エストニアは独立（第一次世界大戦と第二次世界大戦のあいだの短い期間、独立国であった）を回復すべきであるという彼らの信念を公けに語った。我々の訪問中、彼らは独立の悲願を劇的な方法で示した。たとえば、我々は初めてエストニアの国旗が掲揚されるのを目撃した（それは完全に非合法だった）。会議の出席者たちはみな、ホテルから会議場に歩いて入る際にエストニア国旗が掲揚されているのを見て驚愕した。休憩のあるたびに、我々はソビエトの当局者たちがその国旗を引きずり下ろしてはいないか確認しに行った。しかし、彼らはそうしなかった。さらにその日の夕方、我々はあるコンサートに参加したのだが、そこでは訪問中のフィンランドの合唱団がコンサートの終わりにシベリウスの「フィンランディア賛歌」（帝政ロシア時代に弾圧を受けたフィンランドの愛国歌、これはコンサートのプログラムに初めから含まれていた）に続けて、エストニアの国家を歌ったのである（こちらはプログラムになく、公の場で歌うのは当時非合法だった）。聴衆の多くは涙を流しながら合唱団とともに歌った。グラスノスチが本物の改革であり、ソビエト政府が理解していたよりもずっと深い変化が生じつつあることはもはや疑いなかった。

私はまた一九八〇年代を通じて毎年、中国を訪問した。スタンフォード大学の訪問団は、国際安全保障協力センター（CISAC）のジョン・ルイス教授が率いた。彼は流暢な中国語を話す政治学者で、その当時、中国がどのように核開発を行ったかをテーマとする本を執筆していた。

私にとっては、一九八〇年に国防次官として訪問したときに出会った人々とのつながりを取り戻すことができた上に新たな出会いもあり、それは一九九三年にペンタゴンに復帰したときに役立った。そのうち最も重要だったのは、当時電子工業部（現在は情報産業部に統合）の部長（大臣級）だった江沢民である。ある訪問の際、江は私を昼食に招き、当時いくつかの日本企業が市場を独占していたメモリーチップへの大規模な投資を伴う、彼が準備中の計画についてアドバイスを求めてきた。私は構想に反対した。江はそのアドバイスを喜ばなかったが、受け入れた（ちなみに市場のその後の展開は、私のアドバイスが正しかったことを証明した）。昼食の席で彼は、技術分野で優れた能力を発揮しているとされる私の評判を讃える漢詩を作って贈ってくれた。私の能力を大げさに誇張した詩だったけれども、中国の人々の風流なもてなしの気持ちを象徴するものであるように感じられた。その後、私が国防長官に就任したとき、江沢民は中国の国家主席になっていた。トラック2の会合を通じて、彼や他の中国の官僚たちとのあいだに育まれた同僚意識のおかげで、私は公務を円滑に進めることができた。

トラック2外交を通じた交流は非常に有意義だったが、一九八九年六月四日の天安門事件で一般市民が虐殺されたことを受け、中国での会合は終焉を迎えた。単にトラック2の会合が中止されただけでなく、それから五年間は中国政府とのハイレベル会合も行われることはなかった。

トラック2外交を続けるいっぽう、新たに開設した科目を教えるのを楽しんだ。国家安全保障における技術の役割をテーマとする授業は、学生たちにとても人気だった。聡明で好奇心に満ちた学生たちとの議論は私にエネルギーを与えてくれた。彼らが私から学ぶのと同じくらい、私も彼らから多くのことを学んだ。私にとって一番面白く感じられたのは、マンハッタン計画、冷戦期の誤警報、さらにはキューバ危機に関する私の考察に対し、学生たちがどう反応するかを見ることだった。これらの事件は彼らにとって古代史のようなものだった。しかし、冷戦の危機をくぐり抜けて生きてきた私には、いずれも心に刻み込まれたできごとだった。きわめて重要な意味をもつこれらの時代を、学生たちに生き生きと提示したいと私は考えていた。というのも、その歴史――さまざまな面でそれまでとはまったく異なる、根本的かつ予測不可能なターニング・ポイント――は、学生たちの人生にも深い影響をおよぼしているからである。このような教育上の課題は、核の時代に対応してものの考え方を変化させていく上で、「気づき」の問題がいかに重要な位置を占めているかを我々に思い起こさせてくれるものの一つだった。

この時期、トラック2外交への関与以外に、私は政府に対する技術アドバイザーも務めた。「大統領情報活動諮問会議（FIAB）」のメンバーとして、諜報活動に関する重要問題について最新情報のフォローに努めた。また、大統領直轄の「防衛管理に関するブルーリボン委員会」（議長はデービッド・パッカード）のメンバーとして、防衛調達の改革に関する報告書「行動に向けた指針」の代表執筆者を務めた。それに加えて、やはり大統領直轄の「戦略戦力委員会（CSF）」（議長はブレント・スコウクロフト）のメンバー、アシュトン・カーターとともに「防衛ガバナンスに関するカーネギー委員会」のメンバーも務めた。後者はカーターと同僚になったいくつかの諮問会議の一つだった。我々はロシアと調達改革に関する仕事で共同作業を始めた（この友情は、私が国防長官になったあと「ナン・ルーガー計画」実施のための緊密な協力につながっていく。カーターはペンタゴンの核脅威削減に向けた努力をリードしてくれた。ペンタゴンを去ったのち、カーターと私は「予防防衛プロジェクト」を立ち上げたが、これはスタンフォード大学とカーターの学術拠点であるハーバード大学の共同研究プログラムである）。

これらの諮問会議での役割は、最先端の技術に関する最新情報をもたらしてくれたハイテク企業の取締役としての仕事と同様に、一九九三年に国防総省に復帰した——最初は国防副長官として、その一年後には国防長官として——私が「直ちに動き出す」ためにきわめて重要だった。また、パッカード議長のブルーリボン委員会で書いた報告書は、公務に復帰したあとで自らの行動指針となった。

政府官僚の誠実さに関して、「回転ドア」（民間企業と官庁を行き来することを指す）が生み出す腐敗効果についていろいろ書かれているものの、産業界、学術界、政府の諮問会議で私が得た経験は、公務に復帰したあと、間違いなく政府に利益をもたらした。そしてもう一つの顕著な例が、アシュトン・カーターだ。彼はハーバード大学、実業界、そして政府のあいだを何度も行き来しているが、これは確実に政府に利益をもたらしている。

大学で教えたり、トラック2外交に関与したり、政府に対するコンサルティングをしたりしていない時期、私はたくさんの新興ハイテク企業と仕事をしていた。企業側にとっては、私が会社設立を通じて学んだ教訓から得るものがあった。私にとっては、最新のデジタル技術に触れていられるというメリットがあった。

ここまで述べてきた活動を通して認識を強めたのは、次のようなことだ。自分の仕事の究極的な目標は核による破滅の危険性を減らすことであると、よりはっきりと自覚した私は、一九八〇年代のトラック2会合を通じてロシア人たちとの外交に焦点を絞った。そこで私は、ソビエト連邦の消滅という歴史的な変化を目撃した。その最も目立った兆候は、レイキャビク・サミットにおける会談で見られた。一九八六年一〇月一一日から一二日にかけての二日間、アイスランドの首都レイキャビクでレーガン大統領とジョージ・シュルツ国務長官は、ソビエトのゴルバチョフ書記長、エドゥアルド・シュワルナゼ外相と机を挟んで向かい合って座った。レーガンとゴルバチョフは、スタッフが事前に準備した「(会談の)論点」に沿うことなく、両国が核兵器とその搬送手段を全廃する可能性について話し合ったのである。

最終的に、両首脳は合意に至ることはできなかった。その最大の阻害要因は、アメリカの新たな戦略防衛構想は「研究室での実験」にとどめるべきだとゴルバチョフが主張したのに対し、レーガンがそれを受け入れようとしなかったことだった。全廃という構想は頓挫したものの、両首脳は核兵器の削減に関する歴史的合意にたどり着いた。それは、核兵器の増強を制限するにとどまった過去の合意をはるかに超えるものだった。最も重要だったのは、一九八七年に署名された「中距離核戦力全廃条約（ＩＮＦ）」で、有効射程三〇〇マイル（約五〇〇キロ）から三四〇〇マイル（約五五〇〇キロ）の弾道ミサイルを全廃することが定められた。ＩＮＦは非常に立ち入った査察を認めた点でも画期的だった。たとえば、アメリカ側の査察官がロシアのヴォチンスクで製造されるすべてのミサイルをモニタリングし、条約に定められた射程距離を超えないものであるか点検することが認められた。

ジョージ・Ｈ・Ｗ・ブッシュ大統領はこの新たな軍縮の取り組みを継承した。一九九一年、彼は両国のＩＣＢＭと弾頭数の削減を定めた「第一次戦略兵器削減条約（ＳＴＡＲＴⅠ）」に署名した。ＩＣＢＭは一六〇〇基まで、配備済みの核弾頭は六〇〇〇個まで削減された。さらに一九九三年一月、退任直前のブッシュ大統領は「第二次戦略兵器削減条約（ＳＴＡＲＴⅡ）」にも署名した。この条約によってＩＣＢＭに複数独立目標弾頭（ＭＩＲＶ）を装着するのが禁止されたことは、戦略的安定性の面できわめて重要な意味をもっていた。第七章と第八章でも述べたように、ソビエトの弾頭一個で、アメリカの（地下式サイロ内にある）一〇個の弾頭を装着したミサイル一基を破壊できるという効率性ゆえに、ＭＩＲＶは奇襲攻撃を「招く」可能性があるという理論がよく知られていた。したがってその禁止は、「青天の霹靂」的な不意打ちをしかけるインセンティブを喪失させ、戦略的安定性を強化するものと考えられたのである。最終的に解決不可能と判断されたＭＸミサイルの移動配備方式問題も、この条約によって解消された（残念ながら、ＳＴＡＲＴⅡは発効しなかった。詳しくは後述するが、ジョージ・Ｈ・Ｗ・ブッシュ政権がロシアとのＡＢＭ条約から脱退したあと、ロシアはSTARTⅡから脱退し、MIRVシステム搭載の新たなICBMの製造を始めた)。

ミハイル・ゴルバチョフは一九八五年にソビエト連邦の指導者となって以来、三つの改革に着手した。デタント(緊張緩和)、グラスノスチ(情報公開)、そしてペレストロイカ(経済改革)である。デタントは、核兵器に関するさまざまの重要な合意が示す通り目覚ましい成果を残した。グラスノスチも、ゴルバチョフの当初の意図をはるかに超える成功を収めた。しかし、ペレストロイカだけは悲惨な結果に終わった。ペレストロイカの開始から数年後、モスクワで開かれたある会議に参加したとき、著名なロシアの経済学者がペレストロイカの進捗について、(いまも左側通行を続ける)イギリスが段階的に右側通行に切り替えるようなものだと揶揄した。一年目は乗用車、二年目はトラック、三年目はバスも対象に、といった具合だ!

グラスノスチを性急に受け入れたことと経済改革の失敗が相まって、ゴルバチョフ政権の保守派のあいだに大きな不安が生まれた。この激動の日々が、内戦に発展してもおかしくないくらいだった。私はこの危険な時期にモスクワを何度か訪問し、この先に血なまぐさい争いが待ち受けているかもしれないと深く憂えていた。この時期について忘れられないのは、一九九一年八月にブダペストで開かれた会議である。ニューヨーク・カーネギー財団の先見性のあるリーダーだったデイビッド・ハンバーグは、サム・ナン米上院議員、アシュトン・カーター、そして私を含むソビエト連邦に関する専門家たちを招集し、ロシアや新たに独立を勝ち取った東欧諸国で起きているできごとを分析評価しようとした。ハンバーグはそこに二人のロシア人を招いていた。一人はアンドレ・ココーシンである。トラック2の会合以来、私の友人であり、のちに国防副大臣に就任する男だ。もう一人はアンドレイ・コズイレフ。彼はエリツィン政権で外務大臣を務めることになる。

会議の前夜、モスクワで非常事態が発生した。当時のパブロフ首相やヤナーエフ副大統領ら政権の幹部たちが、ゴルバチョフをクリミアの別荘に軟禁し、政権を掌握したのである。のちに「クーデターの首謀者」と呼ばれることになる彼らは記者会見を開き、病気療養中のゴルバチョフに代わって政権を運営するという虚偽の発表を行うとともに、国家非常事態宣言を発令した。ゴルバチョフを逮捕したとき、この首謀者たちは最も重要な権力の象徴である「チェゲト」（アメリカでは「核のフットボール」と呼ばれる）――黒いブリーフケースの中に、核攻撃を命令するのに必要な通信機器が収められている――も掌握したことだろう。もしそうであれば、数日のあいだ、世界を破滅に導く力が彼らの手に握られていたことになる。

クーデター首謀者たちが権力を掌握したと発表したその直後、大勢のモスクワ市民が街頭に出て抗議行動を始めた。ボリス・エリツィンの周りにはクーデターに反対する勢力が集まり、数百人の支持者たちとともに議会の建物（「ホワイトハウス」と呼ばれた）の中に籠城した。ココーシンとコズイレフは、我々の集まるブダペストに姿を見せなかった。まもなく、彼らもエリツィンの支持者たちとともにいることがわかった。二人が命を落とすことになるのではないかと、我々は心配した。しかし幸いにも、ロシア陸軍の主力部隊はホワイトハウスを襲撃せよというクーデター首謀者からの命令を拒否した。そして、非常事態は始まるやいなやすぐに終結したのだった。ココーシンとコズイレフは、会議が閉会になる前にブダペストに到着した。残りの議事のあいだずっと、参加者たちの関心は彼ら二人に注がれた。核を保有する超大国における、身の毛のよだつような恐ろしい政治動乱のドラマがそこにあった。

一九九一年一二月、ソビエト連邦を構成する一五共和国の首脳がミンスク（現在はベラルーシの首都）に集まり、連邦の解体に同意した。一九九一年のクリスマスの日、ゴルバチョフは大統領を辞任し、ソビエト連邦は翌日に正式に解体された。この歴史的解体は、新しく独立国となった共和国のほとんどの市民から、安堵と熱狂をもって迎えられた。しかし独立からまもなく、重大な経済・政治問題が首をもたげてきた。新政府にはそれらに対応する準備がまったくなかった。当時、ロシアとウクライナを訪ねた私は、明らかな無秩序と貧困を至るところで目にしてショックを受けた。老人は通りで物乞いをし、中年の婦人は家族の食糧を買うために家具や服や貴金属を売り払っていた。若者の不良集団が街行く人々を脅していた。相場師たちは金目の国有財産を二束三文で買い上げようと、腐敗した官僚たちと共謀していた。ロシアの新大統領となったエリツィンは、こうした壊滅的な問題に対処するための政策を何らもち合わせていなかった。アメリカの経済学者たちは、どうすれば活力ある市場経済を生み出すことができるか、エリツィンにアドバイスを送っていたが、そのうちいくつかは目の前の危機に役立つものではなく、残りはすべて混乱の中で実行するのが不可能なものばかりだった。当然のことだが、なおかつ残念なことだが、ロシアにおいて民主主義は一九九〇年代に信頼を失ってしまった。アメリカ人のアドバイザーたちは何とか役に立とうと努力したのだが、それでも多くのロシア人は、当時の問題についていまもアメリカを非難している。

そして、ソビエト連邦の解体は予期せぬ重大な結果をもたらした。「流出核」は、危機の時代における最もひどいアイロニー（皮肉）の一つである。アシュトン・カーターによって率いられ、カーネギー財団が資金提供したハーバード大学のチームは、この問題への関心を呼びかける、最も信頼のおける報告書を提出している。その中で彼らは、世界はいまや新たな三つの核保有国に「恵まれた」と指摘した。ウクライナ、カザフスタン、ベラルーシである。これらの国の領土内には、ソビエト連邦の解体以前から長いこと核兵器が配備されており、三つの共和国はいまその継承者となった。何千発もの核兵器がいまや、それらを安全に保管する確実な方法をもたない三つの国――いずれも重大な経済、政治、そして社会混乱に巻き込まれている――の中に置かれたのである。

この危険性はただちにサム・ナン上院議員の知るところとなった。彼はモスクワを訪ね、軟禁から解放された直後のゴルバチョフと面会した。彼は我が国、そして世界に対するその問題の危険性が受け入れられないほどに高いことを確信して戻ってきた。ワシントンに戻ると、ナン議員はディック・ルーガー上院議員とともに流出核の危険性をどのように封じ込めることができるか検討を始めた。

ナンとルーガーが行動計画を立てているころ、デイビッド・ハンバーグは、私とアシュトン・カーター、それにブルッキングス研究所のジョン・スタインブルナーをナン議員のオフィスに招き、この行動計画について意見を交わした。私はスタンフォード大学で、ロシアの巨大な軍産複合体を商業製品の製造元に転換させ、低迷するロシア経済の回復の原動力とするため、アメリカにどんな支援ができるかを研究するプロジェクトを率いてきた。カーターのハーバード大学での研究は、流出核の危険性に対処するためにはアメリカとロシアの緊密な協力が必要であると結論していた。我々スタンフォード大学の研究も同様に、二国間の協力は絶対不可欠であると強調していた。この二つの研究は、長らく対立してきた両国間に迅速かつ緊密な協力を求めるという点で、当時の直観的な思考に相反するものであったことは、もっと強調されてもいいはずだ。

ナン、ルーガーと彼らのスタッフは、関係諸国の協働を前提とした行動計画を組み上げる初期段階にあり、核兵器のダイナミクスの変化に大胆に適応しつつ、流出核という窮地から抜け出す機会を何とか摑もうと決意していた。この会議のあと、カーターはその場に残り、スタッフとともにこの危機的な状況を解決するため、のちに「ナン・ルーガー法」と呼ばれるものの草案をまとめた。二日後、ナンとルーガーはこの新しい法案に対する支持を得るため、上院の超党派グループとの朝食会を開いた。カーターはそこでこの新しい核危機について議員たちにブリーフィングを行った。ナンとルーガーはこの危機に対処するための法案――それは、この新しい核の危険性を封じるために、ペンタゴンが旧ソビエト連邦の核保有国を支援することを承認するという、大胆かつ画期的な手続きを定めていた――について説明した。米軍は資金を提供するとともに、十分な安全が確保されていない大量の配備済み核兵器による危機を消滅させるため、必要な指導に当たることとされた。

この朝食会は決定的に重要だった。一週間後、年間防衛予算に対するナン・ルーガー修正は、上院で八六対八で可決された。その後まもなく、レス・アスピン議員は下院でも必要な支持を集め、修正案を発声投票によって可決した。

可決後、ナンとルーガーは、ロシア、ウクライナとベラルーシに派遣する議員調査団を組織した。彼らはカーターと私にも、この調査団に加わるように求めた。もちろん、旧ソビエト連邦の混乱の影響に関するハーバード大学とスタンフォード大学の調査研究に資金提供を行ってきた、カーネギー財団のデイビッド・ハンバーグにも声がかかった。これは心をかき乱されるような旅だった。流出核の問題は、事前に考えていたよりずっと深刻化する恐れがあることを、我々は知ってしまった。帰りの飛行機の中では、三つの共和国による流出核の問題への取り組みをアメリカが支援することは、間違いなく国益にかなうという意見でみなが一致し、新たに成立した法案をどうしたら最も効果的に実行できるかについて話し合った。カーターと私は、この予防的法案はアメリカが直面する可能性のある最も深刻な問題に対処する上で、きわめて重要だと考えていた。ただし、我々のどちらも、一年後に法案実施の責任を担うことになるとはまったく想像もしていなかった。

運命は私をペンタゴンに復帰させる手はずを整えていた。今度は、国防総省のナンバーツーとしてである。ソビエト連邦の崩壊後には、配備された核兵器の相当量を削減する機会が待ち受けていた。それは、暗い冷戦期にはまったく想像もつかないことだった。アメリカの議会から生まれた中で最も輝かしい法案の一つである「ナン・ルーガー法」が成立し、あとは流出核という不気味な名称で呼ばれる懸案の兵器の廃棄が始まるのを待つだけだった。その後の展開は、私の旅の核心部分と言っていい。ワシントンへ戻った直後のことに始まり、防衛調達プロセスを改革し、新たな核の時代において不可欠な軍事的機動性を獲得するため、情熱をもって取り組んだ計画に至るまで、いくつかのエピソードが展開される。副長官として一年をすごしたのち、私は国防長官に就任し、ナン・ルーガー法の実践を牽引し、北朝鮮の核危機やボスニアでの平和維持活動、ハイチでのクーデターに対処することになる。

第11章　首都ワシントンへの帰還

我々の最優先課題は、クリントン大統領の一期目にウクライナ、カザフスタン、ベラルーシからすべての核兵器を撤去することだ。

ペリーとカーターが定めた個人目標　一九九三年二月

一九九三年一月、ビル・クリントンの大統領就任から二か月後、私はジャマイカで議員研修会の壇上に立っていた。会議の休憩時間、デイビッド・ハンバーグ（カーネギー財団）、サム・ナン上院議員とともに、クリントン政権の新しい閣僚について意見を交わしていると、国防長官として承認を受けたばかりのレス・アスピンから電話があった。国防副長官就任の打診だった。私は政府に再び戻るために自分の生活を変えたくないと答えたものの、しばらく話したのち、ジャマイカからの帰路にワシントンに立ち寄り、アスピンに会うことを約束した。妻のリーも私と同様、乗り気ではなかった。しかし、デイビッド・ハンバーグとサム・ナンは、いま私が国防副長官のポストを受ければ、「流出核」問題に対処するための強力な権限を得られることを指摘し、就任を前向きに考えるよう強く勧めた。彼らはまた、カーネギー委員会とパッカード委員会の報告書で執筆代表者として私が提言した、国防総省の調達改革をリードすることができるとも言った。

流出核と国防総省の調達改革という二つの課題は一見無関係に見えるが、いずれも核兵器の使用を防ぐというきわめて複雑なミッションの核心に関わるものであることを、私は知っていた。情報通のインサイダーであるハンバーグとナンも、これらの課題がいますぐに注目されるべきものであることを理解していた。ペンタゴンの上層部にとって、二つの課題を同時に解決しようとすれば、他の重要な問題との摩擦を引き起こす可能性があった。そしてそこで摩擦が起きてしまうと、一直線に解決に向かうことはもちろん、穏便に解決することも期待できそうになかった。

ワシントンに着いた私は、アスピン国防長官とペンタゴンで長いこと話し合ったが、説得されることはなかった。面会のあと、アスピンの補佐官を務めるラリー・スミス、ルディー・デレオンと夕食をともにした。二人は歴代の政府関係者の中でも最も優れた能力をもつ男たちだった。一九七〇年代に国防次官の職にあったとき、私はラリーと一緒に仕事をした経験があり、彼には深い敬意を感じていた。彼は上院戦略兵器小委員会の主要メンバーとして、核兵器の軍拡競争がコントロール不能になるほど過熱しないよう押しとどめるのに大きな役割を果たした。ラリーとルディーも私と同じように、流出核の問題に未然に対処することが必要不可欠であり、この新たに出現した深刻な危機の解決は間違いなく最優先の課題であると、くり返し強く主張した。

彼らはまた、新しい技術や革新的な政策を有効活用するためには、機敏な軍事調達能力の確保が不可欠であることを十分承知していたので、いまその調達改革のチャンスがようやくめぐってきたのではないかと、私に強く訴えた。無駄をなくして合理化された調達プロセスなしでは、その他の重要な機会も失われてしまうのである。

ラリーとルディーは話の最後に、アスピン国防長官にはマネジメントの経験がないので、それをもつ片腕（つまり国防副長官）が必要であることを指摘した。彼らは、ニクソン政権下の国防総省で大きな成功を収めたコンビとしてよく知られる、メルビン・レアード国防長官とデービッド・パッカード国防副長官のようなリーダーシップを思い描いていた（ちなみに、レアードとアスピンはともにウィスコンシン州選出の議員であり、パッカードとペリーはともにシリコンバレー出身の経営者だった）。

結局、リーと私は再びカリフォルニアの家を引き払い、そこから四年間を過ごすワシントンに舞い戻った。この引っ越しは、前回よりもさらに大きな犠牲を伴うものだった。私たちはまたしても、家族と親しい友人たちを置き去りにしなければならなかった。愛すべき我が家を売りに出し、一二年かけて取得したすべての株式を手放した。そして最も高くついたのは、私が役員を務めていた非常に有望な企業のストックオプションを諦めなければならないことだった。この「機会費用」は最大で五〇〇〇万ドル以上になるとみられた。リーは勤めていた会計事務所を辞め、私は四年後に帰ってくるつもりでスタンフォード大学を休職した。

容易に想像できることだが、国防副長官としての二つの優先課題――ナン・ルーガー法の実施と、パッカード委員会の報告書で示した国防総省の調達改革の推進――はいずれも簡単なものではなかった。

ナン・ルーガー法の実施で直面した課題は、視野の狭い経済的利権、それに大量の流出核が孕む危険性を理解するための想像力が世の中に欠如していることだった。前政権ではナン・ルーガー法を実施する予算に関して承認を得られなかったので、私はゼロから始めなければならなかった。最初に取り組んだのは、優先度の低い計画に割り当てられた前年度予算の中から財源を探し出し、ナン・ルーガー法の実施に充てるよう要求することだった。この用途変更によって影響を受ける計画の管理者と、それを支える議員たちからは強い反発を受けた。しかし、国防長官はその気になればこうした反対を封じ込める権力を持っている。私の決心は固く、私はそれを貫き通した。

まず、ナン・ルーガー法の重要性についてビジョンを共有できる、献身的で覚悟のあるスタッフたちを組織する必要があった。アスピン国防長官から国際安全保障担当の次官補に任命されたアシュトン・カーターは、ナン・ルーガー計画を実施する上で理想的なリーダーと言えた。議会での（次官補就任）承認プロセスが長引いたため、彼はそのあいだにハーバード大学を離れてワシントンにやって来て、まずは臨時コンサルタントとしてチームに加わってくれた。私たち二人はナン・ルーガー法の実施について圧倒的な緊急性を感じていたので、カーターがコンサルタントとしてできるだけ自由に活動できるよう、私のほうでも必要な許可を与えた。

ところが、それが別の問題を引き起こした。国防総省でカーターが所属する部署の背広組職員の一人が、カーターの行動は「越権行為」であり、上院に対する大罪である、と上院軍事委員会のメンバーに報告したのである。ダーク・ケンプソーン上院議員は、カーターの国防次官補指名の承認を無期限で留保する考えとのことだった。強い衝撃を受けたが、すぐに反撃に出る覚悟を決めた。ナン上院議員に介入を求めることを考えたものの、それではかえってケンプソーン議員を刺激してしまう恐れがあった。代わりに、国防総省の優秀な法律顧問であり、私の味方でもあるジェイミー・ゴアリックとともにケンプソーン議員を訪ねた。私はまず「罪状を認める」ことから始めた。カーターのやったことは確かに越権行為だが、それは私の過ちであって彼の過ちではない。非常に差し迫った流出核の問題について、国防総省を何とか動かそうと努力する中、あまりにも性急に成果を求めた私のせいであって、カーターはただ私の指示通りに動いただけなのだ、と説明したのである。私はケンプソーン議員に対し、カーターの承認留保を撤回し、代わりに私の責任を問うよう求めた。驚いた彼は私の謝罪を受け入れ、留保も撤回してくれた。ナン上院議員の強い支持もあって、カーターはその週末に無事、国防次官補としての承認を受けた。

この事件(とこれに類似した他のいくつかの事件)を通じて、核紛争の危険とそれを防ぐことの絶対的な必要性について世間の人々の意識を高める必要があると、私はあらためて感じた。人々は理解する能力をもっている。必要なのは、そのような人々を考え、行動するように駆り立てることなのだ。

そのいっぽうで我々は、議会の承認が不要であり、遅れがちなナン・ルーガー法の実施にただちに取り組むことのできる国防副次官補から成る特命チームを組織した。メンバーは、エリザベス・シャーウッド、グロリア・ダフィー、ローラ・ホルゲイト、スーザン・コシュの四人で、いずれも女性だった。全員がロシアの専門家であり、そのうち三人はロシア語もできた(カーターと私はできなかった)。

ナン・ルーガー法の実施に立ち会うために初めてモスクワを訪問した際、カーターと私と四人の次官補は、ロシアの国防大臣であるパヴェル・グラチェフ将軍ほか五人の将軍たちとテーブルを挟んで向かい合った。ロシア人たちは我々のグループ構成を見て驚き、いったいこの女性たちに何か意義のある貢献ができるのかという疑いの眼差しを見せた。その後、グラチェフ将軍から実施プロセスのある段階に関して複雑な質問があったので、私は「その部分についてはシャーウッド博士が全責任をもちますので、彼女に答えてもらいましょう」と応じた。彼女はロシア語で、しかもきめ細かく説明を行った。ロシアの将軍たちは驚いて口をあんぐり開けていたものだ。後日談になるが、それから三年後、中距離弾道ミサイル解体の最終段階を首尾よく乗り切った私たちは、グラチェフ将軍と小さなお祝いの会を開いた。ロシア人のカメラマンが、グラチェフ、カーター、私のスナップ写真を撮りに来た。そのときグラチェフはカメラマンを制して言った。「リズ（エリザベスの短縮形）にも写真に入ってもらおう。すべてがうまくいったのは彼女のおかげなんだ」。シャーウッドにとって、そしてカーターと私にとっても、深い喜びの瞬間だった。我々の核の時代にも、こうした流出核について意識の向上と国際協調の重要さを伝えるエピソードが必要なのだ。

私の最優先課題は、流出核の想像を絶する危険性を減らすことだったけれども、いっぽうで核抑止のために現在進行形で必要とされる通常戦力の維持と、それが必然的に伴う防衛調達の改革についても責任を負っていた。ここで、一九七〇年代に国防次官だった私が「相殺（オフセット）戦略」の実行に全精力を注いだことを思い出しておく必要がある。アメリカとソビエトの核戦力が均衡を迎えた時代にあって、抑止力の有効性を確実なものとするために、通常戦力の能力を大幅に引き上げることが当時の目標だった。それが一九九〇年代に入ってからは、核戦力を実際に使用することなしに、あるいは使用される恐れなしに安全保障を維持し続けることができるよう、通常戦力における優位性を保つことが必要になった。我々は核兵器の役割（と数量）を減らしたかったし、それは強力な通常戦力をもっていればこそ安全に実現できるのだった。

こうした通常戦力と核戦力の相互作用は、核の時代における抑止の基本原理である。強力な通常戦力の維持に失敗したらどうなるかを示す危険な例が、いまのロシアだ。（ソビエト連邦の消滅による）通常戦力の減少を受けて、ロシアは大幅な核戦力の増強に乗り出している。指導者たちは、安全保障上の脅威に直面した場合、仮にその脅威が核でない場合であっても、核戦力の使用を計画しているとはっきりと述べている。

通常戦力の最新装備を維持する上で最大の妨げとなるのは、新しい兵器システムの開発に必然的に伴う高いコストと長い工程である。我が国の防衛調達システムは救いようがないほど非効率なものだった。カーター政権の国防次官だったとき、私は防衛調達に関する最高責任者の肩書きをもっていた。それゆえに、まもなく私は次のようなジレンマに直面した。

我々の調達システムは非効率である。私はそれを改善する権限を持っている。しかし、トップダウンによる調達改革に必要とされる集中的な組織活動を行うことで、最も優先すべき課題の解決に必要となる時間、労力、集中力が奪われることになる。弱体化しつつある抑止力を立て直すため、できるだけ速やかに相殺戦略を考案し実施すること、それがいま最優先の課題であると、私はそのとき判断した（正確に言うと、いまもその判断に自分で納得している）。調達システムの全面的な改革に時間と労力を注ぐより、それを回避し、もっと緊急性の高い計画――ステルス開発、巡航ミサイル開発、ＧＰＳおよびスマート兵器開発――に集中することを選んだのである。

それは私にとって不幸なジレンマだった。伝統的なプロセスが官僚主義的な遅延を生み出すことも、そうした古めかしいプロセスを合理化することの重要性が、いかに簡単に見逃されたり軽視されたりするかも、私にはわかっていた。また、戦略的不確実性の時代を迎えつつある中で、機動性と柔軟性のある軍隊の創設がよりいっそう求められていることもわかっていた。兵器システムを設計し配備する人たち――つまり、我々が最も頼りにし、多くを求める人たち――の士気や献身は、効率的な調達システムがあってこそ報われるのだ。自明の理であるけれども、この刻々と変化する危険な世界において、軍事的な適応能力より大切なことはないのである。

結局、国防次官在任時の私は、調達改革には取り組まなかった。それでも、相殺戦略を実施する際に用いた合理化手法の成功から学んだことがある。調達全般を大幅に改善できる確実な手順があることもわかった。私はその手順に従って全面的な改革を実施できるタイミングを探していたのだった。

私は二度の国防総省勤務のあいだに、カーネギー委員会とパッカード委員会のメンバーとして活動した。両委員会はともに防衛調達の改革に関する提言を行っている。パッカード委員会が公表した「防衛調達改革――行動に向けた指針」と題した報告書の代表執筆者として、私は次のように結論づけた。「多くの人々は、一〇年から一五年程度の調達サイクルが普通、あるいは免れないと考えてきた。しかし我々はこのサイクルを半減できると考えている。ただしそのためには抜本的な改革……つまり行政府と立法府が足並みを揃えて行動する必要があるのだ」。ところが、当時のワインバーガー国防長官は、調達システムを修正する必要はないと考え、我々の報告書を無視した。私は呆れかえった。しかし、今度は私の番だ。

改革の提案をすることは、実行するよりもはるかに楽であることがすぐにわかった。私のもつ権限が次官時代よりもはるかに強力であることは確かに助けとなったし、政府全体の効率化に向けて奮闘していたアル・ゴア副大統領からの強力な支援もありがたかった。それでも、私には「行動に向けた指針」に記された任務を実行するための優れたチームが必要だった。そこに加わってくれたのが、素晴らしい力量を持つ国防次官（私の前職だ）のジョン・ドイッチだった（このポストの後任者はポール・カミンスキーだ）。ただ、調達の大半は現場の部局が直接手を下すことを知っていたので、私は陸海空の三軍それぞれから調達責任者――防衛調達に豊富な経験をもつ高官で、ほとんどの場合、我が軍の核抑止戦力に関係する部署に所属する将官だった――をリクルートすることにした。

手作りの「ドリームチーム」を結成するために、この任務を引き受けてくれるよう、私は自ら熱心に口説いてまわり（みな大幅な減給を覚悟しなければならなかった）、すぐに彼らの承認を求めた。ところが、ホワイトハウスの人事局はすぐさま、承認を求めた候補のうち二人が（野党である）共和党員のリストに登録されていると不満を伝えてきた。「誰か民主党員はいないのか？」と。私は彼らにこう説明した。本当に重要な技術と管理スキルをもつ人材はきわめて少ない。仮にそのような条件を満たす数少ない人たちを見つけられたとしても、その中で減給を受け入れてワシントンに引っ越すことに興味がある人などほとんど皆無なのだ、と。さらに私はこう念押しした。この調達責任者の仕事は技術的なものであり、政治的なものではない。どの政党を支援しているかといった視点で任命するにはあまりに重要すぎるポストなのだ、と。しかし、人事局はこうした説明に心を動かされなかった。仕方ないので、私はゴア副大統領に、この人事に介入してくれないなら、あなたが目指す政府の効率化に向けた取り組みのうち、防衛分野については完全に失敗するだろうと伝えた。結果、副大統領は介入してくれた。ただし、この問題が解決するまでに数か月を無駄にし、腹立たしいほどに時間ばかりかかる議会承認プロセスのために、さらに多くの時間を失った。

最終的には一一月までに、防衛調達改革に取り組むドリームチームは結成された。ギル・デッカー（陸軍）、ジョン・ダグラス（海軍）、そしてクラーク・フィースター（空軍）。ダグラスは退役した元空軍准将であり、空軍の調達部門の管理職を務めたことがあった。デッカーとフィースターは、ESLの経営者時代に私が行っていた仕事と同様の経験があった。三人とも賢く、誠実で、優れたマネジメント感覚を持ち合わせているとの評判だった。そして、彼らはその評判にたがわぬ働きを見せた。三年後、陸軍参謀総長のゴードン・R・サリヴァン大将が退任する際、私が陸軍に対して行った最も良い仕事は、ギル・デッカーを調達責任者に選んだことだと語ってくれた。クラーク・フィースターもまた優秀な調達責任者となったが、一九九五年、空軍基地を訪問する途中で悲劇的な事故に巻き込まれてこの世を去った。そのため、アート・マニーが後任の調達責任者となった。デッカー、フィースターとマニーは私と同様、冷戦時代に抑止力の重要な構成要素であった偵察技術革命に参加することからキャリアをスタートさせた人々だった。

調達改革の取り組みは広範囲に及んだ。私が次官として最後に手がけた改革案は、防衛産業全体を巻き込むものだった。冷戦時代が過ぎ去ったのち、我が国は連邦予算に「平和の配当」を求めるようになった。ジョージ・H・W・ブッシュ政権の初期に五一二〇億ドルだった防衛支出は、クリントン政権の二期目の終わりに四一二〇億ドルまで減った。つまり、「平和の配当」は年間一〇〇〇億ドルというわけだ（この時期の最後の数年間、連邦予算が黒字化を達成したことはおそらく偶然ではないだろう）。

ただし、防衛支出の削減によって、ベトナム戦争後と同じような「腑抜けの軍隊」――それは我々の時代の最も恐るべき負の遺産だった――を生み出さないようにする決意を、私は初めから固めていた。その決意に従って、私たちは米軍と国防総省の制服組の人員削減を緩やかに行った（ディック・チェイニーが第一次ブッシュ政権で実施した削減を含めて、約八年かけて年四％の削減）。また、予算上の制限を考慮しながらも、我々は軍全体で高いレベルの訓練を保ち続けた。

しかし、産業界にも相応の規模削減を行ってもらわなければ、調達費用は結局膨らんでいくだけだと私は考えていた。そうしないと、防衛産業が過剰な製造能力をもつゆえに、防衛当局は高い間接費を払わなければならなくなるのである。

私はアスピン国防長官に依頼し、次の五年から一〇年にかけての防衛調達予算に関する私のヴィジョンを説明する場として、国防関連の顔役たちを招いた夕食会を開いてもらった。その席で私は、国防総省は過剰な間接費を負担する意思はないので、こちらが提案する予算で支えきれない施設や人員は維持すべきではないと参加者たちに伝えた。のちに私は、その夕食会でマーティン・マリエッタ社のノーマン・オーガスティン社長が隣席の相手にこう囁いたという話を聞いた。「来年のいまごろには、我々の一人はここにいないだろうね！」。六か月後、ロッキード社との合併交渉を成立させることで、彼はその予言を自ら実現した。オーガスティンはまた、この夕食会を「最後の晩餐」と名づけたという噂も聞いている。

国防副長官として、私はナン・ルーガー法の実施と防衛調達改革の二つを最優先課題として仕事に取り組んだ。そして、二つの課題の解決に必要な任務を実行するために、中心となるたくさんの人材や一連の作業工程をしかるべき場所に配置することができた。私はほどなく国防長官に就任することになる。ナン・ルーガー法の実施と、革新的な戦場用システム配備能力の合理化に早くから積極的に取り組んできたことは、その先で私を待ち受ける新たな困難かつ重要な仕事をやり遂げるのに、大いに役立つことになるのである。

第12章　国防長官就任

私は、あなたが自分の穏やかな話し方についてあまり弁明しないことを望みます。この地球上で輝かしい功績を残した我々の先達の中には、穏やかな話し方をする人たちもいました。ジョージ・ワシントン、ロバート・E・リー、オマール・ブラッドリー、エイブラハム・リンカーン、イエス・キリスト。あなたは自分らしくあり続けるべきです。

上院（国防長官指名）承認公聴会にて、ロバート・バード上院議員　一九九四年二月二日

一九九三年一二月一五日から一六日にかけて、アル・ゴア副大統領、のちに国務副長官になるストローブ・タルボット、アシュトン・カーターと私の四人は、「ゴア・チェルノムイルジン委員会」として知られる会議に参加するためにモスクワにいた。この会議は、ゴア副大統領がロシアのチェルノムイルジン首相とともに、米ロ両国間の協力を促すために設立したものだった。会議

が終わりに近づいたころ、タルボットは私を脇に連れ出し、クリントン大統領がレス・アスピン国防長官に辞任を求めたことを伝えた。大統領の決断は、悲惨きわまりない「ブラックホーク・ダウン」事件を受けてのものだった。ソマリア共和国の首都モガディシュでの平和維持活動に際して、アメリカ特別作戦部隊のヘリコプター(MH－60ブラック・ホーク)がソマリア民兵によって撃墜され、一八人の米軍兵士が死亡したのである。

モスクワからの帰りのフライトで、タルボット、カーターと私は、ロシアのゲオルギー・マメードフ外務次官を伴ってキエフに立ち寄り、ウクライナ外務省の官僚たちと「三か国声明」に関する交渉を行った。かいつまんで言えば、ウクライナはソビエト連邦崩壊後にそのまま継承した核兵器を放棄することに、アメリカはミサイルと弾頭を解体するという複雑で費用のかかる作業を支援することに、ロシアは解体後に生じる核分裂性物質(高濃縮ウラン)を引き取り、適切な場合には希釈し、アメリカの原発向けの核燃料として提供することに、それぞれ同意した(今日、アメリカの原発で作られる電力の大半は、旧ソビエト連邦の核兵器に使用されていた高濃縮ウランを希釈して得られたものである)。

ウクライナの兵器は、冷戦時代の核軍拡が残した最も危険な遺産の一つであった。ソビエトが一五の独立共和国に分裂した際、ウクライナはソビエトが配備した約二〇〇〇個の核弾頭――その大半はSS－19もしくはSS－24と呼ばれるICBMに搭載されていた――を継承した。これによりウクライナは、フランス、中国、イギリスのすべての核兵器を合わせたよりも多くの核兵器をもつ、世界第三位の核大国となったのである。ウクライナはこれらの兵器を安全に保管する組織も経験ももっていなかった。しかも、ウクライナは社会的、経済的、そして政治的な混乱のただ中にあった。カーターと私はウクライナにある核兵器の解体を最優先することにした。しかし、この誕生したばかりの共和国は、核兵器を引き渡すことに対して相当に抵抗した。多くのウクライナ人は新たに得られた自由がロシアに脅かされることを恐れ、もしそのような事態が実際に起きた場合、核兵器が自らを守ってくれるのではないかと考えていた。ウクライナ政府はアメリカが安全保障を約束してくれるのであれば核兵器を手放してもよいと言ったが、アメリカは乗り気ではなかった。

その解決策はストローブ・タルボットが考え出した。それがアメリカ、ロシア、ウクライナによる「三か国声明」である。決定的だったのは、先に述べた（三か国それぞれに負う）条件に加えて、ロシアとアメリカがウクライナの国境を正式に承認したことだった。このことによってウクライナには一定の安全がもたらされた。カーターと私は、タルボットが三か国声明の最終的な文言をまとめる作業を手伝った。この作業は、我々がモスクワからキエフに到着した日の早朝から行われ、ロシアの外務次官とウクライナの外務大臣もそこに加わった。一九九四年一月、三か国の首脳がこの合意に署名し、本格的にナン・ルーガー計画を開始する準備が整った。

歴史上の劇的な変化は、ときに驚くほど突然に、またあるときは静けさのうちに生じるものだ。「必要以上の核兵器」を保有するアメリカとロシアはここ数十年、緊迫した核の均衡状態の中でたびたび困難な行き詰まりに陥りながら、厳しい対立を続けてきた。それが突然、アメリカ、ロシア、そして新たに誕生した旧ソビエト連邦の共和国とのあいだで、相当量の核兵器を解体し用途変更するというきわめて協調的な合意にたどり着いたのである。

さまざまな観点から考えて、この三か国声明は、ポスト冷戦期において核による大惨事を防ぐための取り組みがその性質を変えようとしている兆しであり、（核の脅威を減らすという）目的を達成するために注意を向けるべき重要な指針を示してくれていた。第一に、流出核の問題は、テロ集団や他の暴力的なグループに奪取されることのないよう核物質を安全に保管するという、のちに世界中が懸念することになる問題のさきがけだったこと。第二に、ウクライナで機会をつかむためには何よりもまず、即応力の高い、前向きな考えをもった、柔軟で、決断力のあるリーダーシップが求められたことだ。歴史は我々に、この新たに現れた核の脅威を封じ込めるチャンスを与えてくれたわけだが、それはお互いに対する恐怖によって達成されたのではない。すべての当事国が利益を享受できるよう、また当事国が以前から求めてきたそれぞれの国益——地域安全保障、独立国としての自由、核物質の拡散防止——が尊重されるよう、慎重な配慮がなされた古典的な外交によって達成されたのである。

慌ただしくまとめられたこの合意は、まもなく成文化された。一九九四年一二月五日。ロシア、アメリカ、ウクライナとイギリスの首脳が集まり、「ブダペスト覚書」に署名した。これは我々がキエフで合意した内容を正式な形にしたもので、のちにフランスと中国も署名した。覚書の条項に基づいて、署名国は「ウクライナの独立と主権、そして現行の国境線を尊重する」こと、ならびに「ウクライナの領土保全や政治的独立を脅かす武力による威嚇あるいはその行使はしない」ことに合意した（嘆かわしいことであるが、この記念すべき合意を導いた協調の精神は長続きしなかった。二〇年後、ロシアはクリミア併合によりこの合意を破った。ロシアは、アメリカがウクライナ大統領ヴィクトル・ヤヌコヴィッチの退陣につながる民衆蜂起を唆したときに、この合意はすでに破られていたという説得力のない主張で、ウクライナ領土の併合を正当化しようとした）。

ワシントンに戻った私は、クリントン大統領がボビー・インマンを国防長官に指名したことを知った。彼は、私の国防次官時代に国家安全保障局（NSA）長官を務めていた親しい同僚だった。私はインマンをとても尊敬しており、間違いなく素晴らしい長官になると確信していたので、彼が議会の承認後すぐに動き出せるよう、前もってブリーフィングを済ませておこうとテキサスの彼の事務所まで出かけていったのだった。ところが奇妙なことに、インマンは一九九四年一月一八日に記者会見を開き、指名を辞退すると発表した。インマンと私の親しい関係はその後も続いたが、彼が辞退した背景に何があったのかは、いまだに謎のままである。

クリントン大統領はその週の金曜日に私を呼び、国防長官就任を要請した。私は妻と相談した上で土曜日に返事をさせてほしいと答えた。リーと私はその晩、悩みながら議論をし、ついには大統領の提案を断ることで一致した。我々夫婦にとってはプライバシーが非常に重要だった。メディアから注目を受け、彼らが行く先どこにでもついて来る毎日は不快だろうと考えたのである。また、それまでの国防次官や副長官の仕事については、基本的に非政治的な立場でやってこられたが、国防長官になるとそうはいかなくなるのが嫌だった。私は民主党員だった（いまもそうだ）し、クリントン大統領を全面的に支持していたが、防衛に関しては党派の利害を離れたところで運営されるべきと強く感じていた。しかし、閣僚の一員ともなれば、党派的な政治問題に巻き込まれるのは避けられないことも十分わかっていた。そうして土曜日の朝、私はクリントン大統領に電話し、彼の提案を断ったのだった。

私はホワイトハウスの中でアル・ゴア副大統領と最も親しかった。彼は私がこのチャンスを断ったと聞いて愕然としていた。私の決断についてあらためて話をしようと、彼はその日の午後に私を自宅に招いた。話し合いは数時間におよんだ。端的に言えば、ゴア副大統領が言いたかったのは、私がプライバシーの問題を心配しすぎているということだった。そして彼は、私が国家安全保障の問題に非党派的な立場で取り組むことを、大統領とともに全面的に支持すると確約してくれた。彼の議論には説得力があった。私はもう一度リーと話し合い、最後は引き受けることに決めた。クリントン大統領にあらためて電話をかけ、約束できるのは一期だけだが、指名を引き受けたいと伝えた。大統領は数日内に私を指名したことを発表したいと言った。

翌月曜日、私は中央情報局（ＣＩＡ）で、ジェームズ・ウールジー長官とともに諜報予算に関する会議に同席していた。そこにウールジーの補佐官が入って来て、クリントン大統領が私と話したがっていると伝えた。私は電話をかけるために会議を中座した。大統領のメッセージは単純明快だった。一時間後に記者会見を開いて私の国防長官指名を発表するので、いまやっていることを中止してただちにホワイトハウスに向かうように、と。私はすぐにリーに電話をかけ、三〇分後に車で拾いに行くから、一緒にホワイトハウスに行こうと伝えた。あまりに突然のことでリーは息をのんだが、車で迎えに行くときちんと準備ができていた。五人いる子どものうち、近所に住んでいた二人をホワイトハウスに呼び、他の三人にはテレビをつけて観るよう伝えた。段取りが済んでＣＩＡの会議室に戻ると、みなが立ち上がって拍手で迎えてくれた――ワシントンでは噂が早く広まると言われるが、諜報活動の中心地であるＣＩＡでは特にそうだったわけだ！

記者会見の会場で、クリントン大統領は会見台に立ち、私の徳性に対する賞賛を短く述べ、私を国防長官に指名すると発表して演壇を譲った。私は自分がいかにこの指名を光栄に思っているかを簡潔に話した。それから質問が始まった。ホワイトハウス担当の記者団と相対するのはそのときが初めてだったが、驚かされたのは、質問が安全保障とほとんど無関係のものばかりだったことだ。ウォルフ・ブリッツアーには、「ベビーシッター問題」(クリントン大統領に指名を受けた閣僚が、ベビーシッターの雇用に伴う税金を未払いだった問題)があるかと訊かれた。私は「ありません」と答えた。アンドレア・ミッチェルは、米軍への女性兵士進出を促すアスピン前長官の政策を継承するつもりか尋ねた。私は「その通りです」と答えた。ホワイトハウスの記者団は焦点を絞った短い回答に慣れておらず、私は答えを敷衍するよう求められた。私は言い直した。「アスピン長官は任期中に数多くの重要な業績を残されました。ボトムアップ・レビュー(積み上げ方式での戦力見直し)はその最たるものであり、軍のあらゆる社会的な側面に関わる仕事でした。とりわけ、戦場において女性兵士の役割を増やす政策については、私も強く支持しています」(三年後、国防長官を離任する際の送別の席でクリントン大統領は、私の回答は常に、政治家の狡猾さではなく、数学者の正確さをもってなされた、と評した。私はそれを好意的に受け取ったが、ときに私の直截な回答がホワイトハウスを苦しめたことはきちんと自覚している)。そんなわけで、私は最初の記者会見を、考えられる限り最高の政治的結果を出して乗り切った——つまり、ヒットを打たない、塁にも出ない、しかしエラーもしない、だ！　大統領は会場を出るとき、私のほうを見てにっこりと微笑み、親指を軽く突き上げた。それから私と家族は、大統領、ゴア副大統領と一緒に執務室(オーバル・オフィス)で記念写真に納まった。

クリントン政権は閣僚候補の指名承認を得るのに苦労していた。候補の幾人かについては、承認が八か月も九か月も遅れることがあった。しかし、私の場合は違っていた。上院軍事委員会の委員長であるサム・ナン議員の取り計らいにより、同委員会の開催前に私の公聴会が開かれたのだが、それは指名からわずか九日目のことであった。承認プロセスは順調だったが、一つだけ驚かされたことがあった。ロバート・バード上院議員に発言の順番が回ったとき、彼は「口調が穏やかすぎる」と私を否定的に評した新聞記事を引き合いに出しながら話し始めた。バード議員はこの記事にまったく感心できない様子で、厳かに言った。「ある者は偉大さをもって生まれ、ある者は偉大なことを成し遂げ、またある者は偉大さを押しつけられます。私は、あなたが自分の穏やかな話し方についてあまり弁明しないことを望みます。この地球上で輝かしい功績を残した我々の先達の中には、穏やかな話し方をする人たちもいました。ジョージ・ワシントン、ロバート・E・リー、オマール・ブラッドリー、エイブラハム・リンカーン、イエス・キリスト。あなたは自分らしくあり続けるべきです。満場一致ではなくとも、あなたは圧倒的多数の支持を得るでしょう。その理由は、あなたがあなたらしくあるからなのです」。非常に驚いたが、沈黙を守るのが賢明と思い、実際そのようにした。公聴会の最後に、委員会は全会一致で私の指名承認を推薦してくれた。そして翌日、上院は九七対〇で私の指名を承認した。結局のところ、上院議員たちは誰も、ワシントンやリンカーンやイエスを尊敬しているかもしれない自分の選挙区の支持者たちと対立することは望まなかったというわけである！　リーも公聴会に参加していたのだが、帰り際に彼女は、なぜバード議員はあれほど確信をもって、口調が穏やかであることが財産になるなどと言えたのだろう、と苦笑いしながら私に言った。それはリーがこう考えたからだ。バード議員自身、上院や政権の高官たちの中でそんな穏やかな口調の人と接したことなどほとんどないだろうに、と。

承認から一時間後、私は宣誓を行い、国防長官として正式にその責務を担うことになった。その翌日、一九六三年から毎年一回開かれている欧州安全保障会議（現在のミュンヘン安全保障会議）にアメリカ代表として出席するため、私はミュンヘンに飛んだ。ヨーロッパの国防大臣たちと会うのはこれが二回目だった（一回目は前年の秋、入院したアスピン国防長官の代理としてＮＡＴＯの国防相会議に参加したときである）。我々はその日の夕方、何人かのスタッフと数多くのペンタゴンの番記者たちを伴ってアンドリューズ空軍基地を飛び立った。機内では（結果として）長時間にわたる記者会見が開かれた。ペンタゴンの番記者たちが国防長官就任後の私から話を聞く最初の機会だった。ミュンヘンに着くまで、私はほとんど眠ることができなかった。

空港ではドイツ駐在大使のリチャード・ホルブルックが待っていた。彼は私に、ボスニアのセルビア人がサラエボのマルカレ市場に砲弾を撃ち込み、六八人の死者と二〇〇人以上の負傷者が出たという最新のニュースを知らせてくれた。ホルブルックは続けて、この砲撃について報道関係者の質問に応じるべく記者会見をスケジュールしたと告げた。答えるのはもちろん私だ。上級スタッフの一人であるボブ・ホールだけが、就任早々の長官がこの非常に敏感な問題について記者たちからの質問（たとえば「アメリカはこの暴挙にどのように対応するのか？」）に応じると、いろいろ問題が起きることを察していた。しかし、すでに記者会見の予定が発表されてしまっていたため、我々は一時間で集中的に準備を行った。ベテランであるボブが新米である私にくれたアドバイスは「ニュースになるようなことは言うな！」である。幸い、私はそのようなミスを犯さず済んだのだった。

安全保障会議が開かれたのは、指名承認からわずか数日後という非常に悪いタイミングだったが、私はこの機会を生かすことで、ヨーロッパの主要な防衛閣僚やドイツのヘルムート・コール

1994年8月、ホワイトハウスで記者会見するペリー国防長官。グアンタナモ基地のキューバ難民に関するクリントン政権の新たな政策を発表した。(Photo by gettyimages)

首相と、在任中続く仕事上の関係を早い段階で作り出すことに成功した。私は信頼関係を築くとこそ外交を機能させる上で最も重要であると考えていたので、その基盤をできるだけ早く築きたかったのである。

ワシントンに戻る機内の時間はまるごと、翌日行われる防衛予算に関する公聴会の準備に充てた。この「詰め込み学習」は功を奏したようで、公聴会の終わりに、非常に厳しい質問をすることで知られるベテラン記者のヘレン・トーマスが、歴代の国防長官による予算説明を聞いてきた中で、論点がどこにあるのか理解できたのはこれが初めてのことだと語ってくれた。もっとも、それが私のブリーフィング力によるものだったのか、彼女の理解力によるものだったのかは、私にもいまだに判断がつかないのだが。

二月一八日、フォート・マイヤー陸軍基地で正式な宣誓就任式が開催された。私の五人の子どもたちとその家族、たくさんの友人たちも駆けつけてくれた。米軍ほど感動的なセレモニーを催す軍隊はほかにない。閲兵式には、植民地時代の兵士、愛国心にあふれた音楽、そして陸海空三軍の行進部隊の一糸乱れぬ正確な編隊があった。

セレモニーのあと、私は長いレセプションを催した。最も思い出深いのは、陸軍の上級下士官であるリチャード・キッド上級曹長との出会いである。彼は私に簡潔明瞭なアドバイスをくれた。「あなたの軍を大事にしてあげてください。そうすれば軍があなたを大事にしてくれるでしょう」。

私にも下士官時代があった。キッド上級曹長と私は共通の経験を抱えているからこそ、無言のうちにも互いを深く理解できるのだった。そしてそれは私が最も信じている、信念のようなものでもあった。キッド上級曹長のアドバイスを私は深く心に刻んだ。それはその後に待ち受ける多くの困難な決断の際に、常に私を導く指針となってくれた。

本書の後半では、この新しい国防長官がどのように「軍を大事にしたか」について語ろうと思う。

第13章　核兵器解体、ナン・ルーガー法の実施

私がこれまで票を投じた中で最も価値のある予算は、いま、これらの大量破壊兵器を解体するために、しかも安全な方法を用いて、我々がいま協力して働くことを可能にしてくれたこの予算である。

ロシア・セヴェロドヴィンスクのセヴマシュ造船所にて
サム・ナン上院議員　一九九六年一〇月一八日

ドイツから戻った私は、防衛予算に関する最初の記者会見を終えると、すぐにナン・ルーガー計画の実施に取りかかった。必要な資金は国防副長官時代に他の予算を削ってひねり出し、一流の特命チームを編成して、一九九四年一月にモスクワで三か国の首脳が署名した「三か国宣言」については交渉の支援も行った。我々は仕事を始める準備ができていた！　アシュトン・カーター

と私は、ナン・ルーガー法の重要性を象徴的に示すため、そして兵器解体の成功を確実にするため、ウクライナの首都キエフから南に二〇〇キロほどの位置にあるペルボマイスクを訪問することにした。そこには旧ソビエト連邦最大のミサイル基地の一つがあり、八〇基のＩＣＢＭと七〇〇個の核弾頭が配備されていた。私は個人的に、解体プロセスの四つのステージを監督したいと考えていた。まず、弾頭を取り外し、中から核分裂性物質を取り出す。続いてミサイルも取り外し、減容化のために金属をスクラップする。次にサイロの破壊。最後に、ミサイル基地だった場所を農地に転用する。ペルボマイスクのミサイル基地訪問のついでに、近所にあるかつての軍需工場――そこではウクライナ人たちがアメリカの支援を受け、退役する軍人向けのプレハブ住宅を造っている――も訪問することにした。我々の目標は、この野心的な計画のすべてをクリントン大統領の一期目の残りの任期である三年以内に完了させることだった。

私たちは一九九四年三月にペルボマイスクを訪ねた。まずは空軍機に乗り、首都キエフに向かう。キエフではウクライナの防衛大臣ヴィタリー・ラデツキー将軍がペルボマイスクまでのヘリコプターを提供してくれた。現地に着くと、ラデツキー将軍は分厚い扉を通って、コンクリートのバンカー（掩蔽壕、敵の攻撃から装備などを守るための地下施設）に案内してくれた。そこからエレベーターで地下深くまで下り、薄暗い照明に照らされた廊下を抜けると、そこには七〇〇発の核弾頭を管理操作するためのミサイル指令所があった。核弾頭のほとんどすべてはアメリカ国内の目標に向けられていた。発射制御盤の前には二人の若い将校がいたが、同じ空間にアメリカの高官がいることに明らかに狼狽している様子だった。しかし、彼らは我々のために「見せたり、説明したり」（学校の授業での発表を意味する言い回しである）するように指示されており、まさにその通りのことを行った。彼らは発射演習の手順に従って操作を進め、発射直前のところで手を止めた。私はそれまでのキャリアの中で戦争のシミュレーションは何度も経験してきたが、こんな経験をする事態にはまったく備えがなかった。この特異な状況に私は圧倒されてしまった。ロシアの若い将校たちがワシントン、ニューヨーク、ロサンゼルス、サンフランシスコの破壊をシュミレーションするのを眺めているこの瞬間にも、アメリカのミサイルが我々の立つこの場所を狙っていると知っているだなんて……。

実際のところ、冷戦の超現実的な恐怖がこの瞬間ほど生々しく感じられたことはあとにも先にもない。アメリカの標的に核弾頭の雨を降らせるために、ソビエトが二四時間体制で準備していたＩＣＢＭ施設とその発射プロセスを目撃した、数少ないアメリカ人の最初の一人となったのである。この発射プロセス――まさか自分がそれを直接見られるとは予期していなかったのだが――は、（準備ではなく）本格的な攻撃の恐るべき一段階であった。私はそこに立ってシミュレーション上のカウントダウンを見ながら、いったい何がこのような攻撃を引き起こす可能性があっただろうかと想像してみた。それはもしかすると、危機のさなかの計算ミスから始まったかもしれない。あるいは誤報によるものかもしれない（私が個人的に経験したように）。もしくは、キューバに接近するソビエトの船舶に対し米海軍が阻止を試みるといった一触即発の状況から生じたかもしれない。そんなシナリオを想像しながらも、頭と心はやはりペルボマイスクの地下ミサイル指令所に釘づけだった。

ソビエトによるＩＣＢＭ攻撃の現実味を帯びたシミュレーションを見ながら、私はそれに対応するアメリカ側の警報と決断の流れを想像してみた。私がかつて経験した、ソビエトからの核攻

1994年3月、ウクライナ・ペルボマイスクを初訪問し、ICBM（SS-24）の収められた地下式サイロを視察するペリー国防長官とスタッフたち。

撃を知らせる北アメリカ航空宇宙防衛司令部（NORAD）の警報誤作動は、重圧の中で決断が行われるシナリオを立体感のあるドラマとして描き出してくれた。かつてないほどの不安を伴う決断のために与えられた時間はわずか数分間。「理性」という伝統的な概念を超えるような決断である。しかし、もはや身を守る手段はほかにないのだという現実的な認識が、その恐ろしい決断を後押しするだろう。そして、こちらに向かってくる核兵器は「必要以上の破壊力をもつ」規模であることを十分に理解していればこそ、決断は下されるだろう。確実に迫りつつある黙示録的な破壊を考えるとき、第二次世界大戦で破壊された都市の光景が連想されるかもしれない。けれども、その攻撃、さらにそのあとに残される破壊は、確実に想像を絶するものになるのである。

ミサイル指令所での発射シミュレーションを視察したあと、我々はエレベーターに乗り、呆然として言葉を発することもなく地上に向かった。それから、ラデツキー将軍は我々をSS－24ミサイルが配備された地下式サイロの一つに案内してくれた。サイロの巨大な蓋は開けられていた。我々はサイロをのぞき込み、ヒドラのように複数に頭が分かれたミサイルから弾頭がすべて取り外されているのを確認した。冷戦期の「恐怖の均衡」の産物である最も恐るべき兵器の一つの「首が刎ねられた」光景を、我々はひたすら見つめていた。弾頭はすでに貨車に載せられ、製造元であるロシアの工場に送られており、そこで解体されることになっていた。それはこの忘れがたい一日の経験の中で言えば、明るい一面であった。

一九九五年四月、我々はペルボマイスクを再び訪れ、解体の次の段階の視察を行った。我々の目の前で、巨大なクレーンが地下式サイロからSS－19ミサイルを引きずり出した。有害な燃料をタンクから除去したあと、ミサイルは列車で施設に運搬され、そこでスクラップされることになっていた。

ミサイル基地の視察を終えたあと、我々は近くの町に車で移動し、退役したミサイル関係の将校たちのためにアメリカの支援で建設中の住宅団地を見学した。ウクライナ（そしてロシア）の法律は、軍役を終えた将校に住宅を提供することを義務づけていた。しかし、住宅は不足しており、ウクライナ政府は必要な数の住宅を建設する資金ももっていなかった。そのため、我々はナン上院議員の支援を受け、プレハブ式の組み立て住宅の設計図をアメリカの契約業者から入手し、ウクライナにある軍需工場をプレハブ住宅を造るための工場に転用した。そしてその最初の仕事が、退役したミサイル関係の将校たちのための住宅供給だったのである。

我々は工場を視察し、それから住宅団地を見に行ったが、まだ建設工事が始まったばかりだった。この団地（ひょうきん者の私のスタッフは「ペリー・ハウス」と呼んだ）訪問は、国防長官時代のとても愉快な記憶の一つだ。古いウクライナの伝統に従って、我々はお祝いのパンと塩を味見した。それから、引き続き彼らの伝統に従って、妻のリーと一緒に団地内で記念植樹をした。ウクライナ正教の司祭がその場所を聖水で清め、かわいらしい児童聖歌隊が、讃美歌を歌った。

一九九六年一月、我々はペルボマイスクに三度目の訪問を行った。私とアシュトン・カーター、チップ・ブラッカー（ホワイトハウスから）、駐ウクライナ大使のビル・ミラー、そして駐ロシア大使に就任予定のジム・コリンズから成るアメリカ側のチームは、グラチェフ国防大臣が率いるロシア代表団、それに新任の国防大臣で副大統領も兼務するヴァレリー・シャマロフ率いるウクライナ代表団と合流した。その日は寒く大雪に見舞われ、我々はキエフ空港で天候が回復するまで数時間立ち往生させられた。このままだと旅程はキャンセルされそうな見通しだった。しかし、最後の最後にシャマロフ大臣が待合室に入って来て、ようやく出発できると告げた。我々はウクライナの空軍機にぎゅうぎゅう詰めで乗り込み、暴風雪の中を離陸した。約一時間後、ペルボマイスク付近の着陸場に近づいた。激しい雪は降り続いており、着陸態勢に入ったものの地上を視認することができなかった。それはパイロットも同じで、彼は滑走路を見失ってしまった。飛行機は左に傾き、左翼が雪のかたまりに引っかかってしまった。グラチェフ将軍と私は座席から投げ出され、床に転がり落ちた（ウクライナの空軍機にはシートベルトがついていなかった）。パイロットは何とか機体のコントロールを取り戻し、無事に停止させることに成功した。ひどく損傷した機体はまだ水平を保っていたが、もはや飛行は不可能だった（ウクライナ側はキエフへの帰路のためにもう一機飛行機を手配してくれた）。あとで聞いたことだが、シャマロフ国防大臣は旅程をキャンセルして我々を失望させたくなかったので、あの日は独断で飛行許可を出したそうだ。これまで何千回ものフライトを経験してきたが、このときの着陸は間違いなく人生で最もエキサイティングな経験だった。もちろん、二度と経験したくはないが。

着陸の興奮が収まって一段落したあと、我々は車でペルボマイスクに向かった。外は雪が降っているだけでなく、風も強く、気温も低かった。分厚いコートと帽子を身につけた三人の大臣たちは、三つのボタンが目立つように配置された式壇に案内された。我々はそれぞれのスピーチを終えたあと、これらのボタンを押すことになっていた。この悪天候を考え、（凍える参加者たちのために）慈悲深くスピーチは短く抑え、我々は同時にボタンを押した。ミサイルサイロに信号が送られ、爆発が起きた。サイロから煙が立ちのぼる光景は、国防長官として最も思い出深い記憶の一つである。ミサイルサイロは本来、爆発にも耐えられるよう建設されているので、念のためサイロに近づき、完全に破壊されているかどうか確認を行った。その後、我々は共同で一時間にわたるテレビ記者会見を開き、たったいま行ったことの歴史的重要性についてそれぞれ意見を述べた。この日のことを思い出すとき、私の記憶に一番残っているのは、危うく事故になりかけた軍用機の着陸や大臣たちのさまざまな発言ではなく、SS－19のサイロが硝煙の中で崩れ落ちたその光景である。

我々の四度目の、そして最後となったペルボマイスクへの訪問は、一九九六年六月の美しい日のことであった。我々は再び、ウクライナのシャマロフ大臣、ロシアのグラチェフ大臣と合流した。ウクライナ最後の核弾頭は、我々が到着する前日の晩にロシアの解体工場に向けて運び出されていた。ミサイル、弾頭、そして地下式サイロはすべて消え去った。サイロの穴は土で埋められていた。我々はこの死を連想させるミサイル基地を、生命に満ちたヒマワリ畑に変えようとしていた（ちなみに、私にとってヒマワリは象徴的なものであったが、ウクライナ人にとっては商品作物であった）。我々は揃ってスコップを手に取り、最初のヒマワリを植えた。その日の終わりに、我々は三人で輪を描くように手をつなぎ、重要であり困難でもあった仕事を見事に成し遂げたことをともに祝った。いまになって、この握手の写真を見ながら、我々が善意と協力の精神でどれだけのことをやり遂げたかを思い起こすとき、同じような光景や協力がもはや期待できなくなってしまった現状に、私は悲しみの念を禁じ得ない。

その後、我々は住宅団地を再び訪ねた。数か月見ないうちに工事は完了していた。我々は最近その新居に移ったばかりのシトフスキーさん一家を訪問した。二年後、私がスタンフォード大学に戻ったあと、ご一家から家庭菜園で撮った写真が同封された手紙を受け取った。手紙にはこう書かれていた。「私たちは収穫をするときいつも、ペルボマイスクでの温かい出会いとあなたが語った次の言葉を思い出します。『ご一家に平和と繁栄がありますよう！』。私たちはあなたがこの地球上から核兵器をなくすためになされた努力に対して深くお礼を申し上げます。あなたがウクライナの大地に蒔いた平和の種が、世界中でも同じように見事に成長することを私たちは期待しています。あなたのご健康と幸せ、そしてあなたとあなたの祖国に平和がありますように！」

この感動的な手紙は、我々が取り組んだ困難な仕事のあらゆる善なる面を象徴している。しかし、我々が共同でこの仕事に取り組んだときの精神はいまや失われ、それを取り戻す状況を想像するのさえ困難であることを思うとき、私は本当に悲しくてならない。

その三年前に私とカーターは、クリントン政権の一期目のうちにウクライナ、ベラルーシ、カザフスタンにあるすべてのミサイルを撤去することを目標に掲げていた。なぜならば、これらの国のいずれも後戻りする危険性が十分あったうえに、クリントン政権の二期目は確実とは言えなかったからである。我々は到底乗り越えられないように見えた困難を克服して成功を収めてきた。我々は粘り強く、スタッフのスキルと献身ぶりには目を見張るものがあり、やがて我々と協働するロシアとウクライナのチームも、アメリカに負けないぐらいの熱心さでこのプロジェクトに取り組むようになった。核兵器の危険性を減らすために人々が協力して困難を乗り越える姿を目の当たりにしたことは、核戦争の瀬戸際を歩む私の旅路において、最も喜ばしい経験だった。

もちろん、我々は単にソビエトのミサイルを解体しただけではない。我が国のミサイルも同じ数だけ解体した。ロシアのグラチェフ国防大臣は、我々のペルボマイスク訪問が報道されたことで国内からの批判に晒されていた。「大臣は、アメリカ人が我々の武器を取り上げるのをさせるがままにしている。しかし、アメリカ人は自分たちのミサイルを捨てようとしないではないか」。そこで我々は、グラチェフ大臣をアメリカのＩＣＢＭ基地に連れてくるように段取りし、彼の訪問をロシアとウクライナでも広く報道してもらった。一九九五年一〇月二八日、私はホワイトマン空軍基地に、グラチェフ大臣とアメリカ人、ロシア人そしてウクライナ人の記者多数を伴って降り立った。私はグラチェフ大臣がホワイトマン基地に配備されているＢ－２の操縦席に座れるよう段取りしておいた。Ｂ－２は最新の、最も神秘に満ちた戦略爆撃機だったので、彼はこの計らいにとても興奮していた（のちに彼は恩返しとして私をＴｕ－１６０ブラックジャック戦略爆撃機の操縦席に座らせてくれた）。ホワイトマンのミサイル基地でグラチェフ大臣と私はボタンの前に立った。二人でボタンを押すと、ミニットマンⅡミサイルの地下式サイロは煙とともに消えた。翌日、グラチェフ大臣と私がアメリカのミサイルを爆破した写真は、モスクワとキエフの新聞はもちろん、ワシントン・ポスト紙の一面を飾った。この小さな計らいが、ナン・ルーガー計画に協力する過程でグラチェフとシャマロフが耐えてきた（国内からの）批判を和らげるのに大いに役に立ったのである。

ちなみに、ペルボマイスクの話には二つの後日談がある。

後日談①

解体された爆弾から取り出された高濃縮ウランは、ロシアの工場に送られ、商業用原子炉で使える低濃縮ウランへと希釈処理されたあと、アメリカに搬送された。この燃料は、我が国の「メガトンからメガワットへ」プロジェクトの一部となり、多数の原発の燃料として提供された。見方を変えれば、かつてアメリカの目標に照準を当てていた爆弾の燃料が、いまやアメリカの工場や家庭向けに電力を供給するための燃料になったのである。

後日談②

我々がヒマワリを植えたその年に、ミラー大使はペルボマイスクを再訪し、現地で我々が植えたヒマワリの種を集め、それを送ってくれた。私はこの取り計らいに感動したし、種をもらって心が弾んだ。そして、私の人生において最も重要な取り組みである、当時の感動的な記憶が蘇ってきた。私は孫の一人に、ミラー大使から受け取った種のいくつかを渡し、植えてもらった。それは、孫が核兵器による人類絶滅の脅威を身近に感じることなく、健やかに成長していけるようにという私の願いの表れだった。

核兵器がもたらす想像を超える危険性を大幅に減らすことは、決しておとぎ話ではない。このヒマワリの種は、実際に我々がそれを実現したことの証拠であり、我々は再び同じことを実現できるという希望をもたらすものでもあるのだ。

ナン・ルーガー計画の一部として、我々は別の構想も立案した（ペンタゴンでは「協調的脅威削減計画（CTR）」と呼ばれる）。たとえば、ウクライナ、カザフスタン、ベラルーシのICBM解体を支援するだけでなく、ロシアの戦略爆撃機と潜水艦の解体を支援するための費用も拠出した。一九九五年四月四日、私はアシュトン・カーターと彼のチームとともにその解体プロセスを視察するため、モスクワの南約四五〇マイルにあるサラトフのボルガ川を挟む対岸に位置するエンゲリス空軍基地を訪問した。我々は冷戦時代にソビエトの核兵器研究をしていたので、この基地についてはよく知っていた。そこはソビエトにおける最新かつ最高の戦略爆撃機の拠点基地であり、その主たる任務はアメリカに何百個もの核爆弾を投下することだった。エンゲリス基地の爆撃機は史上最大の爆弾を搭載していた。ソビエトがその爆撃機にどうしたら搭載できたのかわからないが、すでに触れたように、我々はそれを一〇〇メガトンの威力をもつ「ツァーリ・ボンバ」として認知していた。この爆弾の小型バージョン（五〇メガトン）は、エンゲリス基地に配備された爆撃機の一つであるベアー爆撃機（Tu－95）の改良機からすでに試験投下されていた。また我々は、エンゲリス基地に現在配備中の航空機の中には、ロシアの最新鋭の戦略爆撃機Tu－160ブラックジャックが含まれることも知っていた。

これらの知識があったので、我々はエンゲリス基地に着陸する際、期待に胸を膨らませていた。しかし、我々が飛行機から降りたときに目にしたものは、粗大ごみの山のようだった。凸凹に積み上げられたスクラップ金属――かつては爆撃機の部品だったもの――が、滑走路に沿って見わたす限り棚状に並べられていた。私はこの光景に釘づけにされた。誘導路を歩いて見てみると、作業員が電気ノコギリを振りかざして、爆撃機の翼と胴体を切り離していた。爆撃機をスクラップした金属は、商業製品を作る工場に提供されることになっていた。ロシアの拠点基地の作業員が、アメリカから提供された手段を用いて、自国の戦略爆撃を解体することについて何を思うのだろうかと思いをめぐらした。最近まで彼らにとって最大の宿敵だったアメリカ人が、いまや彼らの作業を視察に来ているのだから。

私がようやくスクラップの山から目を転じると、最新のブラックジャック戦略爆撃機が目に入った。もちろん、それらは解体予定の爆撃機のモデルには入っていなかった。基地の司令官がブラックジャックの視察に誘ってくれたので即座に了承した。何年も前に私は、衛星画像が捉えた試験飛行中の同機の映像を分析して、その性能と能力を評価しようと努めたことがあった。当時の私は、同機をこれほど間近に見る機会、それどころか操縦席から基地を眺める機会を得ようとは夢にも思っていなかった。

我々の視察終了後、基地の司令官はレセプションと昼食会を催してくれた。私はすぐに彼がアメリカの国防長官を酔いつぶそうとしていることに気がついた。警戒信号が灯った。私のために二杯目のウォッカでの乾杯が済むと、私は彼にスタッフに挨拶するよう招いた。彼は同意した。そこで私は彼を連れてテーブルを回り、スタッフの一人ひとりと会うごとに乾杯をした。我々が自分たちのテーブルに戻ってくるころには、彼は私にそれ以上乾杯を促す興味を失っていた。昼食後、私は酔いつぶれることなく、帰りの飛行機に辿り着くことができた。

我々の協力的脅威削減計画の試みは、速やかに進められた。一九九六年一〇月一八日、私とカーターのチームは、白海に面したセヴェロドヴィンスクのセヴマシュ造船所を訪問した。我々はナン・ルーガー計画の立役者である三人の上院議員――ナン、ルーガー、リーバーマン――も案内していた。我々はソビエト連邦の原子力潜水艦の解体を視察することになっていた。セヴェロドヴィンスクはアルハンゲリスク港から三〇マイルに位置するが、その港は第二次世界大戦中、連合国から四〇〇万トンの支援物資がソビエトに受け渡された場所である。この支援は戦争初期においてソビエトがドイツに敗北するのを防ぐ上で決定的な役割を果たした。このとき、一〇〇隻以上の連合軍の船舶が沈められ、三〇〇〇人以上の商業船員が凍てつく氷の海で溺死した。ウィンストン・チャーチルは、これを「この世で最悪の旅路」と評した。基地に向かう途中、私の脳裏にはこの悲劇的な歴史が常にあった。我々は正午過ぎに到着した。しかし、まぶしい太陽はすでに地平線近くにあった。セヴェロドヴィンスクは北極点に近く、晩秋には一日数時間しか日照時間がない。あたり一面は見事な金色に包まれていた。

我々が基地の中に入ると、私の目は、乾ドックに置かれた巨大な錆びた潜水艦とその上を覆うように建てられたクレーン――それは、まるでロボットのティラノサウルスのようであった――に釘づけとなった。この寂しげな船の残骸こそが、かつてアメリカを標的とした核兵器を搭載して深海を巡回していた冷戦期の潜水艦の姿であり、それが解体されるのを目の当たりにして私は深い満足を覚えた。この解体プロセスは、潜水艦の原子炉が安全上問題を起こす可能性があるので、とりわけ慎重さを要した。この古い使用済みの船から北極海に放射能が漏れ出る恐れがあり、環境上の重大な懸念があった。ロシアでは単に潜水艦を海に沈める案が検討されたことがあったが、ノルウェー政府が危険な放射性物質が自国の北部海岸に漂着することを恐れ、我々に対して安全な解体方法の検討を支援するため、可能な限り力を尽くすように求めてきた。

その実現のために、我々はナン・ルーガー計画の資金を用いて、ロシア側にいくつかの特殊な高額の機械を提供し（ティラノサウルスに似たクレーンも含めて）、それがどのように使用されているのかを視察したいと願っていた。我々は最初に潜水艦の解体現場を見たあと、爬虫類のようなクレーンが潜水艦からはぎ取った金属プレートを釣り上げて、それをハサミが紙を切るようにいとも簡単に金属の破片へと切り砕く裁断機にかける様子を見学した。その後、我々はある機械を収めた建物に入ったが、そこでは潜水艦から取り出された何マイルもの長さのワイヤーがその機械に投入され、比較的有用でない金属から貴重な銅を選別する作業が行われていた。現実世界において「剣を鍬に打ち直す」（聖書の一節）ことを実行した、これ以上のドラマチックな例を想像するのは難しいだろう。

我々がナン・ルーガー計画の実施を視察するあいだ、ロシアとウクライナのメディアも同行した。この視察には、CNNでペンタゴンの番記者であったジェイミー・マッキンタイヤーも同行しており、我々の一人ひとりとインタビューを行った。そのうち、最も思い出深いのはナン上院議員とのインタビューであった。ナン議員はナン・ルーガー計画の驚くべき成果を目の当たりにして深い感銘を受け、ジェイミーに次のように語った。

私はミサイルのために票を投じたことがある。爆撃機のためにも票を投じたことがある。そして、潜水艦にも投じたことがある。そのすべてが、我々の防衛のために必要なことであったと思う。しかし、私がこれまで票を投じた中で最も価値のある予算は、いまこれらの大量破壊兵器を解体するために、しかも安全な方法を用いて、我々が協力して働くことを可能にしてくれたこの予算である。

視察ののち、我々は造船所の経営幹部たちと面談し、彼らの仕事が安全保障上においても環境面においても、いかに重要なものであるかを伝えた。私は彼らが解体作業を命令されて恨んでいるのではないかと思っていた。当然、彼らは解体よりは製造のほうが好きであろう。しかし、私は彼がこの困難で危険な作業をいかにうまく完了させられるか、誇りをもって取り組んでいることを知り驚きを覚えた。

化学兵器の廃棄処理もナン・ルーガー計画のもとで進められた。冷戦の終結後、アメリカにはソビエトに匹敵するほどの大量（三万トン対四万トン）の化学兵器が、全国六か所以上の保管所に残されていた。アメリカの化学兵器の九〇％以上がすでに廃棄されたが、その大半は私の離任後に行われた。残る化学兵器は二つの小規模の保管所にあるが、これらも二〇二三年までに廃棄される予定である。

ナン・ルーガー計画は、旧ソビエト連邦の膨大な化学兵器の非武装化も支援した。二〇一三年時点で旧ソビエト連邦が保有していた大量の化学兵器の約四分の三が廃棄された。激動の一九九〇年代のロシアにおける混乱はもちろんのこと、最良の廃棄方法について技術的な意見の相違が生まれたために、遅れが生じた。そうした問題がなくとも、これらの恐るべき兵器を安全に解体するまでには実に多くの困難があり、相当な費用がかかった。現在、ロシアは化学兵器の非武装化を二〇二〇年までに完了できるとの見通しをもっている。

ほとんど知られていないことだが、協力的脅威削減計画の重要な一部は、爆弾製造をはじめとする技術が、危険な勢力の手にわたることを防止する対策に向けられた。一九九〇年代初頭、ロシア経済は混乱し、核兵器関連施設にはほとんど政府資金が供給されなかった。このため、核大国を目指す国々——あるいはテロリスト集団——がロシアの経験豊富な核科学者や技術者を雇用するという危険性が現実になりつつあった。実際、こうしたリクルート活動がロシアで行われていることを示す信頼できる諜報情報も寄せられていた。こうした雇用を防止するために、我々はナン・ルーガー計画の資金を使って旧ソビエト連邦の核科学者たちを非軍事的な活動のために雇用する技術研究所をモスクワに設立した。これは比較的少額の資金を使って成功したプログラムであり、核拡散の悲劇から世界を救うのに大いに貢献した。

核兵器の解体に向けた努力以外にも、我々はナン・ルーガー計画の資金を、潜在的に流出可能性のある旧ソビエト連邦の核分裂性物質の管理強化に用いた。我々の諜報活動は、これらの物質の危険性の範囲について、きわめて具体的な情報を得ていた。それらは兵器から取り出されたものであれ、研究用原子炉(これらの一部は高濃縮ウランを燃料に使用していた)からのものであれ、原子爆弾の製造に使われる可能性があった。実際、研究用原子炉は、一般的にセキュリティのレベルが低いので、最もそうした危険性が高かった。

ナン・ルーガー計画の資金を使った核分裂性物質の流出防止の最も劇的な例は「サファイア計画」である。この計画は、カザフスタンのナザルバエフ大統領が、一九九三年秋にアメリカの大使コートニーに、自国のウスト・カメノゴロスクの貯蔵庫に大量の高濃縮ウランがあることを伝えたことに始まる。この貯蔵庫のセキュリティはわずかに鉄条網を施した程度であり、テロリスト集団がこのウランを買ったり、あるいは盗み出したりする恐れが十二分にあった。ナザルバエフ大統領は、アメリカにこの核分裂性物質を安全な保管施設に移動するよう要請した。これは彼の功績と言っていい。一九九四年初めにアメリカの専門家がこの貯蔵庫に立ち入り、そこに六〇〇キロの(原資爆弾に転用可能なレベルの)高濃縮ウラン——広島型の原爆十数個を作るのに十分な量——があることを確認した。ホワイトハウスは、国防総省に対して最高度の安全性と秘密性を確保しながら、それらをテネシー州のオークリッジに移送する命令を下した。その後それらは希釈処理され、商業用原発で使用することになった。国防総省内ではアシュトン・カーターがこの責務に当たり、彼が立ち上げた最高機密の計画が、先述のサファイア計画と呼ばれたのである。この計画は、ウランを確保し、C－5輸送機に何機かに分けて搭載し、テネシー州へと空輸するものであった。それは可能な限り迅速かつ完全な秘密裏に行う必要があった。というのも、テロリスト集団や核保有を目指す国々がこれらのウランの存在の噂を耳にすれば、我々の輸送前にその奪取を試みる可能性があったからである。実際、中央情報局（ＣＩＡ）はイランの諜報要員がすでにウスト・カメノゴロスクのウランを追いかけているとの情報を寄せていた。

サファイア計画は目覚ましい成功を収めた。計画実施の必要性が高く、高い意欲と能力をもつ人々によって遂行される場合には、速やかかつ効果的に実施することができることをアメリカ政府は示したのである。この計画の成功は、国防総省のみならずエネルギー省、ＣＩＡ、国務省の多くの人々の献身的な努力の賜物であった。そしてその組織と実施スピードは、いずれもナン・ルーガー計画のおかげで可能となったものだった。また、カザフスタンとロシア政府の全面的な協力も不可欠であった。しかし、それでもやはり最大の功績は、アシュトン・カーターのリーダーシップと彼のチーム――ジェフ・スター、ローラ・ホルゲイト、そしてスーザン・コッフを含む――の計画立案と実施における能力とスピードに帰せられるべきだと私は思う。

ナン・ルーガー計画は、核の時代の身の毛もよだつような歴史において奇跡のように見える。この不吉な時代を考えると、歴史的な脅威、死活的な利害、摑み取るべき貴重な機会、共通善に基づく国際協力への責務、アイデアの蓋然性を証明する切実な必要性。ナン・ルーガー計画は、これまでで最も啓蒙的な議会による先駆的な試みとして際立っている。ナン・ルーガー計画はきわめて多面的であり、各側面が我々の安全保障のみならず究極的には文明それ自体を前進させるのに貢献した。

我々はこの計画が可能にした唯一無二の機会を最大限に利用しようと努力し、実に目覚ましい成果を上げた。アシュトン・カーターが率いたチームはまれに見るほど才能も意欲もあり、活力に満ちていた。しかし、最終的な名誉は、革新的であり、長期的な視野に立ったナン・ルーガー法、そして究極的にはそれを成立させたサム・ナン上院議員に帰されるべきである。彼がアメリカの安全保障に寄与した数えきれないさまざまな功績――そのいくつかは本書でも紹介されているが――に加えて、この計画を生み出し、それをルーガー上院議員の支援を受けつつ実現させた功績により、クリントン大統領はナン上院議員に国防功績文民勲章を授与することを承認してくれた。私がこの勲章を上院議員に授与したのはたったの一度きりだった。そして、私はそれができたことを非常に名誉に思っている。

第14章 北朝鮮の核危機

「北朝鮮の核兵器開発」と言って、この戦争狂（ペリー国防長官）は、対立する我が国に対してこんな馬鹿げた戯言をわめいている。「アメリカは、朝鮮半島で一戦交えるコストを払ってでも、北朝鮮の核開発を断念させる」。

韓国紙『労働新聞』一九九四年四月五日

時間が人間を待ってくれないのと同じように、軍事や安全保障上の危機も国防大臣を待ってはくれない。そうした危機は折り重なり、最後には大問題となる。ここで私が語るのは、自分が経験した究極の挑戦についてである。この話そのものは直線的に展開するために、複数の危機が同時多発的に発生していた現実を忠実に語ってくれはしない。実際、北朝鮮で深刻な危機が発生したとき、私は国防長官の職に就いたばかりだった。

朝鮮戦争が平和条約ではなく休戦協定によって終結して以来、朝鮮半島は世界で最も武装化された地域の一つであり、間違いなく世界で最も不安定な場所となった。北朝鮮は、韓国は北の主導の下に統一されるべきと考え、朝鮮戦争で最も明瞭に示されたように、攻撃的な行動を通じて統一を成し遂げようと長らく行動し続けてきた。

今回の新たな危機は、北朝鮮の核武装に向けた動きによって刺激されたものであり、我々の覚悟と柔軟性を試すものだった。何よりそこでは新しい革新的思考が求められた。核武装した北朝鮮は東北アジアを不安定にし、世界の他の地域に核の拡散をもたらす恐れがあった。それだけでも、この危機に最優先に対応する必要があった。しかし、外交の成功に求められる覚悟は、第二の朝鮮戦争を引き起こす危険を伴っていた。その上、朝鮮戦争以来、我々が北朝鮮と国交をもたないという事実が、この外交をいっそう複雑なものにしていた。そんなわけで、私は国防長官就任からわずか数か月後に、次のような究極かつ最悪の選択肢――北朝鮮に核兵器をもたせるか、第二の朝鮮戦争を始める危険を冒すか――のどちらかを選ばなければならない状況に直面したのだった。クリントン大統領に報告する際、私は大統領が「大惨事」か「破滅」のいずれかを選ばざるを得なくなることを危惧していた（もちろん、我々の真の目的は第三の選択肢を作り出すことであり、のちにそれを実際に成し遂げた）。いったいどうして我々はこのような恐ろしい地点に辿りついてしまったのだろうか？

第二次世界大戦の終結から数年のあいだ、南北朝鮮はともに統一を目標に掲げており、いずれもその競争に生き残って自国こそが統一を成し遂げたいと願っていた。一九四〇年代後半までに、北朝鮮の金日成首相（のちに国家主席）は主にソビエト連邦からの支援を受け、韓国を打倒できるレベルの強力な軍隊を築き上げた。当初、スターリンは韓国を攻撃する許可を与えなかった。しかしソビエトが核実験に成功し、アメリカのアチソン国務長官が韓国はアメリカの防衛線の内側にはないことを示唆するやいなや、スターリンは北朝鮮に攻撃許可を与え、同時に追加的な軍事支援も行った。しかし、アメリカは防衛線の外側にあるはずの韓国を支援し、北朝鮮軍を打倒した。その後、中国人民志願軍が介入すると戦況はこう着状態に陥り、やがて平和条約ではなく休戦条約を締結することで事態はいったん収拾された。朝鮮戦争が終結したのち、ソビエトは北朝鮮を再建するために大規模な投資を行い、一九九〇年ごろまでに北朝鮮は再び韓国に対する脅威となった。しかし、九一年にソビエト連邦が崩壊。国内経済の混乱と社会不安に苦しんだロシアは、北朝鮮への支援を停止し、ヨーロッパ諸国に接近していった。

当時、北朝鮮は約二〇〇〇万人の人口を抱え、絶望的な貧困下にあった。にもかかわらず、世界第五位の規模を誇る軍隊を擁し、約一〇〇万人に達するその兵力（アメリカの二倍！）は、大半が韓国との国境近くに配置されていた。さらに、北朝鮮は数百万の予備役兵を抱えていた。この巨大な軍事力は、屈強な韓国軍（約七五万人）と米軍により抑止されていた。韓国に展開する米軍は、韓国軍のごく一部を構成するにすぎなかったが、日本、ハワイ、アラスカ、アメリカ西海岸に配備された非常に強力な米軍から速やかに支援を受けることができた。我々は日本、ハワイ、アラスカから戦闘機を派遣し、劇的かつ速やかに空軍力を強化できる体制を整えていた。ホワイトマン空軍基地（ミズーリ州）からは、B－2戦略爆撃機を二四時間内に北朝鮮上空に飛ばすことができた。また、強力な空母を擁する第七艦隊を近隣の日本に配備していた。毎年、我々は「チームスピリット」と呼ばれる演習を計画しており、それは朝鮮半島に兵力を再展開し、韓国軍と合同する内容だった。我々のシミュレーションでは、仮に北朝鮮が韓国に対して再び奇襲攻撃をかけたとしても、北朝鮮軍は完全に打倒される見通しであった。北朝鮮軍の幹部たちもこの事実を認識していただろうし、それは過去数十年にわたり、朝鮮半島における平和の維持に貢献してきたと信じている。

北朝鮮は自国の主導で統一を成し遂げるという野望を諦めたことはなかった。しかし、ソビエト連邦が崩壊し、ロシアからの支援を得られる見通しがなくなった以上、もはや統一達成は望み得ないことを理解するに至った。おそらく、こうした冷戦後の状況変化が、通常兵器では他国に劣る北朝鮮をして秘密の核開発プログラムへと導いたのであろう。そして、北朝鮮はこの目的を達成するために相当な危険を冒す準備ができていたのである。

北朝鮮の密かな兵器開発プログラムの中心地は、寧辺《ニョンビョン》にある「平和的な」核施設であった。核拡散防止条約（NPT）の加盟国である北朝鮮は、核兵器を製造しないことに同意しており、さらに国際原子力機関（IAEA）が、核施設で兵器製造を行っていないことを確認するための査察に入ることにも同意していた。しかし、一九九三年の初めに北朝鮮は、燃料棒再挿入作業の初期段階――IAEAの査察は行われていなかった――で少量のプルトニウムを製造したという判断に基づいて、IAEAが特別査察を要求したことに対して強く反発した。そして、私が国防次官に就任した直後の一九九三年三月一二日、北朝鮮はIAEAからの脱退を表明した。六月二日、アメリカと北朝鮮はIAEAの核施設査察に関する不合意点をめぐって協議を開始し、同一一日に北朝鮮はNPTからの脱退を留保した。こうした協議は一九九四年一月まで続けられ、北朝鮮がいくつかの施設について査察を認める合意に至った。しかし、その年の四月（このときまでに私は国防長官に就任していた)、IAEA査察官が査察を完了し、寧辺の核施設が規制を順守していることを証明するために不可欠な作業の実施を北朝鮮が認めなかったことで、この外交的努力は行き詰まった。

いったい、北朝鮮が核査察を拒否した背景は何だったのだろうか? 答えは実に憂慮すべきものだった。当時、北朝鮮は寧辺の核施設から使用済み核燃料を取り外す準備ができていた。もし北朝鮮がこの使用済み核燃料を再処理すれば、その結果得られるプルトニウムは、核爆弾の燃料として使用することができた。

一九九四年春までに、北朝鮮との摩擦は危険なレベルにまで高まっていた。その使用済み核燃料は寧辺から移送する準備ができた状態にあったにもかかわらず、IAEAはまだ査察合意を取りつけることができていなかった。この状況に危機感を抱いた私は、四月に韓国と日本への緊急訪問を行った。この一年前に私は国防次官として韓国を訪問したことがあったが、国防長官としての訪問はこれが初めてだった。私は韓国の大統領や韓国軍の幹部たちと現在の状況について議論した。現地の米韓連合軍司令官のゲーリー・ラック将軍とも面談したかった。ラック将軍からは、北朝鮮が一九五〇年の朝鮮戦争のときのように韓国に奇襲攻撃をしかけてきた場合に備え、我が軍はどのぐらい対応準備ができているのか、直接に報告を受ける必要性を感じていた。ラック将軍は非武装地帯(DMZ)に沿って、我が軍の視察に連れて行ってくれた。その後、彼と私は北朝鮮の攻撃を撃退する軍事作戦計画として長らく保持してきた「計画5027」について、詳細な検討を行った。ラック将軍は彼の指揮下にある米軍と韓国軍は万全の準備ができており、北朝鮮の攻撃を撃破できると言った。また彼は、さらに二〇万人の兵力と追加のアパッチヘリコプター、そしてパトリオット迎撃システムを提供してくれるのであれば、北朝鮮の進撃をより迅速に食い止め、韓国市民の死傷者数も劇的に減らせるだろうとも述べた。

ラック将軍の計画と提案に私は納得し、すぐにアパッチとパトリオットの配備に同意した。そして、仮に北朝鮮がプルトニウム抽出計画を取り下げない場合は、将軍をワシントンDCでの国家安全保障会議に招請するので、そこで兵員増派の必要性について説明するように伝えた。この訪問から戻ったあと、私は北朝鮮に対して、アメリカはプルトニウム抽出を認めないと公式に警告した。これに対して北朝鮮の政府スポークスマンは激しく反発し、私を「戦争狂」とまで罵倒した。五月一四日、北朝鮮はＩＡＥＡの完全な査察を認めないまま、原子炉から使用済み核燃料の取り外しを開始したが、これは再処理に向けた最後のステップだった。この行動により、危機は最高潮に達した。もし北朝鮮がこの使用済み核燃料を再処理すれば、数か月以内に六個から一〇個の核爆弾を製造できる量のプルトニウムを手にすることになり、そうなればまったく予想もつかないきわめて危険な結果を招来することは確実だった。

私は統合参謀本部議長のシャリカシュヴィリ将軍とラック将軍に対して、北朝鮮軍に関する最新の諜報情報に合わせて、緊急対応計画をアップデートするように依頼した。そしてその際に、ソウルを射程内に収めるべく設置された膨大な数の北朝鮮の長距離砲に対応する特別計画を含めるように伝えた。さらに、寧辺の再処理施設に対して巡航ミサイルによる「外科的」攻撃を行う計画も準備するように命令した。この攻撃の選択肢は、原子炉に燃料が充填されており、また稼働中である場合も想定して計画されたものであった。我々の分析によれば、放射性プルーム（雲状のかたまり）は感知されていなかったので、それを攻撃しても「安全」であると考えていた。この計画は想定された筋書き通りであれば、数日間の（米軍内における）警戒期間内に実行され、米軍側に死傷者が出る危険性はほとんどゼロだった。しかし、この攻撃が韓国に対する北朝鮮の攻撃を誘発する可能性があり、その場合の結果は、決して「外科的」なものに終わらないとの見通しだった。私はいまでも、アシュトン・カーターが会議テーブルを囲んで座る少数のメンバーにこの計画を説明したときの張り詰めた空気と、この重大な決断に潜む緊張感を、昨日のことのように思い出すことができる。攻撃計画はこのようにして「テーブルの上に」上げられはしたが、いまだ片隅に置かれたままであった（つまり、計画はされたものの、できるだけ使いたくない選択肢だった）。まずは優先的に外交努力を続けることが最善の選択肢であると私は考えていた。

この外交的計画は、威圧的外交の典型的な事例だった。威圧的な要素とは、断固たる制裁プログラムを指す。クリストファー国務長官の外交により、日本と韓国はアメリカとともに、国連を通じて北朝鮮に対して再処理を停止し、査察官に完全なアクセスを与えるか、さもなくば深刻な制裁に直面するかを選ぶよう要求した。北朝鮮の反応は期待外れだった。最初、彼らはソウルを「火の海にする」と脅しをかけ、さらに制裁措置は「戦争行為」と見なすと宣言した。おそらくこれは、口だけの脅しであったであろう。しかし、我々としては単に一笑に付して済ませることはできなかった。追い詰められた北朝鮮が絶望的な行動に出る可能性があったからである。

私は、武力衝突が起きた場合に当事者となる米軍の幹部たちを統合参謀本部の機密施設に招集して会議を開いた。ラック将軍はもちろんのこと、太平洋における我が軍の司令官（増派が必要な際に責任者となる）、ペルシャ湾岸における我が軍の司令官（朝鮮半島で手間取るあいだに、サダム・フセインがクウェートで問題を引き起こすのではないかと我々は憂慮していた）、我が軍の輸送軍の司令官（有事の際に、兵員と装備を韓国に輸送する需要な役割を担う）が、各方面から飛んで駆けつけた。この超極秘の会議は二日間にわたり、ラック将軍が立案した想定される危機への対応計画の詳細な検討が中心議題として話し合われた。

この緊張に満ちた日々の中で、ワシントン・ポスト紙に掲載された一つの論説が大きな波紋を引き起こした。元国家安全保障担当補佐官のブレント・スコウクロフトと彼の同僚であるアーニー・カンター——両者は私の長年来の友人でもある——が、もし北朝鮮が明確に再処理作業を停止しないならば、アメリカは寧辺の原子炉を攻撃すべきだという内容のコラムを発表したのである。その中核となる文言は、「北朝鮮は、IAEAの持続的かつ自由な査察を認め、これ以上の再処理が行われていないことを確認させるべきである。そうでなければ、我々が再処理能力を除去するであろう」というものだった。

この論説がアメリカと韓国で強い関心を呼んだことは驚くに当たらない。現実として、我々は危機対応計画をもってはいたが、そのような攻撃を実際に行う計画を立てていたわけではなかった（こうした攻撃を実際に行うためには、クリントン大統領からの承認に加え、韓国大統領の同意も得る必要がある。しかし、当時はどちらの手続きにも入っていなかった）。とはいえ、スコウクロフトとカンターが公の場で攻撃を呼びかけたことは、結果的に危機解決のために肯定的な役割を果たしたと思うし、いまでもそう考えている。というのも、その論説は北朝鮮の高官たちに、結局のところ何が問題であるか（北朝鮮の判断次第で失われる利害が何であるか）について、関心を集中させる機会を与えたからである。北朝鮮は、スコウクロフトはアメリカ政府を代弁していると誤って考えていた可能性がある。実際、アメリカ人の中にも、私がスコウクロフトにその論説を書かせたと想像した人もいたのだった。ともあれ、北朝鮮は素早く危機の収拾に乗り出し、ジミー・カーター元大統領を平壌に招待し、その場でカーターを通じてアメリカ政府に伝達する解決案を提示したのである（この際、公的なチャンネルを通してのやり取りはなかった）。

この危機は、最終的に次のような驚くべき、奇妙な形で解決を見た。一九九四年六月一六日、シャリカシュヴィリ統合参謀本部議長、ラック将軍、クリストファー国務長官、そして私の四人は閣議室に集まり、クリントン大統領の熟慮を仰ぐために行動計画書を提出した。我々は大統領に対して、北朝鮮に制裁を課すこと、韓国からアメリカ人を退避させること、そして我が軍を増強することについて説明を行った。私は大統領と国家安全保障会議に対して、北朝鮮による韓国侵攻に対応する「作戦５０２７」の説明から始め、在韓米軍を速やかに増強する選択肢についても説明した。選択肢の一つ——これは私が推薦するものであった——は、二〇万人の兵力増派であり、それはすでに配置されている我が軍を約五〇％増強することを意味した。大統領はいくつかの選択肢のうち一つを選ぶことになっており、それを受けて速やかに新たな動員が開始されることになっていた。我々は、兵員増派が北朝鮮を刺激し、その増派の完了前に北朝鮮が韓国への攻撃に出る可能性があることを理解していた。また、北朝鮮からの攻撃は、制裁措置だけでも誘発される可能性があるので、増派を行ういっぽうで制裁の実施は数週間遅らせることを提案した。この新たな増派兵力は、北朝鮮に対する我が軍の抑止力を高め、仮に抑止に失敗しても、北朝鮮軍の攻撃が韓国の首都ソウル——ＤＭＺに最も近い地点からドライブでわずか一時間の距離にある——に到達する前に破壊できるチャンスを高めるものであった。

大統領が増派の選択肢を決定しようとしていたまさにそのとき、秘書官が息を切らして会議室に駆け込んできて、カーター元大統領が平壌からクリントン大統領に電話をかけてきていると報告した。国家安全保障担当補佐官のアンソニー・レイクが、電話を受けるために走らされ、数分ののち、北朝鮮は我々が行動（制裁措置と兵力増派）を停止するならば、燃料を再処理する計画の停止について交渉する意思があると報告してきたことをカーターから知らされた。短い討議のあと、レイクは電話口に戻り、クリントン大統領の答えとして、我々は北朝鮮との交渉に応じ、この交渉のあいだは行動を停止する意思はあるが、同様に北朝鮮もこの交渉のあいだ、寧辺でのすべての再処理作業の停止に合意することを求めた。この条件は、北朝鮮が交渉を延々と長引かせるあいだに、プルトニウム製造を続けるのを防ぐことを狙ったものであった。数分ののちレイクは、北朝鮮が交渉中の再処理停止に合意するのは難しいだろうとカーターが伝えてきたことを知らせに戻ってきた。クリントン大統領は、国家安全保障会議メンバー全員の賛同を得て、不動の立場をとる決意を示した。カーターがこのメッセージを金日成に伝えたところ、彼はそれを受け入れた。目前の危機は回避され、増派計画はお蔵入りとなり、交渉が開始された。このときのアメリカ交渉団を率いたのは、有能な外交官であるロバート・ガルーチであった。

この交渉は同年末までに、いわゆる枠組み合意をもって結実した。これにより、北朝鮮は二つの大型原子炉の建設を中止し、より小型ですでに稼働中の原子炉についてもプルトニウムを製造する再処理を中断することに合意した。他方、韓国と日本は北朝鮮のために二つの軽水炉を建設することに合意した。そして、アメリカはこの軽水炉が稼働するまでのあいだ、北朝鮮が原子炉を閉鎖することで失う電力を補償するために、石油燃料を提供することに合意した。私はこれはアメリカにとって良い取引であると判断した。戦争は回避され、プルトニウム製造は中断され、そして北朝鮮は（少なくとも表面上は永久に）すでに工事に着手していた原子炉の建設計画を放棄したからである。

ここに考慮すべき大事なポイントがある。北朝鮮が放棄したものは何であったか、そして我々が回避に成功した核の惨禍がどんなものであったのかを理解するためには、次の事実を知っておかねばならない。すなわち、当時のアメリカの専門家たちは、二〇〇〇年までに（数年前後する可能性もあるが）北朝鮮の原子炉は、年間五〇発の原爆を製造できる量のプルトニウムを生産するだろうと予想していたのである！

この予防措置は、核の不拡散と世界規模での核の安全を目指すための新しい責務を象徴するものであり、核時代における重要な措置であるが、アメリカの議会の中からは強い反発の声も上がった。私は毎年、北朝鮮に原油を提供するための少額の予算のために奔走しなければならなかった（しかし、いつも獲得に成功した）。他方で、日本と韓国は北朝鮮に軽水炉の建設を開始した。クリントン大統領の残りの任期中、アメリカは枠組み合意を維持し、北朝鮮が核兵器を手にすることを防止した。

しかし、この物語は悪い方向に展開した。続く一〇年間、北朝鮮は再び核不拡散を破るとの脅迫を始めた。今度はアメリカはその阻止に失敗し、いまや我々は核武装した北朝鮮に直面している。これは我々が絶対に避けようと努力してきた安全保障上の重大危機である。

北朝鮮と核兵器をめぐって継続する危険なドラマの新展開は、あとの章に記すことにする。その中で私は、いかにして核拡散は起こったか、そしてそのことがもたらした新しい深刻な問題について年代史的に記録するつもりである。

第15章 STARTⅡと核実験禁止条約をめぐる戦い

俺の攻撃をあんたへの個人攻撃と取らないでくれ。これが政治ってものなんだよ。

ウラジーミル・ジリノフスキーからペリーへ（要約）

STARTⅡ条約に関するロシア国会の公聴会にて　一九九六年一〇月一七日

私が人生の旅路を通じて追い続けた課題は、軍縮合意を進展させ、そのプロセスを支援することだった。ソビエト（のちにロシア）やその他の諸国とのあいだでそのような合意の締結を目指すことは、核の危険性を減少させる上で最優先の課題であり続けた。相手国とのコミュニケーションや協力関係を築くことは、言うまでもなく前進のために不可欠だった。幸いにも、私が国防長官に就任するまでにアメリカとロシアの関係が進展していたことは、軍縮という課題にとって効果的な追い風となっているように思われた。国務省が主導する交渉を、私は心から支持していた。

クリントン大統領は、ロシアとのあいだで有意義な軍縮合意を締結する意思をもっていた。そして、不拡散条約や核実験禁止条約のような国際的な枠組みがますます必要とされているように思われた。たとえば、北朝鮮の核危機は、核拡散防止の国際的な取り組みを強化する必要性を、身の毛もよだつような形で裏づけた事件だった。

何より、ロシアとの協力は最優先課題だった。クリントン大統領は、以前の条約で具体的に示されていた核兵器の迅速かつ安全な解体と同時に、一九九三年一月にジョージ・H・W・ブッシュ大統領とロシアのボリス・エリツィン大統領がすでに署名を済ませていた画期的な「第二次戦略兵器削減条約（STARTⅡ）」を批准する責務があると考えていた。STARTⅡは複数弾頭独立目標（MIRV）システムを搭載したICBMを廃絶し、その遵守を厳格に証明することを求めていた。大統領の見解は政権内部で強く支持されており、もちろん私も支持していた。そこで一九九五年、大統領は批准へと動き出した。シャリカシュヴィリ統合参謀本部議長と私は、批准を強く支持する内容の証言を上院で行った。

こうした軍縮のチャンス――我々は冷戦下の核軍拡競争という暗い時代をくぐり抜け、この機会を長らく待ち続けてきた――を摑もうと、我々が上院などにプレッシャーをかけ始めると、予期していたことではあるが、障害が立ちはだかった。冷戦の緊張や確執は間違いなく緩み始める兆しを見せていたが、我が国の上院議員の一部やロシア連邦議会の一部の議員たちは、冷戦が終結したことを心から信じることができなかった。おかしな論理ではあるが、アメリカの一部の人々は、冷戦の終結がロシアの脅威を完全に取り除いたのだから、結果として軍縮合意は無意味になったと考えていた。そして、将来起こり得る危機に対する保険として、アメリカはすべての核兵器を維持すべきだと信じていたのである（彼らは核兵器を維持すること自体が、「自己達成的予言」であることを見落としていた――実際には、核兵器を維持することこそ、危機を引き起こす可能性があったのである）。要するに、ロシア議会と我が国の上院の一部の人々にとって、程度の差こそあれ、軍縮条約は差し迫った課題ではなかったのだ。それでも、我々は一九九六年一月に上院において圧倒的多数により批准を勝ち取ることができた。しかし私のロシア人の同僚たちは、ロシア連邦議会での批准投票はあまり期待できないと言っていた。

ところが、事態は予想外の展開を見せる。今日では絶対に起こり得ないと思われることが起きた。ロシア議会からの招きで、なぜロシアがSTARTⅡを批准すべきなのか、証言するよう求められたのである。なぜ私が招待されたのだろうか？　それには二つの理由があったと思う。第一に私は、ナン・ルーガー計画のもと、核兵器を解体するチャンスを早くから摑んでいた。この時期、ロシアと新たに誕生した旧ソビエト連邦の共和国の官僚たちは、ソビエトの崩壊以後、アメリカのリーダーシップと支援に期待を寄せていた。アシュトン・カーターと彼の有能なスタッフたちとともに、私はナン・ルーガー計画の実施を指揮していたため、ロシア人の同僚たちから信頼の置ける人間と見られていた（信頼こそが外交における最大の資産だというのが私の持論である）。また彼らは私の行動を見て、冷戦の悪しき遺産である核兵器の超現実的な「必要以上の破壊力」をなくすために、真剣に取り組んでいることを知っていた。ロシア人のあいだにも私と考えを同じくする官僚やリーダーが数多くおり、彼らもまた自国内の古い考え方や抵抗に直面し、戦っていた。そこで彼らは、私のほうが彼ら自身よりも批准賛成の議論を論理的にうまく展開してくれるのではないかと期待したのである。

私よりも慎重な国務省の同僚は反対したが、私は彼らの助言に逆らってこの招待を受けた。一九九六年一〇月一七日、私は満場のロシア連邦議会において、同時にモスクワテレビの放送を通じて、数えきれないほどたくさんのロシア人に対して証言を行った。証言の導入部分には聴衆から良い反応があった。最初のいくつかの質問は、長年一緒に協力して働いてきたロシア人の同僚からの建設的なものだった。それから、議長役の官僚は、議場内にウラジーミル・ジリノフスキー――極端に強硬な国粋主義者として悪名高く、どぎつい反米主義者として知られていた――の姿を見つけると、彼に発言の機会を与えた。ジリノフスキーはいったん発言の機会を得ると、決して話をやめようとはしなかった。彼はロシア議会が条約を拒絶すべきありとあらゆる理由を延々と述べ続けた。エリツィン政権の失政（標的になりやすかった）についても長々と語った。さらには、なぜアメリカがロシアの敵なのか、なぜアメリカはロシアの破滅のために全力を注ぐのかについて、大演説をくり広げた。テレビカメラが彼に向けて回っている限り、彼はいくらでもしゃべり続けた。公聴会が終わったとき、国務省の同僚の助言をやはり聞いておくべきだったと思わずにはいられなかった。

ところが実に奇妙なことに、私が自分のメモを整理し、議場を出ようと準備をしていると、ジリノフスキーがやってきて私に話しかけた。愛想笑いを浮かべながら彼が口にした言葉は、私を凍りつかせた。「俺の攻撃をあんたへの個人攻撃と取らないでくれ。これが政治ってものなんだよ」。ジリノフスキーは、我々が協力し合える方法について明日話し合おうと、自分のオフィスに私を招いた。もちろん、私はこの招待を辞退した。

ロシア議会に参加したことが、果たしてSTARTⅡ発効のために有益だったのか、判断するのは難しい。しかし、私はもう一度機会があれば同じことをするだろう。それは実に素晴らしい経験だった。どっちつかずで様子見を決め込んでいたロシア人の一部——ジリノフスキーはその中に入っていない——を味方につけることができたかもしれない。少なくともそれは何かの害をもたらすような行為ではなかった。ともあれ、理性的で真剣な対話は、核の惨禍を防ぐ取り組みを続ける上で不可欠のステップであると、私はいまでも信じ続けている。一つだけ確実に言えることがある。私がロシア議会に登壇したのは伝統的なアプローチとはかけ離れていたが、核の脅威に対しては、こうした大胆で新しいアプローチが求められるのだと私は信じている。

しかし、苦難を経てようやく手にした軍縮という勝利が、成功を約束してくれるわけではない。ロシア議会が最終的にSTARTⅡに批准したのは、それから四年も過ぎた二〇〇〇年四月のことであり、しかも結果として実効性をもつに至らなかった。それは、コソヴォ紛争におけるNATOの役割や、アメリカのヨーロッパにおける弾道ミサイル防衛（BMD）システムの配備計画に対するロシアの否定的な反応や懸念により躓《つまず》かせられたのである。二〇〇二年六月、ジョージ・H・W・ブッシュ大統領がアメリカの弾道弾迎撃ミサイル制限条約（一九七二年に締結）からの脱退を宣言すると、翌日にはロシアがSTARTⅡは無効であり廃棄されたと宣言した。数年後、もはやSTARTⅡに拘束されなくなったロシアは、新たなタイプのMIRV搭載ミサイルの製造を開始し、核兵器の危機性削減に向けた動きは大きく後退してしまった。

今日の核軍縮の取り組みについてふり返るとき、STARTⅡ批准について議論したロシア議会で、ジリノフスキーが私に対して投げつけた粗暴な言葉のもつ深い意味に、私は思いをめぐらせる。彼の攻撃には、極端なナショナリズムや孤立に向かう性向といった古い時代の人間の行動パターンが表れていた。彼は「これが政治ってものさ」と言った。それは言い換えるなら、「普段通りの政治」ということだろう。従来であれば、哀しいながらも賢明で人間味のある発言ということになるのだろうが、核の時代においてはゾッとさせるような意味をもつ。つまり、太古から変わらない人間の本性が、理性に勝利することを意味するのである。まったく「普段通り」ではなくなってしまった時代において、それは最も重苦しい歴史における新たな現実を、軽々しく扱うことである。軍縮や核危機の緩和に向けたより大きな責務は、こうした「普段通りの政治」によってしばしば潰されることがある。このパターンは、核の脅威のために我々が直面している未曾有の危険性に対して、市民社会の意識を向上させることがいかに必要とされているのかを物語っているように思う。

ほかにも軍縮に向けた戦いが続けられたが、成果は上がらなかった。たとえば、アメリカの上院における「包括的核実験禁止条約（CTBT）」の批准に向けた努力がその一例である。一九九五年八月、クリントン大統領は完全な抜け道のない核実験禁止条約を支持すると発表した。アメリカは一九九二年九月以来、核実験の停止を遵守し続けていた。そのアメリカが条約に署名すれば、他の諸国もあとに続くだろうと私は考えていた。そして、署名こそがアメリカの国益に最もかなうことを疑わなかった。我々はそのときまでに一〇〇〇回以上も核実験を行っており、核兵器の性能シミュレーションに関して世界第一位の科学的能力をもっていたのだから、条約上の制限を受け入れることは他国より容易だった。また、アメリカが署名しなければ、他国に核実験を行う口実を与えることになり、それはアメリカの安全保障を損ねると私は見ていた。とはいえ、上院で必要な三分の二以上の賛成を得るためには、統合参謀本部や他の核研究施設の所長たちから全面的な支援を得る必要があることは明らかだった。そこで、私はその支援を得るべく、統合参謀本部議長を務めていたシャリカシュヴィリ陸軍大将と緊密な連携をとった。私たちは核関連施設の所長や外部の専門家たちと十分に問題を議論できる会議をくり返し開催した。会議には各軍の参謀長たちも招き、議論の内容を共有してもらうようにした。

数か月にわたり幾度もの会議をくり返したあと、シャリカシュヴィリ将軍は、アメリカが条約に付随していくつかの単独声明を発表するのであれば、参謀長たちは条約署名を支持するつもりだと私に伝えてきた。最も重要な単独措置は、我が国の核兵器が抑止の任務を実行する上で必要となる即応性を維持できていることを確証するため、核関連施設の所長たちに毎年調査を行うよう求める命令を核実験禁止条約に付随させることに、大統領が合意することだった。もちろん条約には、アメリカの至高の国益が脅かされる万一の場合、大統領に離脱を認める標準的な条項も含まれていた。しかしながら、参謀長たちが恐れていたのは、核実験禁止により我が国の核戦力が弱体化するような場合、核関連施設の所長たちからの率直な警告を突きつけられなければ、大統領は政治に絡め取られて条約から離脱しないかもしれないということだった。

最終的に、十分な研究と討論、そしていくつかの単独声明を経て参謀長たちは同意し、一九九六年九月二四日、クリントン大統領はＣＴＢＴに署名した。しかし残念なことにその三年後、私がスタンフォード大学に復帰したあと、ＣＴＢＴは上院における投票で批准に必要な賛成票を得られず、批准が先送りされた。とはいえ、いまでも毎年、核関連施設の所長たちは大統領に評価報告書を送っている。その報告書は年々長くなってきているが、いまのところ特段の問題は生じていない。

第16章——NATO、ボスニア、ロシアとの安全保障の絆

私は自分のキャリアの大半を、NATO軍に対する核攻撃の詳細を策定することに注いできた。そんな自分がNATO最高司令部に立ち入り、NATOの将官たちと会話し、そして協力して平和維持活動を計画しようとは夢にも思わなかった。

NATO司令部にてロシアの某将軍からペリーへ（抜粋）

軍縮に向けた公式の取り組みのいっぽうで、NATO諸国と旧ワルシャワ条約機構の加盟国である東欧諸国とのあいだに、新しい協力の機会が生じつつあった。合同軍事演習に始まる協力は数年内に合同平和執行活動へと発展した。ボスニアでの活動はその代表的な事例である。私は国防長官として、この活動——冷戦時代の確執を解消する重要な機会だった——に非常に深く関わった。しかしこの新しい関係の調整は、大きなチャンスだけでなく大きな危険性も孕むものである

ことを、私は理解していた。

冷戦期間中、NATOはソビエトの領土的野心を抑止する中心的な役割を担っていた。その抑止力は、ソビエト軍が万一ヨーロッパを侵略する場合には、NATOが「戦術核」を使用するという恐怖の上に成り立っていた。同盟国の領土内で核兵器を使用するという恐ろしい展望も、ソビエトの攻撃を撃退する決意の前ではやむを得ないものと考えられていた。こうした摩擦を生じさせるような懸念事項を調整するために、NATOは「ハイレベルグループ（HLG）」と呼ばれる核兵器使用計画を策定するグループを立ち上げ、核兵器使用に向けた戦術と戦略の開発を行った。私が国防長官に就任するまでに、NATOは以前とは大きく異なる要素をもつに至っていた――その変化は非常に大きいもので、加盟国間の会議にロシア人が参加することが普通になっていた。NATOは冷戦終了後もHLG（私の国防長官時代はアシュトン・カーターが議長を務めた）を維持し続けたが、その最優先課題は核兵器の安全管理と保安対策だった。

この変化は、伝統的な軍事的発想を乗り越え、冷戦時代の核軍拡による「必要以上の破壊力」という恐ろしい遺産についての認識が広まりつつあることの一つの証左だった。大量の核兵器は安全保障の確実性を高めるどころか、人類共通の危険性を高めるような政策であり、それは廃絶されるべきという見方が強まってきたのである。

同時にもう一つ重要な展開があった。それは東欧諸国のあいだでNATO加盟への関心が非常に高まっていることが、目に見える形で明らかになったことだった。

NATOはソビエト軍を抑止し、打倒するための軍事力を提供するために創設された機構であり、その存在が長らくソビエトやワルシャワ条約機構で「目の敵」扱いを受けてきたことは想像に難くない。しかし、冷戦終結とともに我々は、NATOを旧ソビエト連邦諸国や旧ワルシャワ条約機構諸国を取り込むための最善の枠組みと見るようになった。この協調的な安全保障枠の拡大という歴史的な仕事を実現するために、NATOを宿敵と見なすかつての敵国の従来的な考え方を乗り越えなければならなかった。第二次世界大戦後に一兵卒として日本占領軍に参加して日本人と働いた経験や、のちに国防総省の高官としてロシア人や中国人、その他かつての敵国、あるいは現在の対立国の人々と触れ合った経験から、ものの見方は変わるものであり、内実のある協力さえ可能となることを私は知っていた。

そして今度の場合、旧ワルシャワ条約機構諸国とソビエト連邦崩壊後に生まれた新しい共和国は、民主主義国家になったとはいえ（そのいくつかはひ弱な民主主義であるが）、その軍隊はワルシャワ条約機構のイデオロギーの下で訓練を受けてきたため、民主主義国家における軍隊のあるべき姿について知らなかった。それを知るためにこそ、NATOへの加盟を望んだのである。

手短に言うと、非常に重要な転機が訪れたのである。旧東欧諸国のNATO加盟への関心が高まると、NATOはすぐにそれが大きなチャンスであり、同時に前例のない重大な仕事になることを理解した。旧東欧諸国との新しい協力関係は歓迎されるべきだった。しかし同時に、長らく続いたお互いへの疑念や不信を短期間で乗り越えるのは不可能でもあった。

私の考えでは、旧東欧諸国がNATO加入に関心をもつのは時期尚早であり、NATOのほうもそれに対処する計画をもち合わせていなかったことが、重要な問題だった。加盟への関心には当然の理由があり、勇気づけられるものではあったが、賢明な外交によりうまく調整を行うことができなければ、加盟への期待はある種の長期的なリスク要因となる可能性があった。ロシアの地域安全保障に対する姿勢は、旧東欧諸国に対する歴史的な影響力と併せて十分に考慮する必要があった。東欧諸国がNATO加盟に向けて殺到すれば、ロシアと協力しながら核の脅威を減らしていくチャンスを損ねる恐れがあった。

目的達成のためには、どうするのが最良の手段だったろうか?

そこで課題を乗り越え、チャンスを摑むために、「平和のためのパートナーシップ(PFP)」という独創的な素晴らしい取り組みが始まった。ヨーロッパ担当の国防次官補であるジョー・クルツェルの発案によるものだった。彼はずば抜けて創造性と先見性に優れたスタッフだった(クルツェルは、のちにボスニアで悲劇的な事故により世を去った)。クルツェルは単純明快ながら熟慮された構想をもっていた。それは、新たに獲得した自由の中で安全保障を求めているすべての旧ワルシャワ条約機構加盟国と旧ソビエト連邦の共和国を、NATOの補助機関であるPFPに招待するというものだった。PFP参加国はNATOの会議の一部に代表を送ったり(投票権はもたない)、関連のあるNATOの各委員会に参加したりできた。また、NATOとともに平和維持活動の合同演習に参加することもできた。参加国の高級将官はNATOの高級将官とともに働き、NATOの効率性と連帯の強さを体現した合同作戦に参加することで、貴重な経験を積むことができると期待された。さらに、参加国はいずれNATOに加盟する権利を得るものとされた。これはほぼすべての参加国が望んでいたものであり、多くは一〇年以内に権利を得られる見通しだった。一九九三年には、アメリカ国防総省がドイツのガルミッシュに「マーシャルセンター」を設立し、PFP参加国の選ばれた官僚や国防関連の高官たちは、そこでNATOの将官たちとともに「学校に通った」のである。私はこのセンターを、かつてNATOの敵国であった国々を巻き込んでヨーロッパの広範囲にわたる安全保障体制を作り上げるという、我々の戦略の重要な一部として位置づけていた（私はホノルルに「アジア太平洋安全保障研究センター」も設置した。ワシントンDCには「西半球防衛研究センター」の設置を提案したが、こちらは私の離任後まもなく発足した。これらの研究センターが後任者たちによって継続維持されていることを非常にうれしく思っている）。

ＰＦＰに参加した旧東欧諸国の中で、ロシアは最も丁重に扱われた。アスピン長官の代理として一九九三年のＮＡＴＯ国防相会議に参加したとき、ロシアのパヴェル・グラチェフ国防大臣に会っていた。その後モスクワに彼を訪ね、ナン・ルーガー計画の実施に向けてともに働くうちにさらに親しい関係となっていった。そこで、一九九四年秋のＮＡＴＯ国防相会議に参加した際、グラチェフに敬意を表してＮＡＴＯのすべての国防大臣を招いて夕食会を催した。夕食会は大成功だった。ヨーロッパの国防大臣たちはみなグラチェフに興味を示した。夕食会は国防相会議に先立って行われ、グラチェフはＮＡＴＯとロシアの建設的な関係を構築するための一つの手段として招待されたのだった。グラチェフが参加を了承したＰＦＰ以外にも、ＮＡＴＯは、ロシアの国防大臣が各種の会議に参加することを（投票権なしで）含め、ロシアの共同メンバーシップを認めた。ロシアはＮＡＴＯ駐在の高官を任命し、ＮＡＴＯとロシアのリエゾン（連絡係）を担当させた。グラチェフはこの任務を重要なものと理解し、リエゾン担当に第一級の人材を選んだ。選ばれた高官はのちに私にこう語った。「私は自分のキャリアの大半を、ＮＡＴＯ軍に対する核攻撃の詳細を策定することに注いできた。そんな自分がＮＡＴＯ最高司令部に立ち入り、ＮＡＴＯの将官たちと会話し、そして協力して平和維持活動を計画しようとは夢にも思わなかった」。

平和維持活動に備えた演習はＰＦＰの最も目に見える形での活動であった。私の国防長官時代には五回の大規模な演習があり、アメリカとロシアで二回ずつ、そしてウクライナでも一回実施された。私はこのうち三つの演習に参加し、我々の期待以上の成果が上がっていることを確認した。米軍の軍事訓練は私の期待通り「丁寧かつ厳格に」実施されただけでなく、旧ワルシャワ条約機構諸国の軍隊を大いに奮い立たせた。彼らは我が軍の専門的技術を賞賛するとともに、アメリカの軍人たちと個人的な友情を築き、その関係はその後も長く続いた。PFPの平和維持活動に備えた演習に加えて、我々はアメリカとロシアの合同災害救助演習を計画した。アメリカとロシアの海軍と海兵隊の艦船が合同し、ハワイで壊滅的な津波が起きたと想定して、復旧活動のシミュレーションを行ったのである。この演習は非常に高度に専門的なものであり、今日では想像しがたいほどの相互に対する善意をもって行われた。

PFPの平和維持活動に備えた演習は、きわめて現実的な想定のもとで行われ、参加者すべてにとって非常に貴重な学習対験となった。実際、我々はまもなく現実世界で平和維持活動に直面することとなった。一九九五年一二月、我々が平和維持活動を行うためにボスニア入りしたとき――もはや演習ではない――ほとんどの旧東欧諸国が我々と行動をともにした。PFPがあらかじめ彼らの士気を高めていたこと、そして合同演習が彼らの専門的技術を高め、米軍との相互運用性を養っていたことを私はありがたく思った。

ボスニアでの平和維持活動は、私の在任期間における最大規模の軍事行動であった。国防長官就任の宣誓を行った二日後、サラエボの市場に砲弾が撃ち込まれ、六八人の民間人が死亡した。この砲弾はサラエボを見下ろす丘の上にあるセルビア人の高射砲陣地から発射されたものと見られた。残酷なボスニア（・ヘルツェゴビナ）紛争の過程で、ボスニア在住のセルビア人が引き起こした数多くの虐殺事件の一つだった。紛争はジョージ・H・W・ブッシュ政権の最後の年となった一九九二年に勃発し、正教会信徒のセルビア人、カトリックのクロアチア人、イスラム教徒（ボシュニャクと呼ばれた）から成るボスニアの複雑な民族構成による歴史的な対立が、いまになって蒸し返されたものだった。セルビア大統領のスロボダン・ミロシェビッチはヒトラーにも比すべき演説によって、宗教上の敵対意識に火をつけ、死をも覚悟するようなナショナリズムの熱狂を生み出すことで戦争を引き起こした。ミロシェビッチには、ボスニアのセルビア人居住区域をセルビアに併合するという明確な目的があった。セルビア人はボスニア各地に散らばっており、単純な線引きは不可能だった。特に首都サラエボでは、セルビア人とクロアチア人、ボシュニャクが入り混じりつつ、何世代にもわたり平和に暮らしていた。しかし、ミロシェビッチの熱狂的でナショナリスティックな演説は、異なる民族集団の感情に火をつけ、荒れ狂う内戦を引き起こしたのだった。

ヨーロッパ諸国は、ボスニアの危機は地域の問題であり、アメリカの支援なしで解決すると宣言した。ブッシュ大統領はその判断を歓迎して受け入れた。国連はアメリカ抜きで平和維持軍を編成し、ボスニアに派遣した。しかし、その「国連保護軍（UNPROFOR）」は嘆かわしいほどの失敗だった。メディアの報道によれば、私が国防長官に就任する前の時点で、紛争の犠牲者数は二〇万人を超え、そのほとんどがボシュニャク人だった。さらにそれ以上のボシュニャク人が家屋を破壊され、強制収容所に収容されていた。国連軍はあまりに脆弱であり、きわめて厳しい戦闘制限のもとで活動していたため、虐殺を止めることができなかった。

一九九五年までにアメリカの市民は、ボスニアで続く虐殺に怒りを強め、多くの人々がアメリ力の介入を求めた。メディアでは三種類の介入方法をめぐって議論が行われていた。国連の平和維持軍を補強するために米軍を派遣する案、「リフト・アンド・ストライク（武器輸出解禁と空爆）」案、さらには、平和を強制することができる強力な部隊をＮＡＴＯのもとに新たに編成する案の三案である。私は第一の案には反対した。それは失敗が目に見えている戦略をくり返すようなものであり、特に関与を制限するやり方は問題だった。同様に「リフト・アンド・ストライク」案も支持できなかった。「リフト」は武器輸出禁止策を解除してボシュニャク人に武器を提供することを意味し、「ストライク」はボスニアのセルビア人に対する選択的な空爆の実施を意味した。これは費用のかからない選択肢だったが、ヨーロッパ諸国が合理性をもって主張したように、現地に展開済みの平和維持軍が危険に晒される可能性があった。屈強でよく訓練されたボスニアのセルビア人兵士たちを抑え込むためには、アメリカの「ブーツ・オン・ザ・グラウンド（地上軍）」を投入する必要があると私は考えていた。しかしながら、米軍をＮＡＴＯの一部として介入させる私の選択肢は、禁輸を解除して武器を提供することでボシュニャク人を救援する戦略への幅広く熱狂的な支持の前に立つ瀬がなかった。多くの人々が、この案は安上がりで、簡単で、しかも効果的だという誤った考え方をしていた。

一九九五年六月、私はスタンフォード大学の卒業式で祝辞を述べていた。話しているさなか、飛行機がスタジアムの上空に飛来した。その尾翼には「ペリー、ボスニアに武器を送って」と書かれた横断幕がつけられていた。その翌月、アスペン研究所が主催する会議で、私はイギリスのマーガレット・サッチャー元首相と並んで講演する機会があった。サッチャーは「リフト・アンド・ストライク」を支持していた。彼女は第二次世界大戦を引き合いに出した。当時、チャーチル首相はルーズベルト大統領にこう約束した。「我々に道具を与えよ。そうすれば仕事をやり遂げてみせる」。私は自分の話の中で聴衆に対して、アメリカは実際にイギリスに対して「道具」(武器、艦船、航空機)を提供したが、「仕事をやり遂げ」るために、アメリカはその後何百万人もの地上軍を送り込んだことを思い出してもらった。私は(メディアで議論されていた)三つの案とは別の選択肢――アメリカの地上軍の派遣――を支持していたけれども、最終的には米軍をNATO軍の一部とし、国連軍よりも大胆な関与を認める方針のもとで行動させることにした。

NATOの中心となる首脳はクリントン大統領だったので、この案を実行するためには彼の同意が必要だった。しかし、ヨーロッパ諸国は自分たちが軍事力を提供している国連保護軍を根強く支持していた。一九九五年七月、ボスニアのセルビア人はスレブレニツァ(国連保護軍が指定する安全地域だった)を攻略し、約八〇〇〇人のボシュニャク人を包囲した。その大半は男性と少年だった。セルビア人は彼らを郊外まで連れ出して処刑し、死体を巨大な墓穴に埋めた。「スレブレニツァの大虐殺」として知られる恐ろしい事件である。この町に駐屯していた国連軍はどうすることもできず傍観していた。国連軍に参加したヨーロッパ諸国は、国連軍は十分だとか、これ以上強力な軍事行動は明らかに必要ないとか、もはや主張することは許されなかった。

スレブレニツァの大虐殺からわずか一〇日後、主要国の外務大臣、国防大臣、それにアメリカ、NATO加盟国、ロシアの軍首脳たちがロンドンで会合をもった。我々はワシントンに戻ると、クリントン大統領およびその安全保障チームとの会議を開いた。その場で、ウォーレン・クリストファー国務長官と私はNATOによる介入を行うため、NATO諸国に対して強硬な立場をとる権限を大統領から与えられた。私はありがたくそのようにさせてもらった。他のNATO諸国の首脳も我々に協力し、その結果、ボスニアのセルビア人勢力に対して合同で最後通告を出すことができた。進軍（スレブレニツァの隣町ゴラジュデに向かっていた）を止め、都市への砲撃をやめよ。さもなくば我々は軍事介入し、お前たちの基地に対して大規模な空爆を行う、と。

ボスニアのセルビア人たちは、それまで自分たちに対して効果的な介入がなされなかった直近の経緯ゆえに、我々の最後通告を見くびって無視し、地上作戦や砲撃を続けた。さらに、きわめつけの挑発として国連平和維持軍の兵士数百人を人質に取る暴挙に出た。アメリカが率いるNATO軍はボスニアのセルビア人たちの基地をいくつか壊滅させた。自分たちを上回る軍事力を初めて目の当たりにして彼らは後退した。続いて彼らは軍事作戦を停止し、合意交渉に応じた。この「デイトン合意」により、国連平和維持軍はNATOの平和執行軍と交代することになった（オハイオ州のデイトンにあるライト・パターソン空軍基地で行われたこれらの交渉の興味深いストーリーについては、主たる交渉担当者だったリチャード・ホルブルックの著書『To End a War』に詳しい）。

デイトン合意は一九九五年一一月に交渉がまとまり、一二月中旬にパリで署名された。これにより、米軍二万人以上を含む約六万のNATO軍が同年末までにボスニアに展開された。アメリカのレイトン・スミス海軍大将がNATO軍全体を指揮し、在欧米軍司令官のジョージ・ジュールワン陸軍大将が優れた技能と精力を傾けて米軍を率いた。ジュールワン指揮下の精鋭は、ドイツ駐留の第一機甲師団であり、ビル・ナッシュ少将が率いていた。彼はロシアの一個旅団、トルコの一個連隊、北欧軍の一個旅団も指揮下に置いた。北欧軍の旅団には、PFP計画でデンマーク軍から訓練を受けたバルト諸国の部隊が含まれていた。ロシアのグラチェフ国防大臣は、同国の最精鋭パラシュート旅団のNATO軍参加を許可してくれた。ロシア政府が精鋭旅団の一つをアメリカ人の将軍の指揮下に派遣する決断を下した背景には、実に素晴らしい話がある（そして、それが今日くり返されることは不可能と思われる）。ロンドンでのNATO会議で、ボスニアのセルビア人による残虐行為を阻止するための大規模な新しい作戦が決められたとき、ロシアはボスニアでの平和執行作戦に一個旅団を派遣することを申し出た。しかし、彼らはそれをNATOの指揮下に置くことには後ろ向きだった。NATO軍の司令官はきわめて当然のことながら、指揮系統を二つに分けては機能しないと主張した。ところが、クリントン大統領とエリツィン大統領は一九九五年一〇月の首脳会談で、二つの指揮系統を同時に機能させる方法を両国の国防大臣（国防長官）に考えさせることで合意してしまった——彼らにとって言うことは容易いのだが！

ロシアのグラチェフ国防大臣と私は、続く二か月のあいだに三度の会合をもち、それを「機能させる」方法を模索した。ジュネーブでの一回目の会合はまったくの失敗だった。その日の会議の終わりにアシュトン・カーターは、見込みのない議論は終わりにして、代わりに具体的な日時を決めた上で再度会合をもつことに合意すべきではないかと提案し、このプロセスを救ってくれた。我々は次の会合を数週間後にアメリカで開催することに決めた。洞窟のようなペンタゴンの大会議室で開かれた会合の初日、我々はボスニアにおける指揮権問題について何の進展も見出せなかった。グラチェフは断固として、彼の旅団はNATO軍司令官に従うことはできないと主張した。最後に、私は気分転換のためにグラチェフをフォート・ライリー陸軍基地の案内に連れ出した。そこで彼は儀典用の騎士団の馬に乗り、ホワイトマン空軍基地まで駆けた。基地で彼はB−2の操縦席に座った（第13章を参照）。雰囲気は和らぎ始めた。そして、最後の会合で私はとうとう「暗号を破った」（つまり、彼を口説き落としたのだ）。グラチェフは彼の旅団をNATO軍司令官ではなく、米軍司令官に直属させることを認めてくれた！　ロシアの旅団司令官がロシア「国家の指揮」下にありながら、ジュールワン陸軍大将の「作戦指揮」下にあり、さらにナッシュ少将の「戦術指揮」下にあることを受け入れるという暫定案に同意したのである。このエピソードは、「言葉には力がある」という教訓を物語っているように思う。数週間後、グラチェフと私はブリュッセルのNATO本部で会い、合意した内容を公式化した合意文書に署名を交わした。我々は、「NATO＋ロシア＝成功」と書かれたポスターの横にもサインをした。

こうした流れを受け、我々はボスニアでようやく進むべき方向に動き始めたように思われた。ただし、私とシャリカシュヴィリ統合参謀本部議長は数えきれないほど議会に呼び出され、証言を求められた。ある公聴会では某議員から、ボスニアに部隊を送れば毎週何百もの（米軍の）遺体袋が必要になると警告された。シャリカシュヴィリ議長も私もその意見には同意しなかったが、危険地域へ部隊を送り出すことには我々も自覚があり、危険性を最小化するためのあらゆる適切な注意を払って計画を立案した。また、我が軍が直面する危険性について私自身の評価と、その危険性を最小化するための対策を説明するため、私はクリントン大統領に個人的に面会した。大統領は、大規模な軍事力を動員して介入することを決断した場合、もし失敗に終われば、それは自分の大統領職の終わりを意味することを理解していると言った。しかしそれでも彼は、それがなすべき正しいことであると信じており、私が前に進むことを許可してくれた。

一一月、我が軍がボスニア入りする数週間前のこと。私はドイツに駐留する第一機甲師団を訪ね、我々がなぜ彼らを派遣し、彼らを待ち受けるものが何であるかを説明した。続いて私は、特別訓練基地を訪問した。この基地は、ボスニアで我が軍が直面するであろう状況——極寒の天候、

1995年11月、ロシアのグラチェフ国防大臣と「ロシア＋NATO＝成功」のパネルを交換。ペリー国防長官の説得を受け、ロシアは米軍の指揮下にNATO平和執行軍への部隊派遣を決めた。ブリュッセルのNATO最高司令部にて。

道端の地雷、ゲリラ作戦、前哨基地に対するテロ攻撃、闇取引など――をシミュレーションするために、ナッシュ少将が設置したものだった。彼はいっさい手落ちのないように準備し、ボスニアに派兵されるすべての大隊に対してこの特殊訓練を受けさせた。「平時に汗を流せば流すほど、戦場で流す血は少ない」のだ。このおかげで、ボスニアに派遣された部隊がすごした一年間は、目覚ましい成功を収めた。彼らは自分たちが責任を担った地域を完全に統制した。その働きにより、ボシュニャク人の再定住やインフラの再建は大幅に進捗した。しかも、死傷者の数はきわめて少なかった。

派遣部隊がボスニアに入ると、私は彼らを現場に訪ねた。一九九六年はこうした視察を四回行った。初回はクロアチアの部隊集結地に飛び、我が軍がサヴァ川に架けた浮橋をわたって一緒に行軍した。橋の半ばまで行ったところで、私とシャリカシュヴィリ議長は、まだ橋で作業を行っていた一人の戦闘工兵に呼び止められた。彼は自分の兵役服務期間が今週終了するので、その場で我々に対して宣誓を行ってさらに四年間従軍することを望んでいると言った。シャリカシュヴィリ議長と私は、サヴァ川のど真ん中の凍てつくような雨と泥の中で彼の宣誓を受け入れた。こうした我が軍の精神と自信の発露を見て、我が軍はボスニアで成功するとの思いを強くした。

その春遅くに二度目の視察を行った際、私は米軍だけでなくロシア軍とバルト諸国軍も訪ねた。ナッシュ少将の要請で、ロシア軍の旅団長に国防総省勲章を授与した。ナッシュ少将によれば、そのロシア軍司令官の指揮は素晴らしく、ロシア軍が巡回パトロールに参加してくれたことでボスニアのセルビア人もこれを受け入れ、不要な犠牲者を避けることができたとのことだった。

三度目の視察では、現地部隊とともに感謝祭を祝った。そして最後の訪問は、ドイツの拠点基地であった。派遣部隊は真の意味での達成感をもって基地に帰還し、きわめて少数の犠牲者しか出さなかった。しかも、前年度のドイツにおける平時配置よりも死傷者の数は少なかった（ドイツでの死傷者は主に高速道路での事故によるものだという）。

ボスニアでの作戦行動は、米軍のスキルと専門的技術の精華であり、シャリカシュヴィリ議長、ジュールワン陸軍大将、ナッシュ少将をはじめ、この任務を平和執行の模範例としたすべての関係者の力によるものであった。同時にそれはＮＡＴＯの強い影響力を示し、ＰＦＰがわずか数年でどれほど効果を発揮したかも示してくれた。

ボスニアでの作戦行動はまた、汎ヨーロッパ同盟としてのＮＡＴＯが格段に効果を増し、とりわけロシアが我々に敵対するのではなく協力する場合、どれほど素晴らしい効果をもたらすかを如実に示した。

この汎ヨーロッパ的な安全保障同盟を形成した当時の努力をふり返るとき、ＰＦＰが果たした重要な役割とその設置に至った最初の目標を思い出す。ＰＦＰの誕生に関しては歴史上に教訓に富んだ逸話がある。第二次世界大戦の終結後、アメリカはマーシャル・プランを実行した。それは何十年にもわたる西ヨーロッパの平和と繁栄を導く開明的な政策であり、封じ込め戦略の中核でもあった。冷戦終結とそれがもたらした汎ヨーロッパ的な安全保障確立のための戦略的機会を捉えて、我々の多くは、経済が極度に悪化し、脆弱な民主政府が危険に晒されている東ヨーロッパ諸国に対して、マーシャル・プランのような何かが必要であるという考え方を支持していた。これらの国々の崩壊は、全体的な安全保障の見通しも脅かすものであったことは言うまでもない。

新しいマーシャルプランは具体化しなかった。しかし、幸運にも我々はＰＦＰを創設することができ、それを通じて、東欧において我々が目指す戦略的安全保障の一部を推進することができた。決定的に重要なことは、PFPの取り組みを通じて、旧東欧諸国の軍関係者たちのあいだで西側の軍関係者の評価が高まり、彼らを模範としようとする意識が生まれたことである。また、PFPでの経験は、民主社会における軍隊の役割は、市民に選ばれた指導者をサポートすることであり、彼らに対してクーデターを企てることではない、ということを（旧東欧諸国の軍関係者に）劇的に示した。さらに、NATO軍とともに効果的に任務を遂行するという新たな経験は、広く平和維持活動を行っていく上できわめて有益だった。たとえば、ボスニア紛争の処理を汎ヨーロッパ的に行ったように。戦略的な観点から見ると、PFPは我々が近い将来、旧東欧諸国と軍事的に対決することはないという確証をもたらしてくれた。重要なのは、これが我が軍がロシアと協力する基盤ともなったことだ。実際、PFPがなかったら、ボスニアでの軍事行動にロシアの完全な参加を取りつけることはできなかったと思う。少なくとも、ロシアの一個旅団を米軍の師団司令官の戦術指揮下に置くことは絶対に不可能だっただろう。

しかし、PFPの成功は別の特殊な問題をもたらした。それは、参加国のほとんどが、NATO加盟への入り口になると見たからこそPFPに参加したということである。どの参加国も、西側の安全保障チームのメンバーになることを望んでいたのだ。もちろん、私はこの強い願望を大いに前向きに受け止めた。しかし、NATO加盟のような特別に慎重に扱うべき長期的な戦略問題は、短期的な政治的駆け引きとはまったく別物で、タイミングを調整しなくてはならないとも考えていた。タイミングがすべてだった。我々の時代における協調的な安全保障は、タイミングにかかっているのである。

それゆえに、私は何度も東欧諸国の首都を訪ね、NATOの加盟基準を説明し、忍耐を求め、加盟を待つあいだに積極的にPFPに参加することを推奨した。PFPはどの国においても成功しただけでなく、むしろ成功しすぎた面がある。PFPに三年間参加したのち、ソビエト連邦から近年独立したバルト諸国を含むすべての旧東欧諸国は、五年後でも、三年後でもなく、即座にNATOに加盟することを希望したのだった！

NATO拡大について熟慮したアプローチが必要とされた戦略上の理由は、ロシアとの関係に決定的な意味をもっていたからである。PFPへの熱狂が広まるにつれ、ロシアはPFPの活発なメンバーとなり、NATOの会議にも参加するようになった。しかし同時に、ロシアは矛盾にも苛まれるようになった。ロシアは旧東欧諸国、とりわけ自国の西側国境に近い国々がNATOに加盟することに、以前から反対してきた。いまだにNATOを潜在的な脅威と見ていたのである。もはや東欧に緩衝地帯の役割は期待できなかった。しかし、このきわめて重大な転機においても、ロシアはPFPに東欧諸国が参加することには肯定的であった。実際、ロシア自身も積極的に参加していた。何よりも、ボスニア紛争において我々は、ロシアの精鋭の一個旅団を米軍の師団司令官のもとに派遣させることができたのである。

ただ、ロシアが地域的安全保障に対する見方を急激に新しいものに変えるまでに至っていないことは、はっきりとわかっていた。NATO拡大を進めるにはタイミングが良くないと私は考えていた。最も重要なことは、ロシアとともに前進し続けることである。この時点でのNATO拡大が、この流れを逆戻りさせることを私は恐れていた。そしてここでの後退は、冷戦後という恵まれた時期に努力と忍耐を重ねて築いてきたロシアとの良好な関係をぶち壊しかねないと思っていた。

私はいずれ旧東欧諸国がNATOに加盟するだろうし、すべきであると考えていた。しかし、核保有国であるロシアを西側の安全保障体制に引き入れるには、もっと時間が必要であるとも考えていた。どちらが重要であるか、私には明らかだった。

国務次官補（ヨーロッパ・カナダ担当）を務めていたリチャード・ホルブルックが一九九六年に、ポーランド、ハンガリー、チェコそしてバルト諸国を含む多数のPFP参加国を一度にNATOに加盟させる提案をしたとき、私は強く反対した。具体的にはこう考えていた。この取り組みを二、三年遅らせたい。そのあとなら、ロシアは西側の安全保障の枠組みの中に居心地の良い場所を見つけ、東欧諸国のNATO加盟を脅威とは見なさなくなるだろう——。

ホルブルックは引き下がらず、彼の提案は前進した。私はクリントン大統領に対して懸念を説明した。大統領は私の求めに応じて、この問題に焦点を当てた国家安全保障会議を開いた。旧東欧諸国のNATO加盟を数年間遅らせるべきだという主張を、私は論拠立てて述べた。しかし、会議内の力学関係に驚きを禁じ得なかった。ウォーレン・クリストファー国務長官、国家安全保障担当大統領秘書官のアンソニー・レイクも発言しなかった。私の意見への反論は、ゴア副大統領が行った。彼は即時に加盟を認めるべきとの力強い議論を展開し、それは大統領にとって私の議論よりも説得力があった。大統領はポーランド、ハンガリー、チェコの即時加盟を認めたが、バルト諸国についてはのちに考慮することとした。ゴア副大統領の主張の根本には、東欧をヨーロッパの安全保障の枠組みに取り込むことの価値があった。それには私も諸手を挙げて賛成だった。彼はこのことによってロシアとのあいだに生じる問題をうまく処理できると信じていたが、私はその点に同意しなかった。あらためて強調したいのだが、ロシアがいまだに膨大な量の核兵器を保有していることを考え、私はロシアとの良好な関係の維持を最優先したのである。とりわけ、それは将来的な核の脅威の削減に関わってくる点で重要だった。

私は自らの信念の強さのゆえに、辞任を考えた。しかし、いま自分が辞任したら、ポーランド、ハンガリー、チェコのNATO加盟に反対するためだと誤解されると結論した（私は加盟そのものには賛成であり、「即時」加盟に反対していたにすぎない）。クリントン大統領は私の要望通り、主張を述べる機会を与えてくれた。しかし不幸にも私の議論は十分な説得力をもたなかった。この決定的に重大な決断のことをふり返るとき、NATO加盟を遅らせるためにもっとうまく戦えなかったことを後悔する。国家安全保障会議を前に、クリストファー国務長官やレイク国務次官補と一対一で密度の濃い話し合いをもち、支持を働きかけることができたかもしれない。自分の主張を慎重に記した報告書を作成し、会議前に全員に配布してもらえるよう大統領に依頼できたかもしれない。あるいは、辞任しようという自分の考えに従うこともできたかもしれない。ロシアとの関係の断絶はいずれにしても起きたのかもしれない。しかし、私はその点について妥協するつもりはない。

一九九六年という年は、アメリカとロシアの関係の絶頂期だった。あの前向きで建設的な関係は両国の国益に最も資するものであり、我々はそれを維持すべきだった。しかしその後、両国の関係は冷戦時代と同じくらいまで悪化してしまった。我々はいま、互いにとって最も重要な安全保障上の問題については、何とか協力し合える雰囲気を取り戻せるよう悪戦苦闘している。その重要問題の最たるものが、核テロリズムと局所的核戦争を防ぐことなのである。

第17章——ハイチ「無血」侵攻と西半球安全保障の確立

これらの原則は、我々の半球内——アメリカの国家安全保障の防衛最前線——での外交関係を導くものである。我々の目標は、完全に民主的で善意と安全保障協力、そして市民すべてが繁栄を享受する機会によって結ばれた半球を維持することである。

『国家安全保障問題の科学、法、そして技術』二〇〇七年四月

従来の核の脅威を減らすために米ロ関係の維持は確かに重要だった。しかし、核テロリズムのような新しい核の安全問題が現れつつあり、これらの問題に取り組むためには、我々と同じ西半球の他の諸国と、より緊密な安全保障上のつながりが求められた。ペンタゴンはこれまでそうしたつながりをかなり軽視してきた。

いまだから言えることだが、この軽視の理由はいくつかあった。冷戦の意図せざる結果として、アメリカの関心はソビエトそのものとソビエトが影響を及ぼそうと努めている国々に向けられた。

結果的に、我々はヨーロッパに二〇万人以上の兵力、アジアには約一〇万人の兵力と屈強な太平洋艦隊をもつに至った。ヨーロッパに大規模な兵力を配備しているNATO加盟国のカナダを除いて、ペンタゴンは西半球にほとんど関心を払わなかった。歴代の国防長官の中で、西半球の諸国に深く関わったり、これらの諸国を訪ねて関係構築を優先課題とした者は一人もいなかった。しかし、こうした流れは変わり始めていた。その変化の要因の一つが冷戦の終結だった。もう一つの要因は、安全保障は足もとから始めるべきという私の考えのためである。

仮にこの考えをもっていなかったとしても、半球規模での安全保障問題は突如として現れ、すぐに私の膝下に転がり込んできた。私が国防長官に就任しようとしていたころ、ハイチで安全保障上の危機が高まりつつあった。一九九一年、ハイチのクーデター軍が、民主的に選ばれた大統領であるジャン・ベルトラン・アリスティド政権を転覆させた。クーデター軍は傀儡の大統領を指名したが、実権はクーデター軍の指導者ラウル・セドラ将軍が握り、厳しい軍事支配を行った。アメリカはセドラの退陣とアリスティド大統領の正統な職務への復帰を要求した。セドラが要求を拒否したため、我々は軍事行動をほのめかせて威嚇した。クリントン大統領は私に侵攻計画を策定するよう命じた。私は大西洋軍司令官ポール・デイビッド・ミラー海軍大将に、この計画の立案と侵攻軍の編成を命じた。

ミラー大将は素晴らしい創造力をもって、侵攻計画の策定と侵攻軍の編成を成し遂げた。ハイチ空爆のために第八二航空師団はポープ空軍基地――フォート・ブラッグ陸軍基地の管轄下にある――に集結する。第一〇山岳師団は空母上に配備。空爆のあとにヘリコプター経由で上陸し、平和維持軍として活動する。ハイチには空軍がなかった。それゆえ、ミラー大将は空母の指揮官たちに、艦載の戦闘機を地上基地に移動させ、代わりにヘリコプターと第一〇山岳師団の兵力を搭載するように命じた。言うまでもなく、空母に艦載された戦闘機のパイロットとしては、侵攻作戦の蚊帳の外に置かれ、その上陸軍基地に留め置かれるというのは我慢ならないことであったろう！　侵攻予定日の前日、私は軍の配備態勢を点検するために、ハイチから数十マイル沖に待機中の空母に飛んだ。私はミラー将軍の素晴らしい計画に感動し、成功を確信した。

しかし、我々は外交努力により侵攻の必要性がなくなることを期待していた。ジミー・カーター元大統領、サム・ナン上院議員と最近退役したばかりのコリン・パウエル将軍――ユニークかつ優秀なチームである――は解決策を交渉するためにセドラ将軍の招待を受けた。クリントン大統領は、セドラ将軍がアリスティドに大統領職を返還すべきという我が国からの要求に交渉の余地はないという条件のもと、彼らをハイチに送った。しかし、カーター元大統領はセドラが拒否したと伝えてきた。そこで我々は侵攻開始の態勢に入った。

一九九四年九月一八日の日曜日に、我々は米軍をハイチに送り込んだ。私は我が軍の動静を大統領に報告するために大統領執務室に出向いた。クリントン大統領からの帰国指示が遅れたことが原因で、我が国の外交使節団が侵攻計画の詳細を知らないまま、いまだにハイチに留まり、セドラとともにいることを聞かされて危機感をもった。カーター元大統領はクリントン大統領と電話中で、セドラともう一度最後の話し合いに臨むためにとどまることに合意し、今度は合意を取りつける自信があると語っていた。この電話でのやり取りは開放型回線でなされていたので、クリントン大統領は彼の懸念を説明することができなかった。ただし、クリントン大統領はカーター元大統領らのチームに即座に帰国するよう指示した。

カーター元大統領は明らかに失望した様子だった。すぐに会談を打ち切ろうとしたが、そこにセドラの側近が、アメリカの空軍がたったいまフォート・ブラッグを飛び立ったと叫びながら、オフィスに駆け込んできた。セドラがフォート・ブラッグと近隣のポープ空軍基地に偵察要員を送り込んでいたのは明らかだった。その知らせを聞くと、セドラは折れて退陣することに同意した。カーター元大統領は求めていた合意を取りつけることができたわけだが、侵攻のニュースが飛び込んで来なかったら、果たして可能だったかはわからない。私は即座に、フォート・ブラッグ基地に帰還するよう我が軍に命じるとともに、ミラー大将に対してはヘリコプターによる侵攻を、平和的な上陸作戦に変更して翌日実施するよう指示した。我が軍はハイチに平和維持軍として上陸し、アメリカ人にもハイチ人にも一人として犠牲者を出さなかった。この上陸はのちに「無血侵攻」と呼ばれるようになった。

この物語は幸せな終幕を迎えたが、威圧的外交の予測不可能性や危険性を示してもいた。仮にコミュニケーションが少しでも違っていたとしたら、まったく異なった——決して幸福でない——結果がもたらされていたと想像することは難しくない。実際、歴史上には、当事者間のコミュニケーション不足や相手の意図の単なる読み違えによって生じた軍事衝突や戦争の事例がいくらでもある。核の時代においては、こうした誤算は想像を絶する結果をもたらす。

数日後、シャリカシュヴィリ統合参謀本部議長と私はハワイに飛んでセドラ将軍と面会し、ある中央アメリカの国に彼の亡命先を用意したことを説明した。セドラは当初、ハイチを去ることを嫌がり、この計画を変更させようと交渉を試みた。そこで、我々は交渉ではなく命令に来たことを彼に伝えなければならなかった！

二か月後、感謝祭を迎えて、妻のリーと私は、シャリカシュヴィリ議長とジョアン夫人、マデレーン・オルブライト国連大使、ジョン・マーサ議員とジョイス夫人とともに、ハイチでアリスティド大統領と面会し、続いて我が軍の兵士たちとともに感謝祭の夕食を楽しんだ。空港に到着したとき、我々は米軍の治療を受けているハイチ人の幼児を見た。感謝祭のお祝いでは、現職に復帰したアリスティド大統領が生きた七面鳥をプレゼントしてくれた。当の七面鳥（とアメリカ国防長官）を除いて、みなそれを見て大笑いしていたようだった！

平和維持活動は、優秀で訓練度の高い米軍の統制力のもとで順調に展開した。米軍には新たに同盟国のカナダの部隊も加わった。アメリカにとってはありがたいことに、一九九五年三月に国連が正式に平和維持活動の責任を引き受けてくれた。カナダの部隊が国連軍の中核を担ってくれたので、米軍の部隊は新たに生じつつあったボスニアの危機対応に回ることができた。ハイチでの平和維持活動は、私が西半球の安全保障に足を踏み入れた最初であったが、自分の西半球への関心がそれから拡大していくだろうことはわかっていた。新しい時代が到来していたからである。冷戦は終結したが、核危機は終わっていなかった。それは新たな装いで現れつつあった。我々はもはや米ロの核均衡を唯一の関心の焦点にするような発想では行動できなくなっていた。我々は新しい時代に即した考え方をもつ必要があり、しかも速やかにそうする必要があった。冷戦直後の混乱期に現れた兆し——数多くの場所に残された核物質や核施設に対する保安対策強化の必要性の高まりなど——に気づいたとすれば、安全保障上の利害に対して地球的視点から関心をもち、とりわけ自分たちが属する西半球独自の重要問題について関心を払うべきことは我々にとって当然のことであった。

私はこのチャンスを摑もうと決めていた。国防長官就任からわずか三か月後に、西半球の隣国であるカナダを訪問した。それに続いて西半球のもう一つの隣国であるメキシコを訪問する計画を立てた。しかし、国務省はメキシコにおける米軍の歴史的な不人気に言及しながら、私のメキシコ行きに良い顔をしなかった。

国務省の考え方には説得力がないと感じた。これまで述べてきた通り、過去あるいはいま現在において対立している人々は、共通の利害を見出すことができるし、とりわけ重大な問題に関してはそうである。実際に私の経験はこの事実をしばしば裏づけてきた。そこで、私は自分自身でメキシコの防衛問題に関して対話を始めようと、駐米メキシコ大使との会談を含めて検討を行った。ほどなく私は、西半球の隣国間で防衛問題に関して議論や計画立案をする際に、新たな試みを開始することが非常に良い結果をもたらすだろうという結論に達し、メキシコの防衛大臣をアメリカに招待することを決めた。大臣はこれを受け入れ、彼の訪問は友好的で中身の濃いものとなった。その後、大臣は同様に私をメキシコに招待し、私もこれを喜んで受け入れた。

本当に驚くべきことに、アメリカの国防長官がメキシコを訪問したのはこのときが初めてだった。この訪問は政治的にも相互の安全保障にとっても大成功だった。

私はさらに進んで、ブラジル、アルゼンチン、ベネズエラ、そしてチリへの訪問を計画することにした。一連の会合を通じて、これらの国の大臣たちと私は、西半球のすべての防衛大臣が参加する会合が有益であるという点で意見の一致を見た。そこで私がその会議を組織することにした。

一九九五年七月、三四か国（キューバのみ不参加）の国防大臣が相互の安全保障問題（麻薬貿易とマフィア対策が中心議題だった）について話し合うため、バージニア州のウィリアムスバーグに集まった。アルゼンチンの国防大臣は（当初は懐疑的であったが）この会議の成果を最も喜んでいた。この会議はその後も定例化された。西半球の隣国に対するアメリカの新たな関心は「西半球安全保障研究センター」の設立につながった（大変名誉なことに、二〇一三年の「国防権限法」により、同研究所は「ウィリアム・J・ペリー西半球安全保障研究センター」に改称された）。

第18章 軍事能力と福利厚生のあいだの「鉄の論理」

「あなたの軍を大切にしてください。そうしたら、軍があなたを大切にしてくれるでしょう」

米陸軍上級下士官リチャード・キッド上級曹長からペリー国防長官へ（要約）　一九九四年二月

リチャード・キッド上級曹長が就任宣誓セレモニーの席で送ってくれた助言は、その後も常に私の念頭にあった。何か月ものあいだ、私はその助言について考え続け、それを大々的に実践することを心に決めた。士気と訓練は、我が軍の能力のあらゆる面に効いてくる決定的に重要なファクターである。

それ以前に、私は世界最高の軍隊――おそらくこの規模の軍隊としては史上最も能力の高い軍隊だろう――を継承したことを知っていた。より重要なのは、世界の軍事指導者たちもみな私と同じように米軍を高く評価しているということだ。米軍の（核兵器以外の）通常戦力が誇る高い能力によって、核兵器の重要性が最小化され、核の使用あるいは核を使った脅迫の可能性が減り、世界の核兵器数を削減するための合意や条約を追求する自由がもたらされた。この重要性は、今日の核の時代においていくら強調しても強調しすぎることはない。

米軍の優秀性は、一九九〇年の第一次イラク戦争（湾岸戦争）における「砂漠の嵐作戦」の中でいかんなく発揮された。そして、まったく異なる状況ではあるが、ハイチやボスニアでも、それが十分に発揮されたことを私は知っている。私はこの優れた能力の「管理人」でなければならないことを自覚していた。私には我が軍の質を維持し、それを後任者に引き継ぐ責任があった。

しかし、それをどのように行うべきか？　我が軍の通常戦力の核心は、きわめて優秀な兵器システムを保有していることにある。一九七〇年代、私は研究・エンジニアリング担当の国防次官として、「相殺（オフセット）戦略」の開発と実施に重要な役割を果たしたと自負している。とはいえ、兵器システムだけで世界最高の軍隊を維持することはできない。能力と意識が高く、統率の行き届いた兵士たちの存在は、兵器システムと少なくとも同じぐらい重要である。けれども、国防次官時代の私は、それらを比較的できる経験をもち合わせていなかった。士気を上げたり訓練で能力を高めるといった分野で、自分の責務をいかに果たすべきか熟慮した上で、私は自分が産業界で培ったリーダーシップの経験が生かせるだろうと考えるに至った。ただし、士気の高い兵士を生み出すには、ほかに何か特別な要素があるのではないかとも考えていた。

「あなたの軍を大切にするように」というのは、リチャード・キッド上級曹長の素晴らしい助言だった。私はその助言の価値をすぐに理解したが、どのようにそれを実行すべきかわからなかった。しかし、手がかりがあった。自分の下士官体験である。私がこれから述べる、兵士たちの福利厚生（生活の質）の価値に対する私の視点は、この個人的体験に基づいていた。

軍の各部門を訪ねて回ると、どこにでも下士官の中に優れた才能をもつ兵士がいた。私の上級軍事補佐官であるポール・カーン少将に聞くと、我が軍の下士官の質は、他国軍と比べて「不公平なぐらいに競争力があり優位」であり、それは我が軍の技術的優位と同じぐらい重要なことだという。したがって、その維持を最優先事項にすべきというのが彼の主張だった。当時、軍の縮小、予算削減、施設の劣化が問題となり始めていたので、下士官の兵士たちがどのような生活をしているのか、自身の目でご覧になってみてはどうかと、カーン少将は言った。私は進んで彼の提案を受け入れた。私はこれらの視察と何千人もの下士官との対話を通じて、一つ重要な教訓を得た。私はそれを「鉄の論理」（揺るぎない、間違いない論理の意）と呼んでいる。戦闘部隊の質は、彼らの家族の生活の質と切っても切り離せない。これは疑いようのない事実なのである。視察と兵士との対話を通じて、この「鉄の論理」を知っただけでなく、それを踏まえてどんな対応を取るべきなのか、私ははっきりと理解するようになっていった。

カーン将軍は手始めに、各軍の上級曹長たちとの一連の面談を準備してくれた。最初は個別に行われ、そのうちグループ面談となり、私はそのたび彼らに助言を求めた。これらの面談のあと、我々は四半期ごとに各地の米軍基地を訪ねた。「道中の原則」は、各基地の上級曹長が視察ツアーを計画して実施し、各人が重要だと思うものを私に見せるというものであり、将校は一切関与しなかった。これは、「巡回経営管理」の手法――私がかつて民間企業で非常に有用であると知った大原則である（第4章を参照のこと）――をまるごと軍に応用した結果である。

どの基地でも、司令官が我々を迎えて挨拶したあとは、現場の上級曹長に紹介して我々の案内を委ねた。その曹長こそがほかの下士官とともに視察ツアーを企画した人物というわけだ。ツアーには常に「何かを見せて説明する」要素が入っていたが、私が最も多くを学んだのは間違いなく下士官との懇談――通常は少人数で行われた――だった。国防長官の任期期間中、私は何千人もの下士官と自由に懇談する機会があった。当初、彼らにとって長官たる私と差し向かいで話すのは緊張しすぎるのではないかと案じていたが、それはまったくの杞憂であった。カーン少将と私はいつも帰りの飛行機の中で、現場の上級曹長たちから学んだことについて話し合ったり、彼らの批判を咀嚼したりしたものだった。これらの視察と議論を通じて、私は我が軍の兵士が直面する喫緊の課題について深く理解するようになった。そして、我が軍の兵士の質の高さゆえに我々が享受してきた「不公平なぐらいに競争力があり優位」な軍隊の維持のために、私がなすべきことを実行に移すための計画立案に着手した。

私は米軍の集中的な訓練プログラムが、下士官たちの優れた能力にとって根本的に重要であると見ていた。この訓練プログラムは、一人の下士官のキャリアを通じて継続的に実施される。このようなシステムは世界のどこの国にも見られない。さらに言えば、どこの産業界にも見られないものである（最も近い類例は、第二次世界大戦後の数十年間、ＩＢＭで実施された訓練プログラムぐらいだろう。この時代、ＩＢＭの技術者と営業担当者は定年まで勤める人が多かったので、訓練プログラムに投資することで十分な見返りを得ることができると考えたのである。こうした状況はコンピューター産業が成長を遂げ、ＩＢＭが訓練した技術者を他社が雇用するようになるまで続いた）。米軍が多額の費用をかけた集中訓練プログラムの価値を最大限に発揮させるため、我々は（服務期間満了で除隊となった）下士官たちが再入隊する比率を高める必要性があった。下士官の男女との懇談を通じてわかったのは、「入隊を決めるのは兵士本人だが、再入隊を決めるのは家族である」ということだ。再入隊率の高さと兵士の家族の生活の質のあいだに相関関係があることは否定しようがなかった。

「鉄の論理」によって、我が軍の戦闘力の質と兵士の家族の生活の質が直結していると結論づけた私は、特別の追加予算として一五〇億ドルを拠出し、世界中の米軍基地で必要な改善に充てるようクリントン大統領に提案した。ペンタゴンの冷ややかな傍観者たちを驚かせたのは、何と大統領がそれを受け入れたことだった。我々はその資金を、軍の家族にとって特に重要な託児所などの目的に有効活用した。しかし、こうした目に見える形での改善以上に、誰かが彼らの声に耳を傾け、誰かが彼らの抱える問題に配慮してくれるという強い認識が、兵士たちの家族のあいだに広がったことが、我々が得たもっと価値のある成果ではないだろうか。

とはいえ、これらの資金は、最大の福利厚生上の問題、すなわち基地内の家族住宅の老朽化という問題を乗り越える上では、ほんの一部にしかならなかった。毎年の防衛予算には新しい基地住宅への予算が、通常数十億ドル計上されていた。しかし、実際に新しい住宅に必要とされる予算は数百億ドルにのぼると見られていた。それゆえに、問題は解決するどころか、年々悪化していた。我が兵士たちの家族――下士官、将校を問わず――の多くが、標準以下の住宅で生活していた。視察ツアーの際に基地住宅を訪れ、そのみすぼらしさに私は当惑させられた。しかし私の主観的な反応はともかく、客観的な事実としては、この問題を解決しなければ最優先の目標である高い戦闘力の維持は実現できないのである。

私はこの状況を改善させる決意をもって、経済安全保障担当の国防次官補であるジョシュア・ゴットバウムに対し、不十分な議会予算に頼るのではなく、民間資金を利用して基地の住宅に充てる方法を探してもらえるよう頼んだ。私は民間事業者が自前の資金を使って基地内に住宅を建設する案を考えていた。事業者はその住宅を、兵士の月額の住宅手当と同額の家賃で兵士に賃貸するのである。こうすることで、私は議会予算なしでも住宅の質を向上させられると考えたのである。ゴットバウム次官補は各軍の参謀たちからも前向きな反応を得た――各軍から深刻な住宅問題を抱えているとの報告があり、解決策を見つけ出すために人材を提供することに同意した――ので、彼は米軍のすべての部門の代表からなるワーキンググループを立ち上げ、家族住宅に関する議論を行わせた。一九九五年初め、同グループは、新しい担当官庁と、既存の担当官庁により柔軟性をもたせた「軍用家族住宅」提案をまとめた。

ゴットバウムの働きを補完するために、私は元陸軍参謀長のジャック・マーシュを委員長とする「福利厚生に関するマーシュ特別委員会」を発足させた。マーシュ委員会は一九九五年秋に私に報告書を提出したが、その内容はワーキンググループの提案を全面的に支持するものであった。

取り組みが軌道に乗ったことに満足した私は、この新しい提案に対する議会の承認を得るため、関係議員や予算委員たちに朝食会の場を通じて根回しを進めた。その後、ゴットバウムは議会で証言を行い、法案は議論を経て一九九六年に無事承認された。新法は五年間の暫定的な運用を認められ、その後に恒久的な承認が与えることになった。このプログラムを早期に実施に移すためにゴットバウムは臨時オフィスを設置し、それはのちに「軍用住宅民営化イニシアティブ」へと移管された。このプログラムは全軍から熱烈な歓迎を受け、それ以来、約二〇万戸におよぶアメリカの軍用住宅を建設・補修するために活用されている。私は国防長官を離任したあともときどき基地を訪問する機会があり、その滞在中に新しい家族住宅を見学させてもらった。私はその広さと質を大変誇らしく思った。それは当初の予想をはるかに超える素晴らしさで、自分の後任者たちがその価値を認め、プログラムを熱心に推進してくれたことをいつもありがたく思っている。

私が下士官たちとの懇談から学んだもう一つの教訓は、我が軍の質と「復員軍人援護法」をつなげる「鉄の論理」である。援護法の重要性は、第二次世界大戦を経験した世代にとってはもちろんのこと、私自身にとっても、そのおかげで教育を受けられたためによく理解していた（第二次世界大戦後、約八〇〇万人の退役軍人が援護法の恩恵を受けたが、それは究極的にはアメリカの経済、グローバルな競争力、そして生活水準にも大きな恩恵をもたらした）。

基地訪問に際して私は、無数の若い兵士たちになぜ軍務に就いたのかを尋ねた。彼らの答えの大半は次のような類いのものであった。「大学の学費が払えなかったので、復員軍人援護法の対象になれるよう軍務を志願しました。服務期間が終わったら、大学の学位を目指します」。つまり、復員軍人援護法は、質の高い、やる気のある若い男女を軍に引き寄せる主な誘因だったのである。除隊して一般社会に戻ったあとは、その多くが援護法を利用した。兵士の中には軍の優れた訓練プログラムを評価し、再び軍務に就きながら高等教育を受けることを望む者もいた。いずれの場合も、結果的に我が国が恩恵を受けたのだった。援護法が活力ある我が軍の質にとって重要性をもつこと（もちろん、それは一般社会に対しても大変価値がある）に強く感銘を受けた私は、議会において新「復員軍人援護法」の通過を主導したモンゴメリー下院議員に国防功績市民勲章を授与した。

予算削減と規模縮小の時代に、我が軍の戦闘能力の優秀性をどのように維持していくかについて、これまで私が学んできた教訓のいくつかを紹介した。ふり返ると、これらの教訓は当然のものとも言える。しかし、カーン少将の賢明な助言がなかったら、私はそれを適切なタイミングで学ぶことはできなかったかもしれない。国防総省ほどの規模をもつ官僚組織内で変化を起こすためには、時間、集中的な取り組み、忍耐、そして絶え間ないフォローアップが必要である。また、戦うに値する戦いを「選ぶ」ことも重要だ。

我が軍の兵士の生活の質の向上を達成するための努力をふり返ると、私は自らの経験に裏打ちされた「巡回経営管理」が重要な役割を果たしたことに気づく。実際、この方法が自分の関わったあらゆる組織経営や国際外交の基盤になったと言い切れる。たとえば、私の国際外交のやり方はまさにこの巡回経営管理を体現したものだ。誠実さと同僚としての親しさを示すことで、効果的に相手の警戒を解くやり方。あるいは、きわめて厳しい状況下で対立している人々も、共通する必要不可欠の利益のためなら共働することができることを前提としたやり方。後者は長い経験に基づくものだ。このアプローチに何ら難しいところはない。一番重要なのは、相手に会って、敬意をもって、開かれた心で相手の話に耳を傾けることである——相手は何者なのか、相手は何を根本的に大事なものと信じているか、そして相手が求めているものは何なのか。このやり方が有効なのは、相手の警戒を解くからである。なぜそうなるかといえば、それはある問題とその望ましい展望について、大局的な見地から速やかな合意を目指すためになされるからである。このように公益に関心を集中させることで、軍事的・経済的脅威を含めた偏狭な懸案事項を、適切な全体像の中に位置づけることができる。

我が軍の福利厚生を向上させる努力の中で得られたもう一つの教訓は、次のようなことである。私が基地を訪問する際はたいていの場合、妻のリーも同行した。彼女は案内してくれるのは、基地にいる（兵士たちの）奥さん方であることが多い。基地見学中に彼女はさまざまな世間話を聞いたそうだが、その多くは福利厚生に関するものであり、住宅はいつも間違いなく優先リストの最上位にあった。リーはこうした学びの機会を決して逃さないのだ。おかげさまで、私は福利厚生に関する教訓を直接的には兵士たちから、間接的にはその配偶者たちから学んだことになる。私の妻はまた、最も重大な問題のいくつかにどのように対応するかについてアイデアをもっていた。そして時間の許す限り、そのアイデアを私と一緒に実行しようとしてくれたし、私にそれができないときには、私のスタッフと働いてくれた。このことは軍関係者にはよく知られていた。私の国防長官離任式で、リーは軍人家族への支援とその福利厚生を向上させる取り組みへの支援が認められ、軍からの勲章を授与された。彼女の思いやりは海外の基地にいる我が軍の家族にも向けられ、彼女は数多くの海外基地を訪ねた。

ときに彼女の思いやりは他国の軍人にも向けられた。一九九五年にアルバニアを訪ねた際、リーは軍の病院の見学に出かけ、まったくもって標準以下の非衛生的な現状に驚かされた。帰国すると彼女は私のスタッフとともに何か支援の方法がないか考えた。彼女は、カーン少将の妻のディードとともに、州兵の一部隊をアルバニアに招き、そこで病院を衛生的な状態まで引き上げるために働いてもらう案を思いついた。結果は非常に目覚ましいものであり、リーはアルバニアの大統領からマザー・テレサ勲章を授与された。このメダルは、最も有名なアルバニア人の名前を冠したものである。私はリーが受けたこれらの勲章を自分自身の勲章と同様に誇りに思っている。

第19章　武器よさらば

オマール・ブラッドリーは米軍兵たちの将軍と呼ばれた。そうであれば、ウィリアム・ペリーはまさしく米軍兵たちの国防長官であった。

バージニア州フォート・マイヤーでの送別会にて
ジョン・シャリカシュヴィリ統合参謀本部議長　一九九七年一月一四日

一九九六年の大統領選挙の数日後、私はクリントン大統領と面会し、再選のお祝いを伝えるとともに、自分の国防長官の職責について、あらかじめ一期だけ務めることで合意していたこと、そして一月二〇日に辞任する予定であることをあらためて大統領に伝えた。大統領と私は後任の国防長官について長時間話し合った。私から何人かを推薦したが、その中にはジョン・ドイッチとジョン・ホワイトが含まれていた。彼らは二人とも国防次官補として素晴らしい働きをしてくれた。するとクリントン大統領は、政治的立場のある人間、たとえば、元上院議員などを指名する案について私がどう思うかと尋ねた。そこで私はその候補にふさわしいと思われる、国家安全保障に十分に深い背景知識をもち、迅速に仕事に取りかかれる三人の名前を挙げた。すなわち、サム・ナン、リチャード・ルーガー、そしてウィリアム・S・コーエンである。大統領はそれに対し、国防長官が上院議員であり、かつ共和党員であれば、上院での対立的な運営――上院は当時共和党が多数派であった――を緩和できるのではないかと述べ、コーエン上院議員に可能性を打診するよう私に求めた。国防長官は他の閣僚と異なり、三〇〇万人を超える職員と四〇〇〇億ドルの予算を管理する恐ろしく困難な職務であり、一般論として上院議員はそのような複雑な業務のマネジメント経験がないことを私は指摘した。しかし大統領は、そうした問題はマネジメント経験の豊富な次官、副長官を置くことで対処できると考えていた。私は（声には出さなかったが）歴史的に見てそのようなやり方は期待通りにはうまくいかないことが常であることを思い起こした。翌日、私はコーエン上院議員に電話をした。彼はこの仕事にとても前向きで熱心な姿勢を示した。私はそのことを大統領に報告し、のちに大統領はコーエン議員と直接話した上で、一九九六年一二月五日に彼を国防長官に指名した。

離任に際して私の心中は複雑であった。私は長官としての達成感をもっていたし、我が軍とは下士官や上級曹長から最高幹部――特に、統合軍・個別軍司令部の司令官や統合参謀本部のスタッフたち――に至るまで、特別な関係を築き上げていた。私はシャリカシュヴィリ将軍とは特別に親しく、彼を歴代で最高の統合参謀本部議長と信じていた。私の直接のスタッフである、国防長官府の中核メンバーは、特によく働いてくれた。中でも、カーン将軍やマティス将軍とは家族同然の仲となった。退任すれば、彼らがとても恋しくなるだろうことは間違いなかった。それに加え、私はいくつかの重要な取り組みを未完成のまま抱えており、それらが後任者によって廃止されることを恐れていた。軍用家族住宅の問題、上級下士官との絆を深める計画、新たに設立した研究所群（マーシャルセンター、アジア太平洋センター、西大西洋安全保障研究センター）、平和のためのパートナーシップ（ＰＦＰ）、アメリカとロシアの友好関係を維持するための個人的な取り組みなどがそれである。他方で私の最優先課題であった、ウクライナ、カザフスタン、ベラルーシの核兵器の解体は、アシュトン・カーターと私が当初定めた予定を前倒しして完遂していた。

しかし、私は体力の問題を考えなければならないことを自覚していた。私はその年で七〇歳を迎えるのだったが、まだ元気とはいえ、さらに四年間健康や体力を維持できるかどうかわからなかった。

最後に、これはとても主観的な判断によるものだが、二期目の国防長官には不吉なジンクスのようなものがあった。これまで国防長官の二期目で任期を全うした長官はおらず、いずれも任期途中で大統領から辞任を求められていた。私はこれを単なる偶然とは思わない。というのもこの特殊な仕事には、八年間を待たずに問題を生じさせる何かがあるからである。おそらくそれは、我が軍の兵士を帰還が危ぶまれる危険な任務に送り出す命令に署名しなくてはならないというプレッシャーに起因するものだろう（このような署名の際、私は常にきわめて人間的な接近方法をとり、どのような事態が起こり得るのか、そして軍人の家族がどのような影響を受けるのかを理解しようと努めた。この重大な決断に対する自分の個人的つながりを近く感じ続けるために、私は手書きの署名にこだわった）。あるいは、自分の命令した行動の結果死亡した兵士の家族に面会して、激しく感情が揺さぶられるためかもしれない。あるいは、「ポトマック熱（権力熱）」にかかりやすくなるためかもしれない。その痛みはやがて国防大臣をして、自分が注目を集めるのは自分個人のゆえではなく、自分の肩書きのためにすぎないと感じさせるようになり、ときに自分が行使する巨大な権力と向き合いながらバランス感覚を維持することを不可能にさせるのである。これらの理由のいずれであれ——あるいは、これらの組み合わせであれ——問題の発端はそのあたりにあるのだろう。歴史はそのことを説得的に示している。そういう意味では、私は良い時期に辞めたと思っている。リーと私は、新任の国防長官が就任した二週間後、カルフォルニアへの我が家へ向かって帰路についた。私たち夫婦は決してふり返らなかった。

私は自分が成し遂げたことを誇りに思っていた。同時に、スタンフォード大学に戻って教えたり、公務に就く前から始めていた民間外交を継続したり、あるいは地域レベルでの核紛争などの新たな問題について思考をめぐらしたりすることで新たな活力を得ようとしていた。私は国防長官として核危機という塹壕に長く身を置き、核戦争の防止という最も緊要な問題の対処に当たってきた。そしていま、私が新たな脅威として認識しつつも、思ったほど十分に検証できなかった問題の新しい側面について、じっくり評価を行う機会を得ようとしていた。

こんな思いを頭の中でめぐらせながら、リーと私は任期の最後の二か月間を、たくさんの送別会に参加してすごした。各軍の上級曹長たちによる送別会と、彼らからもらった特別な思い出の品に、私たち夫婦はとりわけ心を動かされた。これらの思い出の品はいまでも大事にしている。私のスタッフたちは、私たち夫婦のために「最後の晩餐」を開いてくれたが、それは何よりも感動的なものだった。

公式の送別式典は一月一四日にフォート・マイヤー陸軍基地で行われ、それは実に思い出深いものとなった。クリントン大統領は、私がジョージ・マーシャル以来の最も優れた国防長官だったとして、大統領自由勲章を授与して下さった。シャリカシュヴィリ将軍は、私が我が軍の兵士といかに親密であったかに触れて、「オマール・ブラッドリーは米軍兵たちの将軍と呼ばれた。そうであれば、ウィリアム・ペリーはまさしく米軍兵たちの国防長官であった」と語った。シャリ（将軍の愛称）に対して、私は最大級の尊敬と賞賛の気持ちを抱いていたが、その彼からの言葉ほど意義深いものはなかった。私は離任の挨拶を、私が支え、そして私が支えられた我が軍の兵士たちに対する自分なりの深い気落ちを述べて締めくくった。私は各軍から勲章を授与された。リーは統合参謀本部から軍人家族に対する献身的な支援を称されて勲章を授与された。その後、私は予期せぬ形で最高に感動的な賞をもらった。上級曹長たちが、私が歴史上のいずれの国防長官よりも、自分たち下士官と家族のために尽くしてくれたとして、過去に誰も受賞したことのない特別な賞を授与してくれたのである。いろいろな意味で、この賞は私がそれまで受賞したいずれの賞――その中には世界各国からの何十もの勲章が含まれるが――よりも意義深く、また個人的に最もうれしいものであった。

離任式は軍楽隊のコーラスの歌声――私たちのお気に入りの曲のいくつかと、もちろん「カリフォルニア・ヒア・アイ・カム」も――とともに閉じられた。その後、私の家族とクリントン大統領夫妻は歩いて屋外に出て、目を見張るような儀礼飛行を見物した。B－2戦略爆撃機が低空飛行で颯爽と飛び去る様子は最も印象的だった。その晩、我が家の隣人たちが別の送別会を開いてくれたのだが、リーと私の帰り際、彼らはバルコニーに立って、彼らにしかできない儀礼飛行を見せてくれた。そう、彼らは我々の頭上に紙飛行機を飛ばしてくれたのである！

一月二四日は私の任期最後の日であり、ホワイトハウスでのコーエン上院議員の就任式に参列する日でもあった。ペンタゴンの階段を下り、外で待ち受ける車と運転手のほうに向かうと、何百人ものペンタゴンの同僚が階段に立ち、拍手で見送ってくれた。私は少しでも立ち止まってみなに感謝を伝えて「さようなら」の一言も言いたかったが、こみ上げてくる感情で胸が詰まり、ただ微笑んで手をふるしかできなかった。

コーエン長官のホワイトハウスでの式典は簡素で要を得たものであった。その後、私は自分の車を探したが、すでにその車は長官を乗せて出発していたことに気がついた。それは、もはや「私の」車ではなかったのだ。それは国防長官に与えられた車であり、もはや私は長官ではなかった。そこで私はタクシーを拾って同僚とともにペンタゴンに戻ったが、我々が到着するころにはすでに、私の公式の肖像写真はコーエン長官のものと取り換えられていた。それは唐突な変化であり、多少不快感を与えるものではあったが、ものごとは本来そうあるべきであろう。我々の偉大な民主主義においては、閣僚たちは自分の車や特典を「所有」するのではない。それらは彼らの職位に対して与えられたものにすぎないのだ。閣僚たちはその任期期間中、アメリカの市民に奉仕する特権を与えられた――願わくば、市民に喜ばれる形で――にすぎず、いずれは一民間人の生活に戻るのである。もちろん、リーと私はその準備ができていた。

二週間後、リーと私は再び愛するカルフォルニアへの家路についた。しかも、今度は永久に戻って来るつもりはなかった。緊張を解きほぐして、民間人の生活に戻るスピードを速めるために、私たち夫婦は飛行機を利用せず、あえて車で戻ることにした。しかも冬の厳しい気候を避けてわざわざ南部を遠回りするルートをとった。最初の数日間は、リーがほとんど運転した――四年間、ペンタゴンの警護隊員に運転をまかせていたので、私の運転技術の回復にはリハビリが必要だったのだ！　私たちは西に向かい、テキサス州のフォート・ブリス陸軍基地に立ち寄り、私の軍事補佐官を務めたポール・カーン将軍（陸軍第四機械化歩兵師団長）とディデ夫人を訪ねた。楽しい時間をすごし、翌朝出発しようとすると車が動かなかった。修理工場の人は、我々の車を隣町まで牽引して修理しなければならないと言った。私は彼の背後に真新しいシボレー・ブレイザーが置かれているのを見た。思いつきで、「故障したキャデラックとお宅の新しいブレイザーを交換しませんか？」と提案してみた。一時間後、私たちは再びに西に向けて車を走らせていた。そして三日後には懐かしいパロアルトに、新品の真っ赤なブレイザーで到着することができた。

パロアルトに戻って、私はコンドリーザ・ライス（のちに国務長官）に会った。彼女はスタンフォード大学の副総長を務めており、私に再びスタンフォードに復帰するように求めた。今回のオファーは常勤のポジションであり、工学部と国際安全保障協力研究センターを半々で兼任するというものであった。マイク・バーベリアンは、マイケル＆バーバラ・バーベリアン夫婦の名前を冠した寄付講座を創設し、私をその講座の教授職に充てることを申し出てくれた（私とマイクは、ジム・スパイクラーの会社であるスタンフォード・テレコミュニケーションズの取締役を務めたことがあり、それ以来の知り合いであった）。こうして、私はスタンフォードのコミュニティに順調に復帰し、ようやく本当に我が家に帰ってきた実感にひたった。

私はスタンフォードで新しいプログラムを準備し、その実行に向けて援助を必要としていた。ペンタゴンでは重要な仕事を予定通りに達成するために、制服組と背広組を問わず、自分を助けてくれるきわめて有能な補佐官たちに囲まれていた。彼らは私の「戦力倍増機」であり、彼らなしでは、私が実行したような大規模なプログラムは決して達成不可能だっただろう。私はスタンフォードでの新しいプログラムのために野心的な計画をもっていたので、似たような「戦力倍増機」を大学で探し求めることにした。しかし、私の寄付講座はペンタゴン時代のようにチームのための資金はなく、個人のための資金しかなかった。私はデボラ・ゴードンを雇ったが、彼女は困難な問題にも見事な対応を見せ、たった一人で「戦力倍増機」となってくれた。

クリントン政権で閣僚職を務めたことは、スタンフォードでの私の仕事に特別の名声を与えただろうか？　スタンフォードに復帰してから一週間後、キャンパスを歩いていると、懐かしい友人に出くわした。私を見て彼は驚いてこう言った。「やあ、ビル（ウィリアムの愛称）。久しぶりだねえ。最近見かけなかったけど、どこに行ってたんだい？」。

一週間後、ワシントンに出かけたとき、興奮した若い海兵隊員が空港で私を呼び止めて言った。「長官閣下、サインをいただけますか？」。私がサインをしていると、彼は隣りにいた自分の妻に囁いた。「君に前国防長官を紹介するのが待ちきれないよ！　ディック・チェイニー長官だ！」

私にとっての素晴らしい再教育期間は続いた。スタンフォード大学では工学部のジョン・ヘネシー（のちにスタンフォード大学総長）から、私の学科と工学部の一学科の統合を取りまとめてくれるように依頼された。私は無邪気にもその依頼を引き受けたが、まもなく関係学科のあいだに激しい政治的争いを巻き起こり、それに比べればボスニア危機の解決のほうが容易に思われるほどであった。およそ八か月間、幾度もの対立的な激しい議論を経て、学科統合案は我々の提案に沿って承認された。「経営科学・工学科」と名づけられたこの学科は、いまも発展を続けている。

私は国家安全保障における技術の役割に関する授業を再開し、今日の安全保障危機についてのゼミも開始した。しかし何よりも、私はスタンフォードでの自分の研究を、国防長官として進めてきた核兵器の危険削減の仕事を、さらに前進させるものにしようと考えていた。アシュトン・カーターはハーバード大学のベルファーセンターに戻ったので、我々は、「予防防衛」というスタンフォードとハーバードの共同プロジェクトを立ち上げた。このプロジェクト名は、我々がペンタゴン時代にナン・ルーガー法のもとで核の脅威削減のために行ったプロジェクトにつけた名前と同じであった。長官時代にこの名前を選んだのは、ウクライナのミサイル解体のための予算はウクライナに対する好意ではなく、将来的にアメリカ人の血やお金が必要になる可能性を予防するためであることを、議会に対して明確に説明するためであった。カーターと私は、我々のプロジェクトの嚆矢として一九九九年に『予防防衛』を共著として出版した。この本では、ペンタゴンでの核の危険性の削減に向けた計画と活動を時系列的に整理し、その正当性を主張し、さらに将来の政策に向けた含意について明らかにした。

それ以来、今日に至るまで私は自分の時間の大半を、核と国家安全保障に関する問題についてロシア、中国、インド、パキスタン、北朝鮮、そしてイランと外交的対話を行う「トラック2」のために注いできた。これらの取り組みはあとの章で詳しく述べるが、延べ一五年間にわたって続けられ、解決策を見出したこともあれば、行き詰まったこともある。ときにはいら立つような結果を得たこともあったが、それでも私はこれらの努力の究極的な価値と目的の重要性について疑ったことはない。共通の土台を見つけ、大きな隔たりにも関わらず対話を続けることは、棘の刺さったような安全保障上の問題を前進させるための道へとつながっているのである。

第20章　途切れたロシアとの安全保障の絆

私はそれ（NATOの拡大）は、新たな冷戦の始まりであると思う。ロシア人は強く反発するだろうし、ロシアの政治にも影響を与えるだろう。それは悲劇的な過ちだ。

ジョージ・ケナン（トーマス・フリードマンによる引用）
ニューヨーク・タイムズ紙　一九九八年五月二日

ペンタゴンを離れたとき、ロシアとの関係はまだ良好だった。しかし、地平線の向こうからは怪しげな雲が立ちのぼり始めていた。カーターと私は、両国の関係が悪化していくことを恐れ、我々がペンタゴン時代の前後を通じて築き上げたロシアとの緊密な関係の維持を最重要課題とした。「予防防衛」プログラムの一環として、我々はロシアとアメリカのあいだで継続的な対話を企画した。しかし、一九九〇年代はほとんどのロシア人にとって最悪の時代であった。経済はひどく低迷し、不法行為が広がり、エリツィン大統領の国際舞台でのふる舞いもひどく、ロシア人は他国からの尊敬を失った。ロシア人はこの時代を屈辱のときと受け取った。多くのロシア人はこれらの問題を新しい民主主義、あるいはアメリカのせいにした。彼らはアメリカ人がロシア人の弱みにつけ込んで苦しめていると受け止め、中には「古き良き」ソビエト時代を懐かしがる者までいた。

その後数年かけて、我々は、エリツィンからプーチンへと政権が移行し、ロシアの民主的な制度や慣行が崩れ始め、新たな治安組織（プーチンのKGB時代の同僚を中心とした）が立ち上がり、秩序が回復し、ロシア経済が目覚ましい回復を見せる、といった現象を目の当たりにしてきた。ロシアの人々は秩序回復（これは事実だが、自由の喪失を伴っていた）と経済復興（これは事実ではなく、国際原油価格が一バレル八ドルの水準まで回復したことが経済回復の主要因である）に関して、明らかにプーチンの功績とみなした。こうした情勢を背景に、プーチンは、反米主義のレトリックを使って、大げさにナショナリズムを煽りたてた。

米ロ関係が悪化の一途を辿るにつれ、ロシア国内での我々の会合も徐々に活気を失っていった。ロシアは一九九七年から九九年にかけて進められたNATOの拡大を脅威と考え、のちのバルト三国の加盟を「NATOの脅威を国境線に近づける」ものとみなした。アメリカとNATOは愚かなことに、全体としてロシアの懸念がまったく取るに足らないものであるかのようにふる舞った。とりわけロシアにとって不愉快だったのは、NATOのコソボ派兵やヨーロッパへの弾道ミサイル防衛（BMD）システムの配備、そしてバルト三国――これらの国はかつて帝政時代のロシアの一部であり、数十年にわたりソビエト連邦の一部であった――を含めたNATO版図の拡大だった。その後、NATOはウクライナとジョージアの早期加盟にも動き始めた。いまやロシアはますますNATOから遠ざかり、アメリカに対する怒りを募らせ、アメリカはロシア人の感情や利益をまったく考慮せず、自国の利益にかなうことなら何でもやり、ロシアのことは自分たちで何とかするように放置するものと結論づけた。

一九九五年にアメリカとロシアは非常に難しい問題を乗り越えて、ボスニアで協力して平和維持活動を行った。しかし、我々は同じことを一九九八年のコソボで行うことができなかった。セルビアに対するNATOの軍事介入は、国連の場で承認が求められることはなかったが、ボスニアのイスラム教徒（ボスニアーク）の虐殺に匹敵するコソボでのイスラム教徒虐殺の可能性をあらかじめ阻止するために重要で積極的な意味をもっていた。しかしロシアは、伝統的にセルビアの同盟国であったこともあり、NATOの介入に強く反対し、仮に国連の場で承認を求められたとしても、それを阻んでいただろう。果たして我々はコソボ人を保護するためにロシアと合意を結ぶことができる可能性はあったのだろうか？　それは私にもわからないが、ただ私はNATOが最大限の努力をしたとは思っていない。NATOはロシアがNATO軍のコソボ入りを阻止できないことを知っており、ロシアの懸念に関係なく、実行できるものと考えた。しかし、それはロシア人の怒りを買うもので、実際その怒りはのちのちのロシアの行動に現れてきた。

米ロ関係の悪化を明らかに深刻化させたのは、ヨーロッパへのBMDシステムの配備であった。冷戦時代の初期から、BMDはアメリカとソビエトの対立点であった。BMDは戦略兵器制限交渉（SALT）条約が署名されたあとは、もはや問題にならなかった。というのも、その条文の一つが弾道弾迎撃ミサイル（ABM）配備を実質的に制限していたからである。しかし、ジョージ・H・W・ブッシュ政権はイランのミサイルに対抗するために東ヨーロッパにBMD配備を計画し、ロシアとのABMに関する合意から脱退したため、ロシアとのあいだに深刻な対立が生じた。

SALT条約にABM制限を盛り込んだ背景には、もともと攻撃用核兵器と防御用核兵器のシステムは相互に分かちがたいほど結びついているという根本的に重要な考え方があった。仮にロシアが新しいアメリカの防衛システムの効果を疑ったとしても、彼らは我々の防衛力を制限することなしに、自分たちの攻撃システムを安心して削減することはできないと考えていた。端的に言えば、ロシアはヨーロッパの新しいBMDシステムは、彼らのミサイルに対抗するものであり、それが拡大すれば、自らの抑止力が弱められると考えたのである。さらに、ロシアはイランが現時点でICBMも核弾頭も保有しておらず、それを入手する（仮に彼らが望んだ場合）にも時間がかかることを強調した上で、仮にイランがICBMをいくつかもっていたとしても、反撃のために何千発もの核兵器をもつアメリカを攻撃する必要があるのかと疑問を呈した。これらの議論を背景として、ロシアはアメリカに対してBMDのヨーロッパ配備を停止するか、あるいは少なくともロシアと協力の上で——というのも、イランのミサイルはアメリカと同様にロシアにとっても脅威だから——配備してはどうかと提案した。両国政府が合意できる見通しは不透明だった。そこで「トラック2」外交を通じて有効な解決策がないか模索を始めた。

二〇〇九年、トラック2外交の同僚であるアシュトン・カーターが、オバマ政権の国防次官に就任した（二〇一一年に国防副長官に昇進、二〇一三年一二月に辞任。二〇一五年二月には国防長官として議会の承認を受けた）。そこで私は、新たにスィーグフリード・ヘッカーとトラック2のパートナーを組んだ。彼はスタンフォード大学の教授であり、私と共同で国家安全保障と技術の授業を教えており、以前にはロスアラモス国立研究所の所長を務めていた。ヘッカーは、ロスアラモス研究所の所長時代以来、ロシア人と戦略問題に関して何百回も議論してきた経験があるので、ロシア人と幅広い人脈もあり、我々の会議に豊かな背景知識をもたらしてくれた。我々のヨーロッパのBMD問題に対して、ロシアの懸念事項を和らげつつも、イランの核計画による潜在的な危険性も認識するようなアプローチを探ったが、可能性の糸口は今日まで見出せていない。他方で、ロシアは何ら満足できる合意はなされないだろうと結論づけ、あたかもアメリカがICBMで脅迫しているかのように見なし、「適切な行動」へと踏み出した。彼らは攻撃的な戦力を再建し、ICBMに複数の弾頭を装着（つまりMIRVによる武装）し始めたが、それはこの方法が最も安上がりで攻撃力を向上させることができたからである。新しい冷戦時代の核軍拡の流れに飲み込まれつつあることを私は恐れた。また、私はこうした場面を過去にも目の当たりにしていた。最初に見たときにもそれは嫌なものだったが、二度目に見たときはさらに嫌なものであった。

この攻撃的な戦力増強が進行中であることの深刻さを理解したオバマ大統領は、就任からわずか一か月後に、米ロ関係に関して「リセットボタンを押す」と宣言した。これは非常に良い考えであり、しばらくのあいだはうまく機能すると思われた。メドベージェフがプーチンに代わって大統領となり（プーチンは首相となった）、彼は米ロ関係を進展させるのに前向きであると思われた。核兵器の制限と踏み込んだ検証を定めた新START条約が署名された。メドベージェフは核兵器ゼロを目標にするという国連の決議に賛同し、アメリカを訪問した（スタンフォード大学も訪れ、ジョージ＆シャーロット・シュルツ夫妻の主催する晩餐会にも参加した）。「リセット」は最大限の効果を表しつつあった。しかしその後、メドベージェフの四年間の任期が終わると、彼は二期目は目指さず、プーチンにあとを譲ると表明した（プーチンは四年前に任期を終えていたので、いまや再び大統領選に出ることができた）。

プーチンは選挙で勝利を収めたが、「票の水増し」疑惑と無縁ではなかった。驚くべきことに、メドベージェフは記者団に対し、彼が四年前に選挙に出た際には、プーチンとのあいだで、一期務めたあとにはプーチンに道を譲ることをあらかじめ約束していたことを明らかにした。多くのロシア人は怒り、その怒りを赤の広場での抗議デモで示したが、そこには一〇万人を超えるロシア人が集まった。そのデモに続いて、プーチン支持のデモも行われたが、数百人ほどの市民が印刷されたプラカードをもって秩序正しく歩く程度にとどまった。私は当時、モスクワの会議に出席しており、会議場の窓からこのデモを目撃していた。会議に参加していたロシア人の一人が（ロシア人らしい皮肉なユーモアで）政府がもっと多くのデモ隊を動員できないことに驚いたと語っていた。

オバマ政権の初期には、大統領は包括的核実験禁止条約（ＣＴＢＴ）批准を議会に再提出する意図を示していた。しかし、新ＳＴＡＲＴ条約批准のために厳しい戦いを経験したあとには、彼は一期目にはＣＴＢＴの再提出は目指さない方針に切り替えた。二期目のオバマ政権でもＣＴＢＴ批准は行われなかった。

軍縮をめぐる数々の失敗の中で、ＣＴＢＴの批准失敗ほど私を悩ませた問題はない。この条約は我々の国家安全保障上の利益にとって常に譲ることのできない重要性をもつと思われるだけに、それに対する根強い反対があることを私は十分に理解できない。この条約の批准は、私にとってかくも明確な責務であるだけに、こうした反対は単に政治的な動機のゆえだと考えてしまう。もちろんこうした姿勢は、この反対を克服するのを難しくする。しかし、私のＣＴＢＴに対する根本的な評価は、それが単に効果的な軍縮の尺度になるだけでなく、アメリカの国家安全保障上の利益に絶対的に資するというものである。結局、それを批准しないことは、他の核保有国――具体的にはロシア、中国、インド、パキスタン――に核実験の口実を与え、新たな核兵器開発の機会を与えるのである。ロシアはいま開発している新しい核兵器の性能を証明するために、核実験を再開する可能性が高いと私は見ている。彼らは我々がＣＴＢＴを批准しないことを正当化の理由にするだろう。また、ロシアの核実験がさらなる核実験の扉を開くことを私は恐れている。中国、インド、パキスタン、さらにこれに対抗するように我がアメリカまでも。核実験によっていかなる利益がアメリカにもたらされようとも――実際に多少はあると思うが――他の国々が核兵器開発を始めることで我々の安全保障に障害を引き起こし、その利益は相殺されるどころか、それ以上の損失を伴うことが目に見えている。

プーチンの再選と抗議デモが終わったあと、米ロ関係は果てしなく落ち続けていくようであった。プーチンは抗議デモを、彼の政権を転覆させるための「カラー革命」の第一段階と見なした。彼はそれがアメリカ政府によって資金提供され、組織されたものと最初から信じ込んでいた。数か月後に、新任の駐ロ大使であるマイク・マクファウルがモスクワに到着した際、モスクワの新聞はマクファウル大使はオバマ大統領からプーチン政権転覆の命を受けて送り込まれてきたと書き立てた。新任大使への何という挨拶だろう！　この（誤った）信念の一因となったのが、マクファウルの前職がスタンフォード大学の民主主義・法治研究センターだったという事実である。

この混乱期に、オバマ政権は何とか対ロ関係をもとに戻そうと模索し続けたが、良い解決方法は見つからなかった。一部のロシア専門家は、すでにプーチンは「我々を見限り」、我々の懸念とは関係なしに、独自の攻撃的な構想を推し進めており、アメリカにはこれを止める力はないと信じている。プーチンはある意味で、一九九〇年代にアメリカの行動を止める力がなかったときに自分が抱いた感情を、逆にいま我々に抱かせているのである。

プーチンはロシアを大国として誇示する伝統的な感覚を刺激する試みを続けた。二〇一四年冬、ロシアはオリンピックを開催し、ロシアが大国として復活したことを印象づける派手なショーを見せた。オリンピックの直後に、ロシアはクリミアでの軍事行動を開始し、クリミアのロシア併合を効果的に成し遂げた。続いてウクライナの大統領ヴィクトール・ヤヌコビッチが、キエフのマイダン広場に集まったデモ隊によって退陣させられると、プーチンはロシア語人口が多数を占める東ウクライナの州の分離独立を支持した。彼らは当初、簡単な偽装を施したロシア人部隊を送って反乱軍を支援し、のちには偽装すらせずに堂々と支援を行った。アメリカはNATOを通じて、主に経済制裁という対応をとった。制裁は経済レベルでは効果があったし、原油価格が一バレル八〇ドルを大きく下回る限りは効果を上げ続けるだろう。しかし、制裁は政治レベルでは効果をもたらさず、反乱軍に対するロシアの支援を阻止することはできなかった。

こうした話は悲劇ではないにせよ、悲話である。それは関係性がいかに簡単に崩れるものであるか、そして二つの強大な国が相互に対立し合うときにどれほどの損害がもたらされるのかを如実に物語っている。一五年もしないうちに、米ロ関係は良好な状態から、かつてないほど最悪な関係にまで落ち込んだ。かつて一九九〇年代にロシアと永続的な協力関係を打ち立てる機会があったと信じる私のような者にとっては、本当につらいことだ。滑りやすい坂を転落し始めたきっかけは、私が見るに、時期尚早なNATO拡大である。東ヨーロッパ諸国を早期加盟させることの否定的な側面は、恐れていた以上に悪い結果をもたらした。

プーチンはロシアで、反米主義のレトリックをふりかざしてウルトラナショナリズムを煽ることで人気を高めてきた。ロシア軍は大規模な武器計画を進めており、とりわけ重要なのは次世代型の核兵器の開発――地上型、海中型、空中型すべて――に注力している。しかも、ロシア政府はこれらの兵器が自国の安全保障の核となると喧伝し続けてきている。軍縮交渉は片隅に追いやられ、一部のロシアの論者たちは、新STARTからの脱退を主張している。ロシア政府の傘下にあるテレビ局の人気コメンテーターは、ロシアは「アメリカを放射能の灰に変える」能力のある唯一の国であると誇らしげに語ったことさえある。そして、こうした事態が展開するいっぽうで、我が政府はロシアに対する重い制裁を科す国際的な取り組みを主導している。

我々は現状をどのように評価すべきだろうか？　我々はこの米ロ関係の極度に望ましくない展開の主要因をどのように分析すべきであろうか？　この事態は間違いなく、核兵器の危険性を減らす長期的かつ幅広い取り組みにおける最も不幸な危機の一つである。ロシア政府のとった行動がこうした悲しい結果につながったことには疑いの余地がない。NATOの拡大それ自体がこの結果を引き起こしたわけではない。とはいえ、NATO拡大は最初のきっかけを作ったのである。

あらためて言うが、この決断の結果、アメリカとNATOの一連の行動が発生し、それをロシアは脅威と感じた。とりわけ、アメリカによるヨーロッパへのBMD配備、セルビアに対するNATOの軍事行動、そしてウクライナとジョージアへのNATO加盟提案はそうであった。これらのことをまとめて、ロシアは自国の利益に対する軽視と受け止めたのである。つまりそれは、アメリカがロシアの意見を重視しないことの証明であった。

事態は潜在的に大変危険な方向に展開しつつあった。

第21章 共通の土台を求めて

最大のレバレッジ――一次的かつ最も力のある予防措置――は外交ではなく経済である。インドとパキスタンの貿易量を大幅に増加させるように刺激することである。あらためて言うが、MAD（相互確証破壊、あるいは狂気）ではなく、MAED（相互確証経済破壊）だ。

アメリカとパキスタンが「トラック2」対話で得た知見
スタンフォード大学にて　二〇一二年八月二三、二四日

前章で述べた通り、米ロ関係は冷戦の終結以来、史上最悪であった。そして公式的な外交も我々の「トラック2」のプログラムも、この不幸な状況を変える上では牽引力をもたなかった。しかし、我々がロシアと対話する新しい方法を探し求めるいっぽうで、他国の核計画の潜在的な脅威――中国、イラン、インド、パキスタン、北朝鮮――を無視することはできなかった。

私はしばしば、議論を実際の政府の行動へとつなげることが難しすぎて忍耐を切らしてしまうことがあるが、トラック2外交の努力そのものは、国防長官時代のような権限はなくとも、時間と労力を注ぎ込む価値があると固く信じている。中国と台湾の場合、トラック2外交は機能し、我々は実際にいくつかの重要な政府間の議論にも影響を与えることができた。

我々の「予防防衛」プログラムはロシアとの対話のすぐ下に、中国との対話を優先時課題として位置づけていた。我々は中国が巨大かつ成長中の経済に加えて、望めばいつでもすぐに増強できる巨大な核兵器プログラムももっていることを認識していた。中国が今後数十年のあいだに国際社会の舞台で中心的な国になるだろうことは疑いなかった。

一九九七年、私は古い友人であり、詩人の一面ももつ、いまや中国の国家主席となった江沢民と会った。彼は我々が米中関係を発展させるために、長期的なトラック2の取り組みを続けることに合意し、海峡を挟んだ台湾との問題に焦点を当てるべきだと言った。彼は中国側の代表として汪道涵を指名した。汪は江沢民の前に上海市長を務めたことがあり、江が一目を置く人物であった。我々の側ではアシュトン・カーターと私が、米中関係に関する全米委員会と連携を担当し、同委員会は代表としてジャン・ベリスを指名した。ベリスは「ピンポン外交」以来、中国人と仕事をしてきた経験があり、中国語にも通じていた。我々は毎年、中国、アメリカと場所を変えながら会議を開き、中国を訪問する際にはたいてい、台湾にも立ち寄った。

中国と台湾のトラック2外交は親しい雰囲気の中で始まった。長年にわたって我々は中国と台湾のあいだの対立――それはアメリカを破滅的な軍事衝突に引き込む可能性がある――を和らげることに専念してきた。しかし、我々の外交には明らかに制限が伴っていた。トラック2対話の当初、中国と台湾のあいだの主権をめぐるこれまでの根深い不一致に、我々は何ら意味のある形で影響を与えることができなかった。それどころか、成功を約束してくれるような前例となる考え方もないように思われた。それで我々は新しい考え方を生み出さなければならなかった。我々は新しい抑止の概念を戦略として応用したが、それは特定の時代にのみ可能なものだった——すなわち、中国と台湾のあいだで活発に成長を遂げつつある経済交流をレバレッジとして利用する方法である。我々は両岸を挟んで相互の接触——商業的、社会的、そして家族的なつながり——を増やすことで、軍事衝突の可能性を減らすことに重点を置いた。これにより戦争につながる火種を防げると考えていた。そして我々は、その戦略のために内在的なレバレッジとなる具体的な課題を取り上げた。すなわち、台湾と中国の両者に対して海峡をまたぐ民間航空機の往来を認めるというものである。この往来は最終的に二〇〇八年に認められ、その後急速に拡大し、観光はもちろん、家族間や社会的つながり、ビジネスの拡大を大幅に促進した。

我々と両政府との対話が、この合意をもたらすのに役に立ったと私は信じている。我々の影響力を公けに示すもう一つの証拠がある。トラック2の同僚の一人であるタリン・シュー（徐大麟）が話してくれたのだが、台湾の空港には我々の訪問団と馬英九主席が並び立つ壁画が展示されたという。

重要なことは中国と台湾のビジネスは今日、相互に緊密に連携しているので、軍事衝突はその結果がどうであれ、両国にとって重大な損失となるということである。冷戦期間中、アメリカとソビエトは相互確証破壊（MAD）という恐怖によって、相手に対する攻撃を抑止されていた。しかし、時代は、地域規模においてもグローバル規模においても変化した。今日、中国と台湾は相互確証経済破壊（MAED）のために軍事衝突を抑止されている。抑止は、変わりつつある時代にふさわしい新しい発想で練り直すことができるのである。

良い知らせとともに悪い知らせも届いた。アメリカと中国のあいだでは相互不信と敵意が高まりつつあった。中台間の衝突が米中間の紛争の引き金になるという長期にわたって維持されてきた前提がなくなったにもかかわらず、両国の勢力の中には、相手が軍事的脅威になると警鐘を鳴らし、戦争は不可避である主張する者もある。台湾を奪おうとする新たな動きも見え隠れし始めている。長らく論争されてきた南シナ海の島々の暗礁に対する中国の所有権をめぐって問題が生じ、紛争相手国だけでなくアメリカにも影響を与えるようになっている。我が国はこの問題を南シナ海における航行の自由に対する挑戦とみなしている。そして、長らく注目を集めてこなかったいくつかの小さな島々の所有をめぐる争いが、中国と我々の同盟国である日本との衝突の可能性を高めている。

二〇一二年一一月、第一八回の党大会前に開かれた中国に関する「トラック2」協議において、私は意気消沈させられることがあった。多くの中国人は、日本が台湾と沖縄のあいだに位置する無人島（尖閣諸島もしくは釣魚島）を購入したことに対してナショナリズム熱を燃やしていた（日本政府はその島を所有する日本国籍の住民が中国を挑発する行動をとりかねない事態を恐れて、その所有者から島を購入したと説明している）。私はこの事態を日本にいて目撃したわけではない。しかし、日本でもナショナリズムの強い感情が表れていた。中国と日本は両者とも（ついでに台湾も）その島の所有を主張している。しかし、その島にはいずれかの国の主張を好む人間は住んでいない。また、その島には特段の経済的価値もないようであり、この点は南シナ海で争われている島々の問題とは対照的である。しかし、こうした条件も両国のナショナリズムの熱気を冷ますのには効果がない。日本は、この島が日米安全保障条約の適用範囲内にあると主張しており、自国の主張を公式に支持するようアメリカに要請した。

南シナ海での紛争は、二〇一四年に中国がサンゴ礁の浚渫《しゅんせつ》を、さらに二〇一五年にスプラトリー諸島に飛行場の建設を開始したことで、大いに緊張が高まった。この一方的な行動は、長らくスプラトリー諸島の領有を主張していたフィリピンを驚かせ、この既成事実に対抗措置をとるよう刺激した。中国は軍事力を用いて彼らの建設活動の保護に乗り出し、フィリピンとアメリカ政府が何らかの行動をとるよううまくけしかけた。私はこの行動に深く失望している。というのも、これは中国が外交ではなく軍事力によって、自らの領土主張をする計画であることを示唆しているからである。理性的に考えれば、こうした対立する主張は国際法廷による仲介や裁判、あるいは単に現状維持を認める合意によって解決されるべきである。ところが、中国政府は必要とあればそれを軍事力で解決しようとしているのである。

二〇一五年、中国政府は新しい軍事戦略を発表した。それによれば、彼らは「外洋」海軍を建設する計画であるという。これは、現在の近海防衛を目的とした海軍からの大きな飛躍である。さらに、彼らは核戦力も大幅に増強し、新たにＭＩＲＶ化されたＩＣＢＭを追加することで近代化を図っている。これは中国の戦略核の能力の重大な変化を意味する。これら二つの側面での戦力増強は、中国が地域紛争において攻撃性を強めている時期と一致するだけに大きな不安要素である。言うまでもなく、これらの島々の領有を主張する国家間の軍事衝突は、当事国のいずれにとっても大きな災害だが、仮にアメリカまでもがそこに加わるとしたら、その災害は世界的な規模のものとなる。それは核保有国間の最初の戦争となり、その先にはただ地球の滅亡だけがあり、勝者はどこにもいないことを当事国が理解しているものと信じたい。とはいえ、歴史は我々に対して、ある国が自国の利益に反して行動する可能性——特に感情的な高まりがある場合——について決して軽く見積もるべきではないことを教えている。

イランをめぐる懸念はもう一つの喫緊の課題である。イランは関連する核行動、すなわちウランを濃縮し、核兵器に用いる可能性がある。ジョージ・H・W・ブッシュ政権のあいだ、EUはイランのウラン濃縮計画を中断させる交渉をしたが成果がなかった。オバマ政権は発足すると、イランとの交渉に積極的に取り組んだ。これは良い考えだったが、行き詰ってしまった。私はこの手詰まりこそトラック2協議の最優先課題であると考え、スィグフリード・ヘッカーとともにイランの安全保障関係の顧問たちをジュネーブに招待することにした。我々はこの協議が、アメリカ政府の交渉者に役に立つきっかけを見つけることができればと願っていた。

二〇〇七年から二〇一二年にかけて、私はイランの政府関係者とのトラック2協議に四回参加していた。私の目的は、イランの核兵器開発を防止するために行われている政府間の議論を促進させることにあった。ジュネーブとアムステルダムで開かれた最初の二回の協議には、イランの安全保障問題の顧問たちが参加した。残りの二回はニューヨークで開かれ、その協議には国連の会議の合間を縫ってイランの外務大臣も参加した。すべての協議を主宰したのは、ビル・ミラーである。私は国防長官時代、彼と緊密に仕事をしたことがあり、当時彼はウクライナ大使を務めていた。彼は若いとき外交官として、五年間のイラン勤務の経験があり、強い情熱は言うまでもなく適切な経験を生かして、アメリカとイランの問題に取り組んだ。しかし、残念なことに具体的な成果は得られなかった。

私はEUとアメリカがイランの濃縮計画を認めるいっぽうで、濃縮の度合いを信頼できる証明枠組みの中に置くことが前進への道だと考える。これはイランが受け入れられるものだろうが、それでもイランが核爆弾の製造を続ける決断をすれば、その交渉戦略は失敗に終わるであろう。しかし、それは我々が予測できない深刻な試練とはならないはずだ。

イラン政府関係者によるイスラエルに対する乱暴な発言は、イランが核兵器をもてばイスラエルを攻撃するとの恐れをイスラエルに抱かせた。イスラエル政府がイランの核計画を自国の存在を危機に晒すものと認識すれば、イスラエルがイランの核計画を抑止したり、破壊したりするために空爆を行う可能性は非常に高い。そうした攻撃自体がもつ問題に加えて、それは予期せぬ結果を招く可能性がある。どう転んでもその結果はすべて悪いものであり、大変深刻なものになりかねない。

イランの核兵器計画に関するトラック2の対話に参加し続ける私の動機は、イランの核兵器は破滅をもたらすという確信であった。しかし、トラック2協議は、公式の政府間交渉に（幸いにも）取って代わられた。本章を書いている時点で、アメリカとEUの交渉チームは、イランとの合意に達した。しかしこの合意は、アメリカ、イスラエル、イランの各国で批判を招いた。アメリカとイスラエル内での批判は、合意条件が甘すぎてイランは条約を利用して核兵器を開発するだろう（北朝鮮がIAEAを利用したように）という恐れに基づいていた。イラン国内の批判はまったく逆で、条約の条件が厳しすぎて自国の核兵器開発の成功を妨げるというものであった。もちろん、どちらも正しいわけがなく、実際、私はどちらも間違っていると思う。これらの批判は単に条約交渉の共通の問題を示しているにすぎない。両国が受け入れた妥協は、両国内の極端な主張を決して満足させることができないことが運命づけられているのである。もし私がアメリカの交渉者であったなら、アメリカのすべての党派を満足させる条約を簡単に結ぶことができるだろう。ただし、私が交渉テーブルの両側に座ることができたらの話であるが！　もしこの合意がアメリカ国内の反対によって失敗すれば、その結果はイランの核計画に歯止めがなくなり、彼が実際に何を計画しているかを協力的に監視する手段が失われるだろう。イランの極端な主張を唱える人々は、そのような結果を歓迎するだろうが、それをアメリカやイスラエルの中に望ましいと考える人がいるとは到底思えない。

イランが核兵器開発に向かう危険性は、この非常に恐ろしい核の時代に新たな段階が来ていることを如実に示している。長らく存在してきた身近な二つの大きな危険性がますます大きくなりつつある――核の拡散と世界中に無数に散らばる核施設における安全管理の明らかな不備である。核の安全管理という問題は、冷戦時代のそれとは大きく異なり、深刻なほど複雑な様相を見せており、警戒と国際協力の必要性が急速に高まっている。イランの核危機に関しては、十分な時間が残されていない。

核をめぐる懸念が国際社会においてますます複雑となる中、インドとパキスタンの問題も重要性を増している。この両国は二つに分離して以来、三度の戦争を戦っているが、経済、人口、軍事力において断然に優位なインドが「勝利」している。この紛争ではカシミールが主たる問題となり、この領土問題が未解決のため、四度目の戦争も決して遠い話ではないように思われる。しかも、今度は二つの核保有国の戦争となってしまうのである。しかし、多くのインド人とパキスタン人は、自国の核兵器がもつ抑止力により、四度目の戦争は起きないだろうと考えている。両国民は、戦争が核戦争になりうる――これは両国にとって恐ろしい展開であり、戦争が拡大して核戦争となれば、兵器使用時に不可避の放射性降灰物は、地域外にも広がり、多くの国々に多数の被害者をもたらし、世界的な惨事となる――ことを考えて、最終的に抑止されるだろうと考えている。しかし、こうした抑止力は決して確実なものではない。南アジアにおける地域的核戦争に対して私が恐れているのは、パキスタンが最近配備を進めている「戦術核」である。

この状況の深刻さを理解した上で、スタンフォード大学の同僚であり元国務長官のジョージ・シュルツと私は、スタンフォードにいるときは数人のパキスタン人を、またあるときは数人のパキスタン人とインド人の両者を招いて、トラック2協議を主宰した。ある協議の際の合間に、パキスタン軍の元幹部が、迫りくる地域的核戦争への深い憂慮を私に打ち明けてくれた。パキスタンの一部の集団は「第二のムンバイ」攻撃を画しており、パキスタン政府はそれを阻止できないであろうと彼は考えている。インドに対するあのようなテロ攻撃が再度行われたあとには、インド政府は二〇〇八年のムンバイ攻撃の際に見せた自制は見せずに、パキスタンに対する懲罰的な軍事作戦を行うであろう。すると、兵力で劣るパキスタン軍は、パキスタンの「戦術核」を使用してインドの侵攻を食い止めようとする誘惑にかられるであろう。この絶望的な論理は、核攻撃がパキスタン領内のみで行われれば、インド政府は自国の核兵器を使って報復しないだろうという前提に基づいている。その退役したパキスタン軍の元幹部と私は、この前提は大いに疑わしく、パキスタンが「戦術核」を使う決断をすれば、全面的な核戦争につながる可能性が高いと見ていた。

この危険な状況において期待できるのは、両国の政府内外でこの危険性を認識し、新たな戦争を抑止する上で核兵器には依存できない——パキスタン内に終末論的悲劇を狙って引き起こそうとするテロ集団がいる以上、なおさらそうである——と理解しているまじめな人々の働きである。我々のトラック2協議では、一触即発のカシミール問題と歴史的に積み重なった敵意に対する解決の道筋を見つけることはできなかった。しかし、我々は核戦争に拡大し得る新たな戦争の可能性を減らすためのいくつかの間接的な方法を見出した。最大のレバレッジ——最良で最も重要な予防措置——は外交ではなく経済であり、インドとパキスタンの貿易量を大幅に増やすことである。再び「相互確証破壊（MAD）」ではなく「相互確証経済破壊（MAED）」である。これが中国と台湾の事例と類似していることは言うまでもない。両国のあいだでは、軍事的衝突の可能性は、貿易や合弁企業の増加により大幅に減少している。というのも、両国は経済的に相互依存しているので、戦争は相互にとって破壊的な意味をもつからである。

今日の「グローバリズム」時代の精神においてとりわけ重要であり、自覚すべきもう一つの教訓は、大規模な抑止戦略は、核兵器の危険性の自覚とそれを低減させる必要性を一般の人々の間に幅広く自覚させることを前提にしなければならないという点である。世界の経済は国際的に相互に緊密につながっているので、経済的危険性は二大国の中に大半が隠されていたり、辺境の荒地や海の下に展開されたりしている、一見遠い世界の話に思われる軍事的危険性より、もっと危険性の頻度が高く、影響も広範囲におよび、個人や集団や社会の懸案事項になり続けているように思われる。

そこで我々のトラック2の協議はインドとパキスタンのあいだの貿易と合弁企業を増やす行動に焦点を当て続けた。二〇一一年と二〇一二年には前向きな成果が得られた。そして我々は両国が相互利益に基づいて関係を構築することを強く望んでいる。

インド－パキスタン間の地域紛争に対する懸念を除けば、国防長官時代の北朝鮮との暗い経験は、北朝鮮の核武装という重大な懸念へと私の警戒心を向かわせた。北朝鮮が核兵器開発の技術的能力をもっており、その目標の実現に向けて固い決意を有していることを私は知っていた。彼らは長期間にわたり、六個から一〇個の核爆弾を製造できる量のプルトニウムを保有し続けていた。世界最後のスターリン主義政権である北朝鮮は、インドやパキスタンのような民主的政府と比較すると予想できないほど危険なのだ。

第22章　北朝鮮政策の見直し

それゆえにアメリカの政策は北朝鮮政府をあるがままに――我々の期待に沿ってではなく――取り扱うことである。

クリントン大統領、金大中大統領、小渕恵三首相に対する北朝鮮政策の見直し提言　一九九九年

最後の北朝鮮危機――それは一九九四年に私が国防長官就任直後に発生したが――は、米朝二国間合意である枠組み合意によって解決を見た。この枠組みの下で、北朝鮮は寧辺《ニョンビョン》の核施設を――この施設は黒鉛減速原子炉からプルトニウムを抽出する狙いがあるように思われた――閉鎖することに同意した。他方、日本と韓国は北朝鮮に一〇〇〇メガワットの発電能力をもたらす軽水炉型原子力発電所を二基建設し、アメリカはこれらの軽水炉の発電用に燃料原油を提供することに合意した。他の諸国もこの取り組みを支援するために参加し、すべての取り組みは最初はス

ティーブ・ボズワース大使、続いてボブ・ガルーチ大使のリーダーシップのもとに行われた。すべてが順調に進むように思われた。寧辺は閉鎖されたままであり（この期間中、数十発の核爆弾を製造できる量のプルトニウムを製造することができたであろう）、軽水炉は建設が進み（スケジュールは遅れがちであったが）、アメリカは毎年燃料を供給していた。

しかし北朝鮮においては、長期間、ものごとがうまくいくことはない。一九九八年にいくつかの危機が生じた。北朝鮮はノドンミサイルの製造、実験、そして配備を行った。ノドンは韓国と日本の一部を射程に入れる中距離弾道ミサイルである。さらに北朝鮮は射程の長いテポドン1号と2号の開発を始めた。これらは両者ともノドンの改良を第一段階として開発が始められた。テポドンは、その開発が完成すれば、韓国や日本全体はもちろん、アメリカの一部も射程に収めることができるものであった。この結果、これらのミサイルは、両国を懸念させた。とりわけ、ICBMは核弾頭を装着しなければ軍事的に意味をもたないので、その懸念は深刻であった。この懸念は、一九九八年八月三一日に北朝鮮が衛星の打ち上げ――これは失敗に終わった――を行い、テポドン1号を日本上空を越える形で飛翔させたとき、懸念を飛び越えて「危機」のレベルまで高まった（ロシアとアメリカが最初に衛星を軌道に乗せることに成功したときには、軍事ロケットが用いられた）。アメリカと日本の怒りを招いたこの飛翔実験により、アメリカ議会と日本の国会は枠組み合意への資金提供を打ち切りについて議論を開始した。しかし、仮に枠組み合意が放棄されるならば、北朝鮮は間違いなく寧辺の核施設を再開し、それらのミサイルに核弾頭を装着するために必要なプルトニウムの製造に走ったであろう。

この危険な時期のあいだ、アメリカ議会は第三者による北朝鮮政策の見直しを要求し、クリントン大統領はそれに同意した。大統領は私にこの見直しを主導するよう依頼し、私はそれを義務と思って引き受けた。私はこの見直しは、我々が最後の危機を枠組み合意で解決したあとの四年間に生じた新たな危機によって必要とされたものであり、この新たな危機の重大性はさらに高まっていると考えていた。私はスタンフォードでの仕事を半分に減らし、その分だけこの政策見直し作業に時間を注げるようにした。

私は強力なチームを必要とした。そこで、私は長年の同僚であるアシュトン・カーターに見直しチームの副座長となってくれるよう頼んだ。彼は同意し、私と同様にハーバード大学での仕事を減らした。国務省からの力強い支援も必要であったが、これには問題があった。というのは、国務省は伝統的に、大統領が任命する第三者委員は自分たちの仕事に干渉してくると煙たがる傾向があったからだ。しかし、私は国防長官時代、当時国連大使であったマデレーン・オルブライトと親しくしており、彼女はいまや国務長官となっていた。私は彼女に国務省から一流のチームを出してくれれば、私の成功の可能性も高まると話し、彼女と緊密に連携することも約束した。彼女は、最も有力な補佐官のウェンディ・シャーマンにカーターとともに共同副座長を務めるよう依頼してくれた。また、彼女は国務省きっての韓国専門家であるエヴァンス・リベアと同じく国務省若手の注目株であるコリアン・アメリカンのフィリップ・ユンを派遣してくれた。ホワイトハウスが、私が以前に一緒に仕事をしたことがあるアジア政策専門家のケン・リバーサルを派遣してくれたこともありがたかった。

私の次の課題は議会対策であった。関係する委員会に対してブリーフィングの機会を設け、それらはうまくいったが、さらに私はカギを握る有力議員に対して一対一の面談をもった。これらの面談もうまくいったが、一つだけ躓いたのがマケイン上院議員との面談であった。彼は枠組み合意に反対しており、北朝鮮とのさらなる対話に対しても反対していた。私が国防長官時代にマケイン上院議員と良好な関係を築いていたのは多少は助けになったが、彼が今回のプロジェクトを支援しないだろうことは明らかだった。

最後に、私は日本と韓国政府を巻き込む――両国にとって北朝鮮は共通の問題だが、多少異なる問題である――ことが肝要であると信じていた。韓国の金大中大統領は、私の北朝鮮政策見直しが、彼が実行中の「太陽政策」を動揺させることを恐れていた。他方で日本の小渕恵三首相は、日本が北朝鮮とのあいだに抱える最重要課題――数十年前に北朝鮮に拉致され、いまも同国内にとどめ置かれている人々を解放させること――を私が無視するのではないかと怖れていた。私はアジアに飛び、小渕首相と金大統領と会談し、両者に対して私が彼らの指摘を真剣に受け止め、彼らの利害を最大限に反映させることを約束した。約束を守ることができるようにそれぞれの政府から高官を私のチームに派遣し、彼らと私を含め三人がこの「三国間」プロジェクトの共同代表となるよう依頼した。この提案は彼らを驚かせ、その警戒心を解いた。そして彼らは見直しチームに素晴らしい人材を派遣してくれた。このときから、私は加藤良三大使と林東源大使の同意なしでは、何ら決定を下さなかった。このやり方は、当初望んでいたよりも作業速度を遅らせた。しかし、最終的に我々が最終報告書への承認を求める際に、大きな見返りを生んだ。この協力的なプロセスは（日本と韓国では「ペリープロセス」と銘打たれた）は両国において幅広い支持を集め、今日でもそれは変わっていない。

この協力的なアプローチは、複数の政府が、世界規模の安全保障問題、とりわけ危険な核の問題を抱えるグローバル時代において、どのように協力すべきかを示す模範であると思う。私がこの協力的なアプローチを信じるのは、経験上、歴史的な紛争や競合を抱える個人や国家であっても、相互信頼と尊敬に基づく政策のもとで協力し合うことができることが示されているからである。疑いなく北朝鮮危機は不吉な前兆である。核兵器を伴う危機は、歴史的にもその本質においても、必然的にグローバルな危機となる。各国にとって、この危機を緩和する国際的プログラムやプロセスを確立する外交に協力することは緊急かつ共通の利益である。

この精神のもとに、韓国と日本政府と並んで、私は中国とロシア政府関係者――彼らは公式には見直し政策の承認には関係していないが――とも情報を共有する会合をもち、彼らに我々の進捗状況を伝えるいっぽうで、助言も求めた。

こうした協力的な基盤を築いたあと、私は見直しに着手した。その後の五か月間で、我々の三国間グループは六回の会合をもった。ワシントンで一度、東京で一度、ホノルルで二度、ソウルで二度である。会合の最初のころは、日本と韓国のあいだの歴史的な不信感のために、進展ははかばかしくなかった。しかし私が予期していた通り、日本と韓国の共同代表はそれを乗り越えた。その後の会合は順調であり、我々は速やかに共通見解に達した。

三国間プロジェクトのチームは、三か国の軍事力を連合させた力がパワーバランス的に確固たる優位をもたらし、この事実は北朝鮮によっても理解されていると認識した。我々の抑止力は強力であるのみならず、北朝鮮の核兵器入手――それは北朝鮮が寧辺を再稼働しプルトニウムを製造すれば可能となる――を阻止し続けていると結論づけた。我々は北朝鮮が寧辺の施設を数か月内に再稼働させることができることを明確に認識していた。

我々は三か国の政府が二つの根本的に異なる政策――一つは新しく、もう一つは伝統的なものである――のあいだでバランスを取っていることを知っていた。新しく、かつ好ましい戦略は、北朝鮮が核兵器を製造する能力をもつ施設を解体するいっぽうで、段階を踏んで包括的な国交正常化と平和条約締結に向けて前進することであった（厳密に言えば、朝鮮戦争は休戦状態で終わっており、我々は現在も北朝鮮と交戦中である）。

より伝統的な選択肢は威圧的戦略であり、北朝鮮に対して一連の強力な制裁を科して、核施設を放棄させるものである。この威圧的な方法のために、我々は最初に第七艦隊の部隊増強や韓国への増派や弾道ミサイル防衛システムの配備を含めて、抑止力の強化を推奨した。

二番目の選択肢は費用が嵩み、危険であり、戦争に至る危険性も高いため、我々は第一の戦略目標の達成に力を注いだ。しかし、我々は三か国政府のいずれもこの戦略を単独で実施することはないことを強調した。というのも、この戦略は各国の議会の支持と、同盟関係にある三か国の完全な協力を必要としたからである（三か国間の会議は、そのための道筋を開いた）。最も大事なことは、我々がより望ましいと考える政策と条件に北朝鮮を同意させ、協力させることであった。そうでなければ、我々はもとの威圧的な戦略に戻るよりほかなかった。三か国の首脳は、我々の提案を受け入れ、北朝鮮の指導者たちが我々の望む政策を受け入れるかどうかを確かめるために私が平壌を訪問することを許可してくれた。金大統領と小渕首相は、私がアメリカ政府はもちろん、韓日両国政府を代表することを承認する親書を書いてくれた。我々はこの行動計画案に完全（熱烈すぎるぐらいに）な合意があり、それは三か国間の協力の成果を証するものだった。この時点で我々は各国の議会の承認を得てはいなかったが、いずれ北朝鮮との合意を得るためにはその承認が必要になることはわかっていた。

北朝鮮政府は私のチームが米軍機で平壌に入ることを認めてくれた。これは、北朝鮮が我々訪問団をまじめに受け入れる意思があることの証であった（またそれは、北京を経由して便数の少ない平壌行きの飛行機に乗り換えるよりもはるかに便利であった）。

我々の飛行機が北朝鮮の領空に入ったとき、私は幾分か緊張を覚えたことを告白しなければならない。地上の防空部隊は、我々の飛行が許可されたとの連絡をきちんと受けているだろうか？ 結果的には何もなかった。空港では北朝鮮の代表団が待ち受けており、我々を招待所に連れて行って休ませてくれた。その日の夕方、我々は人民大会議議長と面会した。それはとても盛大で友好的なものではあったが、多分に儀礼的なものであった。というのも、北朝鮮では実権をもつのは金正日であったからである。私は議長が渡してくれたスケジュールに目を通し、軍の指導者たちとの面談が予定されていないことを指摘した。私は先方に自分がアメリカの国防長官であったことを思い起こさせ、軍幹部との面談を求めた。また医薬品をもってきたので、平壌の子供病院に届けさせてほしいと頼んだ。彼はどちらの要求も認めてくれた。

翌朝、私は会議場に案内された。我々が揃うと、北朝鮮の将軍が一団を率いて入ってきた。そして次のような会話が交わされた。

まず彼は言った。

「この会議は私が望んだものではない。私はあなたに会うよう指示された。我々が核兵器を諦めるかなんて話題については話すべきとは思わない」

私は答えた。

「どうして核兵器が必要と思うのですか？」

「我々を侵略から守るためです」

「誰からの侵略ですか？」

「（私を指さして）アメリカからの侵略です。我々は核開発をします。そして、あなた方が攻撃をしかけるなら、我々は核を使ってアメリカの都市を破壊します。パロアルトも含めてですよ！」

私は外交における率直さを評価する。しかし、これはあまりにも行きすぎであった！ 結果的に私はこの将軍の立ち位置がわかった。荒々しいやり取りで始まった会談ではあったが、その後の議論は面白くまた有意義であった。一つ北朝鮮の政府機関どうしの関係について示唆的だったのは、外務省の代表がある主張をしたときに、それを将軍が遮って、我々に対して「あなた方は、こんな『背広組《ネクタイ》さん』を気にする必要はないんですよ。この人たちは軍事について何も知らないんですから」と語ったことである。

その翌日の経験はまったく異なったものであった。我々は平壌の子供病院を訪ねた。そこでは病院を代表する医者が我々を丁寧に応接してくれた。我々が大量の抗生剤を含む医薬品を彼女に贈呈すると、彼女は涙ぐまんばかりだった。彼女は抗生剤の不足のために毎日、本来助かるはずの子どもが亡くなっていると話してくれた。彼女は何人かの子どものところに案内してくれたが、途中で立ち止まって弁明的に言った。「あらかじめ警告を申し上げなければなりません。私は子どもたちにあなたたちが来ると話しました。子どもたちは、あなたに殺されはしないかと尋ねてきました」。憎しみに満ちたプロパガンダによって歪められた心や考え方に基づくコメントほど悲しいことはない。北朝鮮人は政府機関のラジオやテレビ以外に情報源がない。公共放送は四六時中休むことなく「ファシストの戦争好き」のアメリカ人について歪められた報道を垂れ流している（たとえば、一九九四年の核危機の際には、北朝鮮メディアは私を「戦争狂」と呼んだ）。とはいえ、病院訪問は無事に終わり、子どもたちは喜んでいた。

我々は三日間にわたり、北朝鮮の第一外務次官の姜錫柱と交渉した。交渉中、彼が大言壮語するようなことはなかった。北朝鮮人は明らかに彼らのミサイルを重視し、それが彼らに抑止力、威信、そして海外への販売を通じて資金をもたらすと見ていた。しかし、核兵器は言うまでもなく長距離ミサイルの放棄が国交正常化につながる道であることも理解していた。何よりも重要なことに、彼らは国交正常化――それは、数十年にわたる安全保障上の危機を超えて、ようやく安全で安定し、繁栄する朝鮮半島に至る道である――を望んでいた。

平壌を去る前に、我々は市内の見学に出かけた。我々は有名な主体思想塔も見学したが、そこを訪れた際に、一台のバスがやってきた。乗客がみな降りると手をつなぎ、あちこちで踊り始めた。周辺の通りにはまったく人っ子一人いなかったので、我々はこの踊り手たちについて疑問を抱かざるを得なかった。我々の案内人の説明はこうだった。「この人たちは自発的に集まった人民です」。

帰りの飛行機の中で、訪問チームが一致して確認したことは、北朝鮮は我々が提示した協力的な戦略を受け入れる準備があるということであった。

我々の平壌訪問後、その年の残りの期間には、国交正常化に向けてあらゆる良い兆候が表れていた。二〇〇〇年のシドニーオリンピックでは、南北朝鮮は一緒に入場行進を行った。金正日は上海を訪問し、証券取引所とビュイック車の工場を見学した。初の南北首脳会談が開かれた。続いて日本も北朝鮮との首脳会談の準備に入った。こうした熱気の中、リーと私は息子のデイビッドと孫のマイケル――彼は生まれは韓国人だが養子となった――とソウルを訪問した。マイケルは一歳のときに養子となり、そのとき一五歳になっていたが、我々は彼に生まれ故郷の国を見せてやりたかった。長い空の旅を終えてソウルの空港に夜遅く到着してみると、我々は大勢のソウルのテレビ局のカメラとレポーターに取り囲まれた。彼らはマイケルと私をインタビューしたがっていた。我々を出向かえに来ていたスティーブ・ボズワース大使が盾となって寝ぼけ眼のマイケルをカメラから守り、我々を素早く大使公邸まで送ってくれた。翌日からの三日間、リーと私はデイビッドとマイケルを案内し、地方にまで足を延ばし新羅の古跡も見学した。我々は至るところで韓国人たちに知られており、話しかけられた。みなマイケルを通訳として使おうとするのだが、彼は韓国語を話せなかった。

ソウルでの最後の晩には、我々は韓国対ブラジルのサッカーの試合に招待された。それはその年ソウルで最も注目を集めた一戦だった。両国とも互角の戦いを見せ、〇対〇の引き分けでロスタイムに入った。すると韓国の左ウイングがブラジルのパスをインターセプトし、相当の距離をドリブルし、決勝点となるシュートを決めた。マイケルと私は飛び上がって喜んだ。我々の席の数列前にいた目ざといカメラマンは、我々が手を挙げて喜ぶ姿を写真に収めた。翌日、韓国の日刊紙『朝鮮日報』は「ペリー氏とその孫が、サッカーの試合を熱烈応援」との見出しでその写真を掲載した。マイケルにとってはこれ以上の思い出の品はない！　翌朝、空港に向けて出発しようとしていたとき、我々はマイケルを土産物屋に連れて行き、彼はスポーツウェアを買った。彼が財布を出そうとすると、店員は言った「マイケル・ペリーさんですよね。それならお代はいただきません！」マイケルと私は、このときのことを決して忘れないだろう。それは、韓国の人々の温かさともてなしの気持ちを純粋に表していた。それと同時に私は、これこそ韓国の人々が戦争で引き裂かれた祖国の平和を心から望んでいることの表れだと思った。

「太陽政策」は前進を続けた。二〇〇〇年一〇月、金正日は軍の幹部である趙明禄元帥をワシントンに派遣することにより、我々の提案に対する前向きな姿勢があることを示唆した。彼はワシントンへの途中にスタンフォード大学にも立ち寄った。金正日は私にシリコンバレーの会社をいくつか案内してもらえるよう、私に頼むように指示していたそうだ。そこで私はサンフランシスコのベイエリアを車で回るツアーを企画し、いくつかのハイテク企業を訪問した。趙元帥の訪問は、ちょうどサンフランシスコのフリート・ウィークと重なっていた。この行事はベイエリアの海軍の恒例行事であり、我々はベイブリッジを車で横断しながら、海軍のブルーエンジェル（アクロバット飛行隊）が強固な編隊を組んで頭上を飛行する様子や、湾内を航行する巡洋艦、駆逐艦、空母のパレードを楽しんだ。趙元帥はこれらの軍事力の誇示は、彼のためになされたと思ったかもしれない。

その晩、私は趙元帥をスタンドフォードのエニシアホールでの夕食会に招いた。その席には三人のコリアン・アメリカンも招いたが、その一人がハイテク企業の幹部で、のちにベル研究所の所長となったジョン・キムであった。その日の午前中、ジョンは趙元帥にルーセントの眼鏡工場を案内していた。趙将軍は技術的なことは理解しなかったけれども、少なくとも北朝鮮よりもすべてが何十年も進んでいることは理解した。夕食の際、三人の韓国系のビジネスマンたちは趙元帥と韓国語で会話できたのみならず、韓国・朝鮮人が自由な市場システムの中でどれほど成功を収めることができるかという模範を示すことができた。我々はこの事実を北朝鮮（と同盟国である中国にも）に積極的に考えてほしかったのである。

翌日、趙元帥はクリントン大統領や他の政府関係者に会うために、ワシントンに飛んだ。そして、大統領に平壌訪問を求める金正日からの招待状を伝達した。ワシントンでの最後の夜、オルブライト国務長官は趙元帥のために晩餐会を催し、私も参列し、彼の隣に座った。その日は偶然にも私の誕生日でもあり、オルブライト長官の声がけで「ハッピーバースデー」が歌われた。その後、食卓での会話を通じて、趙元帥は私が彼よりも三週間だけ年上だということを知った。これを受けて（北朝鮮の文化では、年配者ほど知恵があるとされる）彼は立ち上がり、私の高齢を祝福してくれたので、その場に居合わせたアメリカ人はみな驚いた。その部屋に流れた温かい空気は、前年に起きたさまざまの良い方向への展開と合わせて、北朝鮮の核の脅威は遠ざかったと我々はすべてに期待を抱かせるものだった。しかし、そう期待通りにはならなかった。

そのとき、クリントン大統領の二期目の残りの任期はわずか三か月となっていた。彼が任期を終える前にやり遂げたかった外交上の二大課題は、北朝鮮との国交正常化とイスラエルとパレスチナ間の平和条約である。彼は両者とも優先課題としており、そのうち一つは達成できると信じていたが、両方は無理だとわかっていた。彼は残りの任期を中東の和平条約に使うことを選んだ。大統領はほとんど成功しかけたが、最後の瞬間にヤセル・アラファトが怖気づき、失敗に終わった。大変残念なことであるが、大統領は覚悟をもって創造的な努力をしたにもかかわらず両方の課題とも達成できずに終わった。

コリン・パウエルは、私がクリントン政権に参加したときの統合参謀本部議長であったが、ジョージ・H・W・ブッシュ政権の国務長官に就任することが内定していた。私は彼に我々の一連の交渉について引き継ぎを行った。彼は私に、北朝鮮との交渉を続けるつもりであり、成果をもたらすつもりだと話してくれた。ブッシュ大統領の就任からわずか六週間後に、韓国の金大中大統領はワシントンを訪問し、私が始めた北朝鮮との交渉を新政権も継続するとの確証を求めた。パウエル長官は明確にその確証を与えたが、これが翌日のワシントン・ポスト紙には次のような見出しで報道された。「ブッシュはクリントンの対話を継続する」。その日の午後、金大統領がブッシュ大統領と会談した際、ブッシュ大統領は北朝鮮との対話は打ち切ると断固たる口調で述べ、その後、二年間、北朝鮮との対話はまったく行われなかった。私は困惑し、我々が長い時間をかけて慎重に築き上げてきた外交がいとも簡単に否定されることに怒りを覚えた。そして、この外交の機会を逃した場合、朝鮮半島に何がもたらされるのかを考え、私は暗澹たる気持ちになった。長年の友人であるコリン・パウエルやリチャード・アーミテージに訴えたが、彼らは大統領の決定に従うよりほかなかった。

二〇〇二年一〇月、ジェームズ・ケリー国務次官補が平壌を訪問し、北朝鮮の高官たちに我々の諜報部隊が北で新たな核燃料再処理の動き——今回は濃縮ウラン（寧辺はかつてプルトニウムを製造していたが、それを使った核兵器の製造方法はまったく異なる）——が見られることを発見したと告げた。この評価を裏づける事実はいまだ公表されていないが、北朝鮮は二〇〇二年にはウラン濃縮計画の初期段階に入っていたようである。この会談はとげとげしい雰囲気の中で終わり、その直後に、アメリカと日本と韓国は「核兵器を目的とした北朝鮮のウラン濃縮計画は、枠組み合意、核拡散防止条約、北朝鮮の国際原子力機関（IAEA）査察への合意、そして南北共同の朝鮮半島非核化宣言に対する違反である」との共同声明を発表した。アメリカは燃料の供給を停止した。日本と韓国は軽水炉の建設を中断した。そして、北朝鮮は私の予想通り、寧辺の核施設を再開し、再びプルトニウムの製造を開始した（一九九四年の核危機につながった動きである）。ブッシュ政権はこの動きを「容認できない」と非難したが、それを止めさせる効果的な手段はなかった。

二〇〇三年、中国は周辺地域での危機の高まりを警戒し、北朝鮮、韓国、日本、中国、ロシアとアメリカによる六か国協議を立ち上げた。これらの協議は良いアイデアと思われたが、「現場で起きている事実」とは無関係に進められたので、何ら解決策を生まなかった。実際、この協議中に北朝鮮は寧辺での再処理を済ませ、二〇〇六年九月に最初の核実験を成功させた。ブッシュ政権は、協議の継続中は寧辺の活動を停止させること——これはクリントン政権が一九九四年に北朝鮮との対話を開始する前に要求した決定的に重要な条件である——を強く迫らなかったことに私は批判的だった。

公式の外交が失敗したのに不満をもった私は、北朝鮮との非公式なトラック2外交を開始した。二〇〇七年二月、私は北朝鮮と韓国の国境に近い開城《ケソン》の経済特区を初めて訪問した。そこでは、すでに何十台もの現代的な製造機械が完成しており、さらなる増設が計画されていた。この開城のビジネスモデルの下では、北朝鮮が土地と労働力を提供し、韓国が資本提供と経営管理を担当することになっていた。私は現場を視察して大変感銘を受け、これは朝鮮半島の将来に向けた先駆的事例になると思った。韓国の企業は、ローテクの高品質製品を作る施設の建設に一流の仕事ぶりを見せた。労働環境は素晴らしく、北朝鮮の作業員も生産的であった。私の友人のジョン・キムも視察に同行しており、彼の製造業の経験と韓国語の能力に私はだいぶ助けられた。

二〇〇八年一月、スタンフォード大学の同僚であるジョン・ルイスとスィグフリード・ヘッカーが北朝鮮を訪問し、寧辺の再処理施設を見学する機会を得たが、そこで彼らは施設が解体中であることを目の当たりにした。我々は再び北朝鮮と交渉過程に戻ることができるのではないかと思った。

一か月後、私は韓国の李明博大統領の就任式に参加した。李大統領の素晴らしい演説の中で、彼は北朝鮮に核兵器を諦めるよう訴え、それを実行すれば、経済再建支援をすると提案した。数週間前、北朝鮮はニューヨークフィルハーモニーを平壌のコンサートに招き、世界を驚かせていた。私にとっての驚きは、北朝鮮政府からこのコンサートに参加するよう招待され、平壌滞在中に二か国間での非公式の核協議のために北の代表者と会談するよう求められたことである。コンサートは、李大統領の就任式の翌日の二月二六日に予定されていたので、私は招待を辞退せざるを得なかった。というのも、ソウルから平壌に飛ぶ際に、北朝鮮が定めた唯一の航路――すなわち、北京経由――で行く場合、時間が足りなかったからである。しかし、予期せぬことに北朝鮮政府は私がコンサートに参加する場合、公用車で非武装中立地帯（DMZ）を越えてソウルから平壌に北の政府車両で直接移動する特別許可を与えると申し出てきた。私は即座に参加を承諾した。

DMZを越えるのは、ユニークかつ奇妙な経験であった。北朝鮮政府は私を迎えるために車を送ってきた。しかし、前日の夜に激しく雪が降ったので道路を除雪する必要があった。私が驚愕したのは、北の政府はシャベルと箒を手にした何千人もの作業員を派遣し、我々の車一台だけが走る平壌までの道路を除雪させたのである。この道路は、天気が良いときであってもたまに使われるだけであり、それも政府関係者しか通らなかった。なぜならば、普通の北朝鮮人は車をもたないからである。私がDMZを越えると、私を護衛していた韓国人の大佐は、それまで私に対して無表情であったが、急ににっこりとほほ笑んで、次のようなジョークを言った。「私はあなたに朝鮮人参を差し上げたいですよ。でも、奥さんが一緒にいらっしゃらないのであれば意味ないですよね！」（この「ジョーク」は、朝鮮人参に催淫効果があるという話に基づいている）。これはまったく受けないジョークではあったが、緊張を解きほぐすには効果があった。平壌では、北朝鮮関係者との核協議は何ら成果がなかった。しかし、その晩のコンサートは思い出に残るものであった。

私はニューヨークフィルの演奏はさぞかし素晴らしいものであろうと予期していたが、実際にフィルはその通りの実力を発揮した。しかし、私が予期していなかったのは、星条旗がステージに掲げられ、アメリカ国歌の演奏がなされたことであった。最も驚いたのは、北朝鮮がアメリカ人の演奏者たちにスタンディング・オベーションをしたことである。それはまるで魔法のような瞬間であった。私はこれほどの人間対人間のあふれ出る友情を見たことはない。アメリカの政府高官の数人がコンサートに招待されていたが、みな断っていた。私の考えでは、それはチャンスを逃す行為だったと思う。このイベントは一九七一年の「ピンポン外交」が単なる卓球の試合以上の意味をもっていたのと同様に、単なるコンサートではなかった。このコンサートとその余韻の中には、北朝鮮とまったく異なる関係を模索する機会が眠っており、朝鮮半島の安全保障の重要な進展につながる可能性が秘められていたのだった。

私はこのコンサートが、北朝鮮との新たな前向きな関係のきっかけとなればと願っていた。しかし、次にアメリカがとった行動は、制裁の強化であった。それ以来、北朝鮮は次々と挑発行為をくり返すようになった。北朝鮮は二度目の核実験を二〇〇九年に実施し、アメリカの諜報によれば、それは成功した。彼らは人工衛星も打ち上げたが、これは軌道に乗せるのに失敗した。しかし二〇一二年には衛星を打ち上げ軌道に乗せるのにも成功した。過去の国連決議は北朝鮮が長距離ミサイルを発射することを禁じていた。しかし、彼らはその決議をあざ笑うかのように、人工衛星の最初の二段にテポドン長距離ミサイルを使用したため、その後、国連は制裁を科したのである。しかし、北朝鮮は行動を止めることなく二〇一三年二月に三度目の核実験を行った。国連制裁に対する北朝鮮の政府声明は、北の通例に照らしてもきわめて辛辣なものであった。「我々が続々と発射する予定のさまざまな衛星や長距離ロケットや、より高次元の核実験は、朝鮮人民の仇敵であるアメリカを標的とすることを隠そうとは思わない」。

二〇〇〇年の段階では、北朝鮮は経済復興のために核兵器を諦める準備ができつつあるように思われたし、我々はその北朝鮮とある程度まで関係を正常化できる可能性（確実性でなくとも）があった。しかし、二〇一五年に我々が直面している北朝鮮は、六個から一〇個の核弾頭で武装し、さらなる増強のために核分裂性物質を製造し、長距離ミサイルの性能実験を行っている。これらの結果を見る限り、北朝鮮との外交はおそらくアメリカの外交史上最も不成功に終わった外交であろう。

第23章 イラクでの大失策

二〇〇三年のジョージ・H・W・ブッシュ大統領によるイラク進攻の決断は、いずれアメリカの外交史上、最も無価値な行動の一つと見なされるだろう。

トーマス・F・リックス『失敗』の冒頭の一節　二〇〇六年

「トラック2」外交における優先事項は、私に関して言えば、常に核兵器問題であり、それゆえに核保有国や核開発を目指す国々を対象にしていた。それでも、イラクを無視することはできなかった。第一に、イラクが核能力をもつとされたことは、戦争を正当化するための理由にすぎなかった。イラクを北朝鮮と同様に、核開発の懸念があるとしたのは正当だっただろうか？　のちに明らかになることだが、イラクは当時、実効性のある核兵器計画はもっていなかったのである。のちここでは核問題はさておき、のちに多くの犠牲者を出し、倫理上の困難な課題を抱えることになるイラク戦争を無視することはできない。イラクでの戦争は、私の孫の一人であるニコラス・

ペリーが海兵隊に入り、最終的にファルージャ——米軍にとって最も危険な地域とされたうちの一つ——に三度派遣されたため、個人的にも非常に身近な問題だった。このため、私はやがてイラクをめぐる激しい議論に巻き込まれていった。

二〇〇六年に入るころ、アメリカはイラクでの戦争をめぐって二分されていた。「大失敗」や「泥沼」といった言葉が典型的な飾り文句となり、アメリカの現代史における最も悲惨な時期の一つであるベトナム戦争の時代を彷彿とさせた。イラクでの失敗の大きさが明らかになったのち、我が国の議会は、アメリカがますます危険に巻き込まれていくことを恐れて、超党派の研究会である「イラク研究会」を発足させ、イラクの問題を前進させるための合意点を探るよう求めた。ジェームス・ベイカーとリー・ハミルトンが議長に任命され、両者が自身の所属する党から四名ずつ委員を選んだが、私もその一人に選ばれた。これに加えてベイカーとハミルトンは、四〇名の専門家をアドバイザーとして招いた。委員もアドバイザーも無報酬であった（政府からの所定の旅費だけは支給された）。我々は二〇〇六年の三月から八月にかけて毎月二、三回の会合をもち、政府内外から選ばれた専門家に話を聞き、我々のあいだで議論をもった。

我々の見方を統一し、提案事項をまとめ始めるころには、無数の小さな過ちが積み重なって巨大化した外交上の過ちに直面しているとの結論を得ていた。私はこれらの過ちについてここで述べたいと思う。今日のますます危険度を増す世界において、他山の石となすべき見取り図を示していると思われるからである。

イラク進攻の理由の中で、ジョージ・H・W・ブッシュ政権はイラクの大量破壊兵器（WMD）による差し迫った危険性を最も強調して喧伝していた。違法な核開発計画を中止させる軍事行動であればおそらく認められただろうし、それならばイラクの占領は必要なく、核施設だけを標的とすべきだったろう。しかし、実際にはイラクの核兵器や大量破壊兵器による差し迫った危険性もなければ、その高まりも見られなかった。国連査察官の戦争前の評価は正確だったと思われる。

ブッシュ政権の二つ目の疑わしい戦争正当化の理由は、それが民主的なイラク政府の樹立によって中東に安定をもたらされるというものだった。もちろん、民主的な政府はイラク人にとって喜ばしいことであり、中東地域の願いでもあっただろう。しかし、武力により民主主義を広めることは、ブッシュ政権の予想を超えてはるかに困難であることが明らかとなった。イラクに民主的で安定した政府を確実に作り上げる戦略はあり得たのだろうか？　同政権の試みは重大かつ根本的な過ちに満ちていたので、実際そのような可能性があり得たのかはわからない。

とりわけ、戦略の実行過程における四つのミスが致命的であった。

ブッシュ政権は、中東地域の大国と我々の主要な同盟国の支持を集めることができなかった。米軍は有志連合軍の九〇%を占め、これは「砂漠の嵐作戦」時の七〇%、ボスニア紛争時の五〇%と比べて対照的であった。

同政権が送った兵力は、イラク軍を打倒したあとの治安維持にはあまりにも少なすぎた。イラク軍の崩壊とともに略奪行為が広範囲に広がったが、米軍は秩序を回復させる兵力や資源に乏しく、皮肉なことに反乱者たちに勢力を伸ばす機会さえ与えてしまった。また、同政権はイラク軍を打倒したのち、数週間内に同軍を解散し、文民の官僚も解雇してしまった。約四〇万人が失業者となり、多くの若者たち――彼らはまだ武装していた――がイラクの町々に解き放たれた。しかし、イラクには小規模の連合軍以外に治安を維持する力はなかった。

同政権はイラクの暫定政府に憲法を起草し、選挙を行うように圧力をかけたが、この拙速な動きの中で少数者の権利に注意が払われず、シーア派とスンニ派のあいだの根深い権力闘争に拍車をかける結果となった。

これらの失敗が重なって、イラクの治安状況は無残な失敗となった。毎月約一〇〇名の米軍兵士と何千人ものイラク人が死傷した。暴力が拡散する中で連合軍はそれを阻止できず、約一〇〇万人のイラク人が国を離れたが、その中には多数の専門職の人々が含まれていた。

アメリカの議会がイラク研究会を発足させたのは、ちょうどこのころであり、状況はすでに制御不可能になりつつあった。我々が絶対的に必要としたことは、イラク政府との協議であった。九月に私はバグダッドで四日間をすごし、政府首脳や軍の司令官と会談した。これらの会議については、ジェームス・ベイカーかリー・ハミルトンのいずれかが議長を務めたが、どちらとも素晴らしい外交官であった。我々はアメリカと同盟国の外交チームの能力の高さとその献身的な姿勢に感銘を受けた。イラク政府の指導者はまったく素人同然であったが、それはイラクに民主的な組織の伝統が皆無であったことを思えば驚くべきことでもなかった。米軍の指導者の能力は非常に高く、各部隊は高いレベルの訓練度と行動能力をいかんなく発揮していた。イラク軍の指導者と部隊の能力や献身的姿勢は、低いレベルにとどまっていた。

両軍に関するこれらの発見は、私にとって何ら驚きではなかった。私は「現場を知る人間」である私の孫、ニコラス・ペリー海兵隊下士官から個人的な評価を聞いていた。彼は当時、三度の派兵のうち二度目の任務中であり、きわめて危険な場所として知られるファルージャで徒歩と車両による巡回パトロールに当たっていた。我々の研究会の評価とニコラスの評価は一致していた。

米軍は一流であるが、イラク軍は規律がなく、何のために戦っているかの目的意識もない。米軍が作った訓練プログラムを受けたイラク軍兵士であっても、実家に帰るために二三週間無断欠勤することを何とも思っていなかった。イラク軍兵士の多くは、彼らの中隊の司令官よりも、自分の部族に対する忠誠心のほうが高かった。翌年、ニコラスは三度目の派兵でイラク軍の大隊訓練の任務を命じられ、イラク人兵士とともにファルージャをパトロールしながら現場教育を行った。イラク軍の現実を知っていたので、私はニコラスの安全がとても心配だった（ここで述べたイラク軍の貧弱な能力についての知見は、のちに米軍が撤退してから、軍部隊がフセイン後の新政権を支えるのに失敗することをあらかじめ予見させるものだった。この事実が示すことは、訓練は大事──実際、アメリカは多額の費用をかけてイラク軍に大規模な訓練を施した──ということだが、少なくともそれと同様に動機づけが大事だということである。訓練はその国の国民性や民族文化、兵士の福利厚生との関係などの文脈を考慮して行う必要があるが、イラクでそうした考慮がなされたかは疑問である）。

イラクから戻ると、我々は見解をすり合わせるために五日間集中的に議論を行った。我々がこれをうまくやり遂げることができたのは、我々の共同議長の功績による。我々はみな、我が国にとってのイラク戦争の深刻さによって突き動かされており、その解決を支援するためには超党派の合意を得なければならないと自覚していた。イラク研究会の報告書は二〇〇六年一二月六日に公表された。それは、任務の目的を変更した上で、外交を活発化し、イラク政府の強化を支援し、アメリカと連合軍の兵力を再配置することを提案するものだった。

任務目的の変更は最重要だった。我々は現在のイラク政府の能力を強化し、全面的な内戦を防ぐべきだと強調した。イラクのアルカーイダを打倒する努力は継続すべきとしたが、それはこの勢力が戦争以前には限られたものであったにもかかわらず、戦後に勢力を伸ばして足場を固め、大勢の人々を殺害していたからである。このことは将来のイラクを安定化させる上で大きな問題となる可能性があった。我々は反乱勢力を取り込むことでアンバール州の反乱を抑えることができると助言したが、実際この戦略はすでに実施され、順調な成果を挙げ始めていた。これによりこの戦略が非常に効果的であることが証明されたと言える。イラクのアルカーイダの指導者たちは、アンバール州に強引に進出した結果、現地の大半の部族リーダーの反発を招いた。我々はイラク軍の諜報、兵站、空輸の支援を継続すべきと考えた。また我々はイラク政府が和解プロセスを促進し、原油収入を分け合うことで、安定したイラクに利害をもてるようにプラスとマイナス両方のインセンティブを提供する必要があった。マイナスのインセンティブとは、ブッシュ政権がイラクからの撤退の時期を示し、イラク政府にいずれ自力で自国の安全保障に責任を負わなければならないと理解させることだった。

我々の報告書を受けとってから一週間後、大統領はイラク研究会の提案とは大きく二つの点で異なる新たな方針を打ち出した。三万人の戦闘部隊の増派。しかし、その大半はバグダッドの治安維持のためであった（イラク研究会もこのような提案を考慮したが合意には至らなかった）。撤退日時を明言することには不同意だった。このとき私は、ブッシュ大統領は同じ戦略をくり返すことで、ただでさえ負けている戦をさらなる負け戦にしようとしており、我が国の指導者はこの大失敗の責任を負わねばならないだろうと考えた。しかしその後、私の評価は間違っていたことが明らかになった。数週間のうちに、ブッシュ大統領は対イラク戦略の中心にいたラムズフェルド国防長官を、ボブ・ゲーツと交代させた。彼はイラク研究会のメンバーでもあり、ついでに言えば私とはカーター政権で一緒に働いて以来、長年の友人だった。ブッシュ大統領はさらにイラク駐留米軍のリーダーたちを、反乱鎮圧作戦――これはデイビッド・ペトロリアス将軍が著した新たな陸軍マニュアルに示された詳細に従ったものだ――を重視するチームと交代させ、アンバール州のスンニ派を我々の側につけることに重点を置いた。私はこの新しい方針には成功の可能性があり、我々のイラク研究会の提案よりも優れた戦略であると思った。いまからふり返れば、我々のイラク研究会の報告書は、大統領に対イラク戦略やそれに関わるリーダーを変更する決断をうながしたところに真の価値があったと言える。

長きにわたる戦闘の過程で数え切れないほどの人命と財産を失ったのち、アメリカはようやくイラクから撤退することができる地点までたどり着くことができた。イラク国内の異なる集団間の暴力が、戦後の限られた時期に減少したためだった。しかし、驚くべきことではないが、こうした静かな時期は長くは続かなかった。イラクが比較的安定した民主的な政治に向かう可能性、すなわち過去と比較して安定と平和を時間制限なしにもたらしえる「包容力のある」政治――それが実現する兆候も一時は見られたのだが――は、まったく伝統的な宗派間対立の激化のために一夜にして葬られた。米軍の撤退後、イラクはシーア派とスンニ派の血なまぐさい闘争によってますます引き裂かれ、他の暴力的な集団がときに便乗して加担することで、少なくとも近い将来に解決することが不可能な紛争が新たに生じてしまった。

二〇一五年の時点で、イラクは崩壊の瀬戸際にあるように見えた。二〇一四年にスンニ派の極端な主張をする者たちが「ＩＳ（イスラム国）」を生み出した。これは中東全体をカリフ政に復古させることを目指す「国家」であり、イラクとシリアの政府軍――それぞれシーア派とアラウィ派が中心を占める――に対する攻撃を開始した。二〇一五年にIS軍は目覚ましい戦闘力と規律を発揮し、兵力で上回るイラク政府軍に対するいくつかの大勝利を収めた。これは同時にイラク軍が国を守るために戦う意思があるのか疑問を抱かせる結果となった。アンバール州のスンニ派指導者たちは、米軍駐留中はアルカーイダを打倒するのに重要な役割を果たしたが、ISとの戦闘にはまったく参加しなかった。シーア派中心のイラク政府が少数派のスンニ派に政府内で同等の役割を与えなかったことが、あとからこのような無残な結果を招いたのである。イラク政府はシーア派の民兵を組織することで戦況の好転を図ったが、それはスンニ派とシーア派の溝を拡大させたにすぎなかった。連合軍はISに対する限定的な空爆で戦況の転換を図ったが、有能なイラクの地上軍が欠如している状態では、そうした支援も決定打とはならなかった。民主的なイラクを作り上げるというアメリカの狙いは、スンニ派とシーア派の対立に沿って中東全体に新たな権力闘争をもたらしかねない内戦へと発展した。我が国の対イラク政策は、中東地域の従来の国境を破壊し、シーア派が支配的な地域とスンニ派が支配的な地域のあいだの紛争が永続化する地域へと導いてしまったのである。

米軍と連合国軍は軍事戦略の変更を検討しているが、イラクの地上戦に再び巻き込まれることを嫌がる傾向はますます深まっている。結論から言えば、この紛争の行方は不確実だ。いっぽうで確実なのは、アメリカのイラクにおける無謀な冒険は大惨事を招いたということである。その大惨事がどこまで広がるかはもはや定かではない。我々のこの世界では、核兵器がテロ集団や他の暴力集団に拡散させぬよう管理する必要があるのだが、イラクはこの目的の達成に完全に失敗した事例なのである。

第24章 「冷戦主義者」たちの新たなヴィジョン

私は明確にかつ確信をもって、アメリカは核兵器のない平和で安全な世界を希求することを約束します。

バラク・オバマ大統領、プラハにて　二〇〇九年四月五日

一九八六年一〇月一一日から一二日にかけて、アイスランドの首都レイキャビクで、アメリカ大統領ロナルド・レーガンとソビエト連邦共産党書記長ミハイル・ゴルバチョフの歴史的な会談が行われた。両者はそれぞれジョージ・シュルツ国務長官とエドゥアルド・シュワルナゼ外相を同伴していた。驚くべきことに、彼らは保有する全核兵器の解体について議論した。両首脳がともに望んでいたことだったが、結局合意には至らなかった。「躓《つまず》きの石」となったのは、ゴルバチョフが攻撃的核兵器と防御的核兵器の相互連関性に触れながら、アメリカの「戦略防衛構想

（SDI）」を「実験室の中にとどめる」条項を提案したことだった。レーガンは断固として拒否し、会談は合意なしで終わった。

レイキャビク会談は、暗い核の時代にあってきわめて重要な意味をもつ。キューバ危機は、我々の眼前で展開する同時代の歴史の中で最も危険なエピソードと言えるかもしれない。元アメリカ国務長官ヘンリー・キッシンジャーの言葉を借りれば、過ちを犯しやすい人類は「神々の業火」をいまや手にしたのである。キューバ危機は決して唯一の危機一髪の事態ではないが、間違いなく世界を破滅の瀬戸際まで運んだ事件だった。先に指摘した通り、我々は非常なる幸運によって危機を回避できたのかもしれない。しかしその幸運は、破滅からの救い主としては悲しいほどに頼りにならない。実際、冷戦期の軍拡競争――その想像を絶する「必要以上の破壊力」――は、我々の辿り着く先は文明の滅亡かもしれないという悲観主義を抑えるのにまったく寄与しなかった。にもかかわらず、レイキャビクでは突如として画期的な新思考が輝きを放ち始め、超大国どうしがあらゆる核兵器の解体を念頭に意見を交わしたのである。もちろん、核解体という開明的な考え方が浮上したのはこのときが最初ではない。また、仮に合意がなされたとしても、その後それが確実に実施されるかどうかについては懐疑的な見方があった。それでもなお、レイキャビク会談は、核兵器の使用禁止と究極的な廃絶を希求する我々を鼓舞する、新たな思考法と前向きな可能性の輝かしい未来を照らし出す灯台のような存在だった。

帰国したレーガン大統領とシュルツ国務長官は、核兵器の廃絶について議論したことで批判に晒された。その急先鋒はイギリスのサッチャー首相だった。彼女はわざわざワシントンを訪ね、シュルツに辛辣な批判を伝えたあと、レーガンに対してはより外交的な姿勢で自分の懸念を伝えた。こうした批判にもかかわらず、シュルツはレイキャビク会談の積極的な意義をはっきり理解しており、世界の核兵器の人知を超えた脅威を封じ込めるための活動を続けた。

シュルツは二〇年後、レイキャビク会談は歴史上のきわめて重要な事件であり、記憶に刻まれるべきものだとふり返った。彼はこの見解について、スタンフォード大学の物理学者シドニー・ドレルと議論を交わした。ドレルはレイキャビク会談から二〇年目の記念日（二〇〇六年一〇月）に、スタンフォード大学フーバー研究所でシンポジウムを開催することを提案した。ドレルとジェームズ・グッドビー元大使（駐フィンランド、ギリシャ）は二〇年後の視点からレイキャビクの教訓を読み解く報告を各方面に依頼するなど、シンポジウム開催のために非常に尽力した。

会議での議論は大変活発なものだった。参加者の一人で、レイキャビク会談時に国防次官補だったリチャード・パールは、核廃絶は一九八六年当時も間違った考えであり、今日もなお間違った考えであり続けていると言い切った。しかし、大多数の参加者はそれを再考すべき考えと受け止めた。それを最も洗練された形で表現したのが老練な外交官マックス・キャンペルマンだった。彼は人間が「なすべきこと」を築くことの人道的重要性を強調した。彼はアメリカ独立宣言の「すべての人間は平等に創造された」という一節を引用し、独立宣言が署名された時点のアメリカでこの理念は実践されていなかったけれども、署名者たちはそうあるべきと信じていた。我が国は「なすべきこと」をヴィジョンとして宣言することで、多くの時間や大きな痛み（南北戦争はその一例である）を経ながらも、その実現に向けて前進することができたのである。キャンペルマンのこの比喩を試金石として、「核なき世界」という構想は一九八六年の時点では時期尚早だったかもしれないが、いまや時宜を得た構想であるという結論に会議参加者の大半が同意した。我々は核兵器のない世界を実現すべきなのである。

この会議は、私の核危機に対する懸念を乗り越えて、「核なき世界」というヴィジョンに向けて前進するきっかけとなり、私自身の考え方の転換点となった。私は特殊な立場から、過去数十年にわたって核兵器のもたらす危険性について懸念を抱き続けてきたが、完全な核廃絶は実現不可能——我々は核兵器のない世界に戻ることはできない——と思っていた。代わりに私は、核兵器の危険性を減らすための動きを促進するべく努めてきた。何十年かその試みを続けたあと、それが限られた成果しか生まないことを知った。この世界にはまだ何十万発もの核兵器があり、新たな国々がそれを自国で製造しようと動いている。何か意味のある成功を得るためには、国際的なレベルでの動きが必要である。しかしほとんどの国々は、アメリカとロシアが自国の安全保障に核兵器が不可欠だと主張する限り、他国に対して核兵器の不要性を説いたところでまともに取り合ってくれるわけがないと考えている。当時も、そしていまも、核兵器をゼロにすることは困難であるし、できるとしても非常に遅々とした歩みになることを私は知っている。しかし、この会議を受けて、国際的な努力が最終的に核兵器をゼロにするという目標と結びつくことなしには、核の危険性を減らすというそれより限られた目標すらも、まったく達成できないだろうという結論に達した。おそらく私は、伝統的な軍縮論者の議論よりも、マックス・キャンペルマンが主張した「なすべきこと」の議論に感銘を受けたのである。

この会議の内容とそこで生まれた力に勇気づけられ、ジョージ・シュルツ、シドニー・ドレル、サム・ナン上院議員と私は、このシンポジウムをフォローアップするための会議を、次のレイキャビク記念日までに予定することで合意した。その間、我々は新聞に論説を寄稿し、核兵器の大きな危険性に世界じゅうの関心を呼び集め、その危険性を減らすために速やかに行動すべき緊急性が増していること、そして我々は核なき世界を目指して前進する必要性があることを訴えることにした。シュルツからは、我々のグループの内訳が民主党員三人に対して共和党員一人であることを念頭に、核の危険性を減らすことは超党派的な課題であり、我々のメンバー構成も最初から非党派的なものと見られるようにすべきだとの適切な指摘があった。そこでシュルツの招きにより、ヘンリー・キッシンジャーがグループに加わり、ドレルはグループの一連の論説が党派的と見られないよう、自らの名前を執筆者から除外した。シュルツはこの運命的な論説を二〇〇七年一月のウォールストリート・ジャーナルに寄稿した。

我々は安全保障の専門家からのコメント以外の反応はほとんど期待していなかった。それだけに、世界じゅうから手紙やメッセージが大量に舞い込んできたのには驚いた。そのほとんどは、一刻も早く核兵器と核体制に対する真剣な再検討を行うべきであるという我々の考え方に同意するものだった。これに励まされて、我々は政府高官と他の諸国の元高官たちとの会議を計画した。そののちの数年間、我々は休みなく飛び回りながら、論説記事に示した構想を検討するための会議を開催し、ロシア、中国、インド、日本、ドイツ、イタリア、ノルウェー、イギリスの政府やNGO関係者との会談を行った。

我々の論説は当然ながら、長年にわたって核廃絶を求めてきた専門家グループの関心を呼ぶものだった。そのいくつかは我々の動きに不満をもち、実際こう言った。「なんで、こんなに時間がかかったの？」。しかし、それ以外のほとんどのグループは我々の論説を、彼らが長年かけてもなかなか実現できなかった主張を後押ししてくれるものと捉えてくれた。「平和運動家」に「冷戦主義者」が加勢することで前者の信頼性が高まり、いまや共通の主張となったように思われた。

これはある面では正しかったが、他方で違いも残った。長年の同僚であるブルース・ブレアは、核廃絶のために長いこと働いてきたが、この機会に新しい組織「グローバル・ゼロ」を立ち上げた。その目的は単純明快であり、「あらゆる核兵器を禁止する国際条約を目指す」ことだった。我々のグループのメンバーは、ブレアとグローバル・ゼロの他のメンバーと議論を重ね、協力して行動することが可能かどうか検討した。しかし、この試みは失敗に終わった。我々は最終目標を共有していたが、それを達成する手段について見解が大きく異なっていた。核兵器を全面的に禁止する条約を目指すより、我々は核兵器の危険性を一歩一歩着実に減らしていく現実的なアプローチを信じていた。そして、我々がなぜそのように考えるのか、そして、その実現のためにどのように進んでいくつもりなのかを明確に語るべきと考えていた。サム・ナンが適切に表現したように、我々は山頂に向けて半分も登っておらず、山麓のベースキャンプから山頂を目標として眺めているにすぎない。しかも、山頂は霧に覆われているのである。我々はその道のりが長く困難であることを理解した上で、一歩一歩着実に進むしかない。そして、もし残念なことに山頂まで到達できなかったとしても、そこまで踏みしめた一歩一歩が世界をより安全にするのである。

我々はグローバル・ゼロと共通の土台を見つけることができなかった。彼らは国内の大学で支持団体を立ち上げるのに成功しているだけに、協力の糸口を見つけられなかったのは非常に残念だった。やはり何らかの長期的な成功を収めるためには、冷戦後に生まれたアメリカ人がもつ一般的な核問題の理解よりも、ずっと深い理解が必要不可欠なのである。

それから一年後の二〇〇八年一月、我々はウォールストリート・ジャーナルに論説の第二弾を寄稿し、最初の論説で示した目標をどのように達成すべきかを明らかにした。我々が示したいくつかのステップはそれぞれ核兵器ゼロに向けて前進する取り組みだったが、仮にゼロにできなくても、それぞれの段階で安全保障を向上させるようになっていた。さらに、それはグローバルな視野に立つものであった。アメリカとソビエトの軍拡競争が非常に重きをもった冷戦時代はとっくに過ぎ去った。我々はいまや核兵器の脅威の緩和を世界全体の動きとして、かつてないほど間近な問題としてとらえるべき時代に生きているのである。

これらの一連の論説を執筆する中で、我々四人が一致して感じたのは、素晴らしくダイナミックなプロセスが存在したということである。スタンフォード大学のシドニー・ドレルとジェームズ・グッドビー、そして「核の脅威イニシアティブ（NTI）」のスティーブ・アンドレアセンらが初稿を書く段階で協力してくれた。できあがった初稿は常にEメールの嵐を呼び起こし、全員が合意した最終稿ができるまで数週間かかった。これはいつも大変な作業であり、実際のところ、我々が合意に至ったこと自体がちょっとした奇跡だと思えた。驚くべきことに、見解の相違があっても、それは決して党派的ではなかった。つまり、共和党的な見解と民主党的な見解が対立したのではなく、むしろ、我々が政府の中でどのような立場にあったかの違いを反映していた。国務長官経験者であるシュルツとキッシンジャーは、ナンや私に比べると国際的な外交経験が豊富だった。彼らは自らの見解を明晰な言葉で述べる恵まれた才能があり、それは彼らが署名する政策文書の要所を締める言葉として用いられた。しかし今度の場合はきわめて重大な問題について共通見解を探る必要があり、そのためには相手方の見解にも同様に重きを置くことが不可欠だった。彼らはそのつどそのようにふるまい、我々のメッセージを強め、団結も強めた。

私はシュルツをグループの非公式のリーダーと見なしていた。しかし、彼はリーダーシップとのマントをふりかざしておごり高ぶることはなかった。我々の一人が彼の文章を修正しようとすると、彼はそれを真剣に受け止め、自分の文章を受け入れるように我々を説得するか、あるいは喜んで提案された修正を受け入れた。我々はみなキッシンジャーの見解には特別の重きを置いたが、それは彼の膨大な外交経験、優れた文章力、そして彼が国際的な指導者たちから集める尊敬ゆえであった。ナンは常に合理的な見解をもっていたが、我々の見解が食い違うとき、上院委員会の委員長として磨いた手腕を発揮し、知的な妥協を導き出した（こうした能力は今日のアメリカ議会では嘆かわしいほど失われている）。世界で最も優れた、経験豊かな国際政策の実践者である三人と大事な意見を交わすことができたことは、私にとって何にも代えがたい貴重な経験だった。

このような重要な取り組みで協力し、成功を収めるというのは、我々がまったく異なる背景をもち、地理的に遠く離れて生活していることを考えると、きわめて驚嘆すべきことであった。我々が意見を交換し、異なる意見をすり合わせるためのコミュニケーション手段を増やしてくれた最新技術の力には大いに助けられた。実際、我々が顔を突きあわせて会ったのは一年に数回であった。しかし最も大事だったのは、我々がお互いに対して深い尊敬の念をもち、率直に意見を交わすことができたことである。

我々の論説や訪問に応えて、世界に散らばる元政府高官たちが、核兵器のない世界のために発言を始めた。一三か国の元政府関係者による同様のグループが党派の違いを超えて加わり、我々の取り組みを支持する同様の論説を書き、それぞれの政府の行動に拍車をかけるべく支援してくれた。我々はそれらの国々の多くを訪問し、新しく作られたグループと戦略や主張をすり合わせ、現地政府の指導者たちと会談を行った。

核の問題は深い倫理的問題でもあるので、宗教指導者も発言を始めた。冷戦時代、カトリックの司教やプロテスタント福音派が、恐るべき核兵器の使用――あるいは使用による脅迫――の道徳的正当性を問題として取り上げる論文を書いたことがあった。最も有名な論文はあるカトリックの司教グループによるもので、彼らは、核抑止は「聖戦」の教義のもとで正当化され得ると結論づけていた。いまや数々の宗教団体がこの問題を再考し始めている。カトリックの司教や福音派もかつての論文を見直しており、新しい超教派の団体がビル・スイングによって立ち上げられ、核問題の研究を始めている。

我々はそれぞれ個人として、あるいはグループとして、世界じゅうの会議に参加したり、発言したり、執筆したりする作業に深く関わった。我々は自分たちを「核安全保障プロジェクト（NSP）」（非公式には「四人の騎手」「四人組」「カルテット」などと呼ばれた）と呼んだ。我々の取り組みは、NTI（「核の脅威イニシアティブ」、前出）と協力し、またその支援を受けていた。この組織はサム・ナンとテッド・ターナーによって創設され、私も二〇〇一年の発足以来理事を務めていた。NTIは、核の脅威を直接的に削減するプロジェクトを計画立案し、その脅威をいかに速やかかに合理的に、そして大規模に削減すべきかを各国政府にアピールする活動を行っている。また、一般の人々の意識向上や問題解決に向けた広報活動も行っている。

冷戦後におけるこうした課題の中でとりわけ重要だったのが、保管中の核分裂性物質の安全性を高めるためのリーダーシップを担うことだった。格好の事例は、セルビアから大量の核分裂性物質を移送するサポートを行うプロジェクトだった。世界各地の保管状態が脆弱な核物質を移動し、最終的に他の物質と混ぜて希釈化するために創設された、アメリカ政府のプログラムを使って実施された。ウォーレン・バフェットからの大規模な資金援助を受けて、NTIは核拡散を防止するために国際原子力機構（IAEA）に「核銀行」を創設した。二〇一二年、NTIは世界各国の核物質安全基準が果たす効果をランクづけする初めての報告書を公表した。NTIはまた、市民に核兵器の危険性を啓蒙するために『最後にして最高のチャンス（Las Best Chace）』という映画を製作した。核問題以外にもNTIは、生物兵器や自然要因による疫病の拡散に対する早期警報を進捗させる仕事を企画し、見事に実践した。

二〇〇九年、核安全保障プロジェクトは、我々の見解をより明確に訴えるドキュメンタリー映画の製作を支援することにした。それは、優れた映画は我々の論説や演説よりも多くの人々に訴えることができると考えたからである。NTIもこの映画を支援することを決めた。核兵器の危険を図解的にわかりやすく描き、我々のメンバーに対するインタビューも含まれるものだった。ベン・ゴダードが監督、俳優のマイケル・ダグラスがナレーションを務め、元国務長官のコリン・パウエルが案内役を務めたこの映画「ニュークリア・ティッピング・ポイント」は、二〇一〇年に公開された。私と同僚たちは全国各地の都市で公開上映を行い、上映後の質疑応答にも応じた。上映会では、映画のDVDも配布し、受領者には自分のコミュニティで上映会を開き、この問題について話し合うことを勧めた。我々のこの取り組みは政府、専門家や他のNGO関係者、友人、家族たちからも支持された。

我々の論説は、ニューヨーク・タイムズ紙の編集者であり、『隠された帝国（Secret Empire）』の著者としても知られるフィル・トーブマンの注意を引いた。彼は、我々五人（論説署名者四人＋シドニー・ドレル）が「冷戦主義者」の時代を経て、現在の核兵器に対する考え方にいかにして達したのかを語る本を書くべきだと提案してくれた（『パートナーシップ』が二〇一二年に出版された）。

二〇〇八年の大統領選挙のとき、マケイン上院議員とオバマ上院議員は、レーガン元大統領が掲げた「核なき世界」というヴィジョンを支持すると発言をした。二〇〇八年末まで市民の支持と勢いは維持されていたが、我々は「トラック2」外交の取り組みの限界も知っていた。本当の違いを作り出す行動は政府がとらなくてはならない。それまでにそうした政府は一つもなかった。

ところが、二〇〇九年の大統領就任からわずか一〇週間も経たないうちにオバマ大統領は、ウィーンの首都プラハで、今日すでに有名になった一節を含む演説を行った。「私は明確にかつ確信をもって、アメリカは核兵器のない平和で安全な世界を希求することを約束をします」。プラハの聴衆からこれを支持する歓声が上がった。自宅で彼の演説をテレビで観ながら、私は感激に圧倒されていた。これは本当に現実に起きていることなのだろうか？　あれ以来、私はときどきオバマ演説の録音を聴き直し、そのたびごとに感動を新たにしている。

数か月後、モスクワでの首脳会談においてオバマ大統領は、ロシアのメドベージェフ大統領と核兵器のない世界を支持する共同声明を発表し、新しい軍縮条約に向けて動き出すことを約束した。さらに九月、オバマ大統領は国連安全保障理事会のメンバーによる首脳会議を開催し、軍縮を支持する決議を驚くべきことに賛成一五、反対〇の満場一致で可決した。私はこの歴史的な会議にシュルツ、キッシンジャー、ナンとともに参加できたことが光栄であり、これを私たちの共同作業の最高の成果であると感じた。一度流れができると、世界じゅうの政府がそれに乗り始めた。日本とオーストラリアは核不拡散・核軍縮に関する国際委員会を発足させ、私はアメリカ代表の委員となった。

二〇〇九年はまさに（ラテン語で言うところの）「アンナス・ミラブリス」、つまり「奇跡の一年」だったように思う。このラテン語は通常は次の二つの科学的大発見がなされた年を指す。一つは一六六六年。ニュートンが万有引力と光学に関する論文を発表した年だ。もう一つは、一九〇五年。アインシュタインが相対性理論を含む、三つの記念碑的な論文を発表した年である。東欧諸国がすべてほぼ無血で独立を回復し、ベルリンの壁の崩壊が起きた一九八九年を、チェコスロバキアのヴァーツラフ・ハベル大統領が「奇跡の年」と呼んだことを思い出す。

仮に二〇〇九年を奇跡の年とすれば、二〇一〇年は行動の年だった。そうした行動が四月のある記念すべき週に実行に移された。四月六日（火曜日）にオバマ大統領は待ち望んでいた核兵器体制見直しの報告書を公開したが、その中で核兵器の役割はアメリカの軍事戦略において明らかに低減させられていた。その晩、オバマ大統領はホワイトハウス内のホールで、我々が製作した映画の特別上映会を開いた。彼が招待したゲストは、映画に登場した我々四人とその妻たち、NTIの中心メンバー、ホワイトハウスの国家安全保障チームだった。大統領は、核兵器に対する自分の考えが、我々の考えに大きな影響を受けたことに触れながら映画を紹介し、彼の安全保障チームも同様に影響を受けることを強く期待すると述べた。

翌水曜日、オバマ大統領はロシアのメドベージェフ大統領に会うためにプラハに出発した。木曜日には新START条約がアメリカとロシアによって署名され、続いてオバマ大統領とメドベージェフ大統領の首脳会談が行われた。週末には四九か国の指導者がワシントンに集まり、月曜日と火曜日には核物質の管理に関して世界レベルでの取り組みを強化するために、初めての核安全保障サミットが開催された。

さらに四月二九日には、上院外交委員会が新STARTに関する初の公聴会を開いた。最初に呼ばれた二人の証人は元国務長官のジェームズ・シュレジンガーと私だった。公聴会は全体として友好的な雰囲気で行われた――委員長はじめ有力な議員であるジョン・ケリー上院議員、リチャード・ルーガー上院議員は非常に丁寧で好意的だった。しかし、上院内にはジョン・カイル議員を中心にこの条約に対する強い反対があった。真っ二つに割れた上院が条約承認に必要な三分の二の賛成を集めることは想像できなかった。しかし、二〇一〇年一二月二〇日、上院はレイムダック・セッションだったが、多くの政治評論家の予想を覆して、七一票の賛成をもって条約を承認した。これは、共和党から一三人の議員たちが執行部に反して賛成票を投じたからである。もし上院が新STARTを承認していなかったら、アメリカは世界でのリーダーシップを失い、グローバルな規模での軍縮の気運は霧消してしまっていただろう。ロシアの議会も条約を承認した。

これらはすべて大変満足のいく結果であった。しかし、それに対する反動も徐々に露わになってきた。核の危険性の削減に向けた前進は停滞するようになったどころか、逆方向に後退し始めた。ソウル（二〇一二年）とプラハ（二〇一四年）で開かれた第二回と第三回の核安全保障サミットを除いて、二〇一一年以降、アメリカとロシアは後ろ向きになり始めたと言って間違いない。古い考え方が再び力をもち始め、核の脅威を緩和することが公益に資するという超越的なヴィジョンを曇らせ始めたのである。この退行の過程を時系列的に追うのは嫌気がさすのだが、教育的な意味もあろう。

最初に、新START批准は何ら異論を呼ぶものと私は考えていなかったが、実際にはきわめて先鋭的な政治対立を呼んだ。オバマ大統領は一期目の任期中に包括的核実験禁止条約（ＣＴＢＴ）の批准は求めないことを決定した（ＣＴＢＴは一九九六年にクリントン大統領が署名し、一九九九年に上院の批准に付されたが、党派対立のラインに沿った投票により否決された）。

いっぽう、北朝鮮は核兵器の開発と実験を続けていた。またイランもこれと同じ方向に動きつつあるように思われた。仮に北朝鮮とイランの核兵器を阻止できないとすれば、他国もこれに追随し、核不拡散条約は無効化してしまうであろう。

同時にパキスタンとインドはさらなる核物質と爆弾の製造を続けていた。最も恐ろしいのはパキスタンが「戦術核」――つまり、抑止ではなく、戦場で使う核――を開発したことである。これらのできごとは核兵器がテロ集団によって使用されたり、あるいは地域紛争で使用されたりする可能性を確実に増大させるものである。

そしてメドベージェフ大統領がプーチン大統領と交代したことに加えて、アメリカがヨーロッパに弾道ミサイル防衛システムの配備を続けたことで、ロシアは新ＳＴＡＲＴ条約をフォローアップする関心を失った。

これらの気落ちするような一連のできごとに対する「核安全保障プロジェクト」の反応は、核の危険性の減少に向けて真剣に努力するよう、アメリカと世界を動かす取り組みを再び盛り上げることだった。我々は宗教団体の指導者たちとも会って、その信者たちに差し迫った危機についてのメッセージを伝えるように依頼した。我々と立場を同じくするヨーロッパ側の団体は、「ヨーロッパ・リーダーシップ・ネットワーク」を設立して影響力を広げ、ＮＴＩに対して北米でも類似の団体を作るように奨励した。この結果、北アメリカでは我々より一世代も二世代も若いメンバーを含む「核安全保障リーダーシップ・カウンシル」が組織された。類似のネットワークは、アジア太平洋やラテンアメリカでも組織された。世界が核なき世界へと真剣に進んでいく準備がまだできていないのだとしても、やはり今日核がもたらす現実的な深刻な脅威の削減に我々は取り組まなければならない。

二〇一三年、我々（シュルツ、ペリー、キッシンジャー、ナン）は、ウォールストリート・ジャーナル紙に五本目の論説を寄稿し、その中で核の危険性を大幅に削減するために踏むべき段階の詳細を明らかにした。最も重要なステップは次の通りである。

①指導者の決断までの時間を増やすために核戦力体制を変更すること

私はすでに自分が個人的に経験した核攻撃の誤報——それは文明の滅亡につながりかねなかった——について述べた。こうした誤報があったのは冷戦期間中、一度だけではなかった。スコット・サガンの重要な著書『安全の限界～組織、事故、核兵器』は、技術の複雑化——核兵器は人類にとって最も複雑なシステムの一つである——とともに破滅的な事故の可能性が高まっているという不穏な現実について詳しく述べている。エリック・シュロッサーの近著『命令と管理～核兵器、ダマスカス事件、安全という幻想』は、一般にほとんど知られていない核兵器の事故やニアミスについて、背筋の凍るような話を明らかにしている。こうした誤報にまつわる話は、我々のリーダーたちが地球の命運がかかった決断をわずか数分で決断しなければならないという巨大な問題に目を向ける必要があることを教えている。短時間での決断は冷戦時代には必要であったと言えるかもしれないが、そうした議論は明らかに今日では通用しない。しかし、我々はいまだに冷戦時代の緊急対応のために作られた時代遅れのシステムの中で動いているのである。アメリカは、数分内に核弾道ミサイルを発射できる「即応状態」にあるすべての核兵器の撤去を明確な目標に掲げるときが来ている。

②新STARTの下で核兵器削減を加速化すること

アメリカは新STARTですでに合意した核兵器削減のスピードを上げ、合意した以上に削減する準備があることを国策として公表することができるはずである。アメリカはヨーロッパに配備されたアメリカとロシアの戦術核の固定化と削減を支持することも公表できるはずである。これらの戦術核は、NATOにとっても、ロシアにとっても、軍事的な資産というより、安全保障上のリスクであると私は信じるからである。長い時間をかけて、アメリカとロシアは現在の条約で対象とされていない何千発もの戦域核と戦術核や、同様に条約対象外の未配備もしくは保管中の何千発もの核兵器を含めて、大幅な核戦力削減を目指すべきである。しかし核兵器削減の進展のためには、現在の米ロ間の相互不信と恐怖を招いている他の安全保障問題の解決を間違いなく必要とするであろう。

③取り組みの確証性と透明性

核兵器削減合意は、信頼できる確証と透明性なくしては達成できない。それらは協力と信頼を打ち立てるためには不可欠である。二〇一四年、アメリカはNTIと協力しながら新しい確証のための取り組みを主導した。そこでは、アメリカの核兵器研究所と他の世界的な科学専門家を巻き込み、核兵器と核物質の管理と削減のための中心的な技術革新・開発が行われている。

④破滅的な核テロ防止のために核物質の安全確保

今日、核兵器の製造に必要な物質は世界中の二五か国の数百か所に保管されている。一〇年前には四〇か国以上に保管されていたことに比べると大幅な減少であり、大きな進歩と言える。しかし、残された場所の多くは不十分な安全管理体制下にあり、危険物質が盗難されたり、闇市場での売買される危険性に晒されている。核安全保障サミットで約束された核物質の安全を確保し、協力を進めることは決定的に重要である。このプロセスは今後何世代にもわたり、安全保障を向上させる可能性をもつ。しかし、世界の指導者が核の安全保障を重視するようになったとはいえ、核兵器に転用可能な物質を追跡し、透明化し、管理・保管するためのグローバルなシステムは存在しない。世界の指導者は、核兵器転用可能物質の盗難や無許可での利用を防止するグローバルかつ包括的な管理システムの開発にコミットすることで、この抜け穴を埋めることに協力すべきである。そうした取り組みへの関与は、二〇一六年の核サミットにおける大変前向きな成果となり得るだろう。

まとめるならば、二〇〇七年から二〇一〇年は核軍縮における目覚ましい進歩があり、核なき世界に向けた歩みが見られた興奮に満ちた時期だったが、これに続く二〇一一年から二〇一四年はこの進歩の歩みが遅くなり、やがて停止するという失望の時期だった。しかし、これらの失望の時期はまだ、二〇一四年のロシアによるウクライナ派兵という破滅的なできごとの前奏曲にすぎなかった。アメリカはこの行為を「信じがたいほどの暴挙」と呼び、ロシアに対する国際的な制裁を主導した。制裁には経済的な効果はあったが、政治的な効果はなかった。ロシアはクリミアの併合に動き、東ウクライナの分離運動に対する支援を続けている。

結果として二〇一五年には、米ロ関係は冷戦の最盛期以来、最悪レベルまで冷え込んだ。そして、過去二〇年間続けられてきた核軍縮は継続されるどころか、逆に新たな核軍拡競争に突入しつつある。ロシアは再び核兵器の大幅増強を開始している。彼らはMIRV(これはジョージ・H・W・ブッシュ大統領の時代に条約によって禁止されたものである)を搭載した新型ICBM二基を設計・製造し、実験し、そして配備しつつある。新世代の原子力潜水艦と、それに搭載する潜水艦発射弾道ミサイル(SLBM)の製造と実験も行っている。さらに、東ヨーロッパの隣国を脅かすために新型の短距離ミサイルの製造も行っている。これらすべての新しいプログラムは、ロシアが所有するミサイル用の新型弾頭の実験を行う動機づけとなっている。そして、このまま行けば、私はロシアが包括的核実験禁止協定(CTBT)を脱退し、これらの実験を開始すると予測している。

これにより失われる利益が何であるかを我々が真に理解しないのであれば、ロシアの政府当局者の発言がそれを明確に語ってくれている。彼らは長らくロシアの政策であった核兵器の「先制攻撃」を放棄し、彼らの安全保障に対するいかなる脅威――それが核であれ、非核であれ――に対しても核兵器を使用する準備があることを明言した。彼らはカリーニングラードに配備したイスカンダルミサイルで、東ヨーロッパ諸国を攻撃するとはっきりと脅迫したのである。彼らは間接的にアメリカをも脅迫した。二〇一四年三月一六日、ドミトリ・キセリオフ――プーチン大統領が指名したメディア会社の社長――は、公の場で次のような驚くべき発言を行った。「ロシアはアメリカを放射能の灰に変える力をもつ、唯一の国である」。

こうした一連の挑発的な発言や行動がくり返されるいっぽうで、アメリカはどのように核戦力をアップデートするかを検討している。この選択肢は、ロシアと同様の戦力増強を行うことを意味しており、これには今後二〇年間でおそらく一兆ドルの支出が必要となり、ロシアの核実験に合わせてアメリカも核実験を行うことになるだろう。この選択肢をとる可能性は、おそらくロシアの行動や発言を無視する選択肢よりも可能性が高い。

我々は、アメリカの指導者たちがあらゆる努力を払い第三の選択肢を見つけ出すことを期待するしかない。それは、我々がここ数十年使ってこなかったレベルの外交技術を駆使してロシアと交渉するという選択肢である。この試みは大変に困難なものであるが、それを行わなければ、破滅的な結果を招くだろう。

この深刻な後退にもかかわらず、我々の核安全保障プロジェクトは、その働きを続けるだろう。失敗の結果――テロリストや核戦争により核爆弾が実際に使用される――はあまりにも破滅的であり、これを阻止する断固たる行動のためには少しの緩みも許されない。我々は核兵器の危険性を削減するための手堅い方法を追求し続けるつもりである。そして、現在の国際社会の状況が、核なき世界に追い風とはなっていなくとも、この目標を諦めるつもりはない。核の危険性を減少させるために我々が提案する現実的なステップは、究極的には核兵器を全廃するというヴィジョンに結びついていかなければ、国際社会からの全幅の支持は受けられないであろうと考えている。また、この目標は一朝一夕に達成されるものではなく、段階を経て一歩ずつ達成されるものであるが、その一歩ごとに、我々の世界は安全になっていくのである。

第25章 核なき世界を目指して

人間はただ単に耐え忍ぶのみでなく、勝ち栄えるだろうことを私は信じています。
ウィリアム・フォークナーのノーベル賞受賞スピーチ　一九五〇年一二月一〇日

本書では、核による破滅の危険性を減らすために私が長年取り組んできた仕事について語ってきた。その中には、核による破滅の瀬戸際まで行ったことも二、三度あった。

私の核戦争の瀬戸際への歩みについての物語が、世界じゅうの老若男女の胸に響くことを願っている。今日でも一部の若者たちは、私が一九四六年に戦後の瓦礫の中の日本——そこで私は近代戦の未曾有の惨禍を目にした——で認識したのと同じ困難な課題を引き受けようとしている。私は、突如として天に現れた新たな火炎（原子爆弾）による惨劇に心が苛まれるようになった。この火炎は、いまはかつての何百万倍も強力になっているのだ。第二次世界大戦の兵器は都市を破壊した。今日の兵器は文明全体を破壊するのだ。

今日、我々が耳にする楽観的な声――人間の暴力は減り続けている。グローバルな政治の流れは、うまくいけば究極的には人間的な世界政府のようなものを生み出す予兆に見える。グローバルな自由市場経済は何百万の人々を貧困から救うことができる――は心地よい。こうした前向きな変化は確かに希望を抱かせるものである。しかし、歴史のある一瞬に起きる核戦争は、こうした成果を完全に覆してしまうだろう。

我々の大きな問題は、差し迫った核による破滅が、核の多くが海底や不毛な僻地に隠されているために、地球規模での人々の関心をまったく集めていないことにある。こうした消極性は至るところに見られる。おそらくこれは敗北主義であり、その双子の兄弟とも言うべき、現実逃避である。一部の人々は「考えたくない」事実に直面することに最も原初的な恐怖を覚えている。また、ある人々は、核ミサイル攻撃に対する有効な防衛手段があり得るという安易な幻想を抱いている。そして大半の人は、核抑止は無限に維持されている――つまり、我々の指導者たちは常に必要な瞬間に十分な知識をもち、状況を正確に把握し、最も悲劇的な軍事上の予測ミスを避けるだけの運の持ち主である――という信仰をもっているように見える。

こうした人々の消極的姿勢を前に、恐るべき核の危険性を削減する真剣な行動をとり得ると信じるだけの理由はあるだろうか？　いまから数十年前、冷戦下の対立が最も激しく、核の危険性を削減することがいま以上に困難だった時代、当時のケネディ大統領は、我々にはその力があると信ずべきことを強く訴えた。

我々のほとんどは、それが不可能だと考えている。そして、現実的でないと考えている。しかし、それは危険な敗北主義の考え方である。その考え方は、戦争が不可欠であり、人間は絶滅を運命づけられており、不可抗力に囚われているという結論に人を導く。我々はこうした見解を受け入れる必要はない。我々の問題は人間が作り出したものであり、それゆえに人間によって解決が可能なのである。

この事実は今日も変わらない。核兵器の危険性に対峙するのは大仕事である。しかし、我々はこの脅威を理解し、それをなくすために尽力すべきである。確実に言えるのは、核兵器が戦争計画の一部として諸国に配備されている限り、地域紛争やテロリストによってそれが使用されない保証はどこにもないということである。たった一発の核爆弾が、九・一一の何百倍もの犠牲者を生み出すのである。そして、我々の生活を破壊する政治的、経済的、社会的結果を伴うのである。それでも我々はそうした破滅の可能性を大幅に減らすための行動をとり得るのであり、その行動こそが我々の最優先事項にならなければならない。

我々は核兵器が決して二度と使われないようにすべての力を結集すべきである。

前章で私は、核兵器削減が大いに進展した二年間のあとに、それが停滞するようになり、いまや後退し始めたことについて述べた。こうした問題の理由は昔から変わっていない。旧態以前の政治、国際協調ではなく偏狭な経済的ナショナリズムの重視、そして核兵器に対する想像力の欠如である。

こうしたお決まりの障害物は、士気をそぐものである。しかし、諦めてはいけない。我々は消極性や敗北主義や幻想の前に膝を屈する必要はない。ふり返れば、希望をもてるような歴史——その一部は私がこの本の中ですでに述べたことだ——があり、それは、現在の核兵器が突きつける究極的な脅威を人類が乗り越えられること、そして最終的には核の脅威を削減し、全廃に向けて必要な行動をとるであろうことを、事実に基づいて示しているのである。

私は現在進行中のNTIとNSPの活動を紹介したが、世界にいまだ何千発もの核兵器があるとはいえ、彼らは核兵器の危険性を削減するために具体的な段階的取り組みを行っている。我々は世界各国の政府が核の危険性から我々を少しでも守るための重要な措置を取ってきたことを忘れるべきでない。たとえば、次のようなことを考えるべきである。

ウクライナ、カザフスタン、ベラルーシの非核化をもたらした国際的な取り組みにおいて、我々は核の危機の緩和に向けた協調的行動を、敵対関係の続いた冷戦直後にもかかわらず成功させた。

二〇〇七年と二〇〇八年の論説について、シュルツ、キッシンジャー、ナン、そして私は直近の未来の世界的安全保障を向上させ、最終的に核なき世界を実現するための具体的かつ現実的な取り組みを呼びかけた。それ以来、この論説に示されたアイデアに対して、驚くほど広範な国際的支援が寄せられた。それらは、手紙、論説、有力な支援グループの結成、オバマ大統領のプラハ・スピーチ、そして核なき世界に向けた取り組みを呼びかける国連安全保障理事会における全会一致決議などである。

しかし、よく言われることであるが、我々は言葉と行動を明確に区別しなければならない。世界の大国は正しいことを言いはしたが、いったい彼らは何を行ったであろうか？

答えはこうである。彼らは希望を抱かせるぐらいのことはやってきた。

重要なことはオバマ大統領のプラハ・スピーチの年、アメリカとロシアは両国に配備された核兵器の削減を義務づける新START条約に署名した。削減幅自体はごく限られたものだった。しかしこの条約の主たる意味、そして真に重要な意味は、核問題に関してアメリカとロシアの対話を再開し、配備された核兵器に対する透明性を高める包括的な確証手段を定めたところにある。

しかし、オバマ大統領のプラハ演説後のさらに重要なできごとは、世界に拡散した核分裂性物質に対する管理向上に焦点を当てた核サミットが隔年で開催されるようになったことである。テロリスト集団が核兵器を入手する上での最大の障害が、核分裂性物質の製造が複雑で困難であることを考えるならば、これらの物質を厳重に保管することが悲劇的結末を回避するための最良の手段である。そして我々は、アメリカとロシアの核兵器は、いまだに「過剰殺戮」を可能とする量が残されているが、冷戦の絶頂期と比べれば大幅に削減されたことを忘れるべきではない。

これらの行動は、責任のある政府は核兵器の危険性を認識しその危険性を削減する行動をとれることを証明している。しかし、これらは単に歓迎すべき最初の一歩にすぎず、何かを達成したと見て喜ぶことは賢明ではない。我々は核兵器の危険性を削減すべく、非常なる危機感をもって真剣かつ幅広い取り組みを続けなくてはならない。何をなすべきかの概要は前章に記した通りである。

これらすべての行動は複雑であり、完全に実施するためには時間がかかるであろう。我々の同志の一部、とりわけグローバル・ゼロの運動家たちは、我々が現実的な段階を踏んだ進め方を強調することが、国際条約による核兵器を廃絶――ある意味、これはNPT条約の後継と位置づけられる――という目標達成の妨げになると信じている。しかし、私は長年にわたり核危機に関わってきた経験から、段階的な取り組みは、核兵器の危険性削減に内実のある進歩をもたらすためには不可欠の前提であると考える。

当然、核なき世界の達成のためには、最初の一歩を踏み出さなければ何ら希望はない。しかし、何らかのビジョンと結びつけることがなければ、これらの困難な道を進もうとする意志も生み出されない。問題なのは、それらの段階を踏むためにどのぐらい時間がかかるかということではなく、世界の各国政府がその実行に向けた動きを見せていないという点にある。

こうした政府の失敗は、そもそも政府が国民から十分な圧力を受けていない点にある。重要な点なのでくり返すが、アメリカや世界の人々は、彼らが直面する今日の核兵器の危険性を十分に理解していないのである。一般の人々の多くは、核兵器の危険性は冷戦の終結とともに消滅したと信じているのである。我々の子どもたちはもはや「頭を隠して机の下に潜り込む」ような訓練を（幸いにも）受けさせられていないが、市民のあいだに核兵器という究極の重大問題への認識や関心が不足している以上、民主的な政府が、わざわざ費用が嵩み、不便をもたらすような行動をとることは期待しづらい。言うまでもなく、核攻撃があったあとには、市民の無関心——それは市民自らが招いたものである——は一挙に吹き飛ぶであろう。しかし、そうした攻撃の前に、そうした脅威を緩和することのほうがどれだけ良いであろうか。

世界が核兵器の危険性削減を確実に進めるためには、アメリカが主導する責任がある。そしてアメリカ人がその行動の重要性を理解しなければ、アメリカが主導することもないであろう。今日、核兵器は冷戦期のように、我々に安全を保障するものではなく、危険をもたらすものとなっている。市民も指導者も核紛争の防止は最高の公益に貢献し、ありきたりの政治の矮小な懸念事項をはるかに超える重要性をもつ。

核兵器が再び使用されることを防ぐ建設的な行動の柱は、市民への教育である。「核の脅威イニシアティブ（NTI）」は前章で述べた通り、核兵器の危険性に対する意識を深める重要な取り組みを行っている。私は若い世代――いわゆる「ミレニアル世代」に属する一〇代から二〇代の若者たち――の啓発のために多くの努力をしてきた。これは私が大学に所属し、若い人々に囲まれているので、当然の選択であった。しかし、私は単に自分の大学の学生のみならず、より大きな聴衆、つまりはすべての大学生、高校生、そして学校に通っていないあらゆる若者たち――にも訴えかけたいのである。核の危険性の問題の解決には何十年もかかるであろうし、その解決は今日を生きるアメリカや世界の若者たちによってなされるであろう。私の世代は冷戦期の核危機と向き合ってきた。これからの世代は我々が残した恐ろしい核の遺産を処理しなければならない。

私の人生の旅路の中で、人間は危機に直面したとき、仮に戦争中の緊急事態であっても、より大きな善のために犠牲を払い、コミットするという共通の人間性に基づき、協力することで対応する力があると信じるようになった。私は本書の中で、世界中の国家指導者、外交官、軍人、政治家、科学者、技術者、企業家、そして一般市民による行動事例を紹介してきた。人々が核兵器について聞き、考えるようになり、そしてすべての当事者が平等に扱われる合意を協力を取りつけることで大きな進歩を作り出すことができる。核の時代には新しい思考方法が求められており、人々もこれに気がつくであろう。そして、機会さえあれば、それをはっきりと理解するであろう。

こうした信念に基づき、私は一つのプロジェクトを立ち上げた。それは核危機に対する長年の信念を可能な限り大きな舞台で実践するものである。本書はその最初の一歩である。本書は私の考えを整理したものであるが、これだけでは私が行動を呼びかけるべき多くの人々のもとに届かない。特に若い人には、インターネットで私の主張を伝えることに越したことはない。そこで私は世界中の若者に声を届けたいという希望をもって、スマートフォンやタブレットから自由に無料でアクセスできるサイトを開設した。

私は自分が提示した挑戦がどれほど困難なものであるかは、自分の長い経験から十分にわかっている。世界が今日直面する核の危険性の緩和に向けた私の努力は、実際、無謀な試みであるのかもしれない。

しかし、この問題はきわめて重要であり、人類にもたらす危険性も大きいだけに、安楽な引退生活に入る代わりに、この危険性を緩和するために自分がなしえることに、自分の生活時間の多くを注いでいる。私がここまでするのは、それだけ我々に残された時間が少ないからである。また、私は自ら冷戦期の核戦力の開発に関わった経緯から、これを解体するために何が必要であるかを知っており、それだけにこの問題に特別な責任を有していると感じている。それゆえに、私はいまだ核戦争の瀬戸際を歩む旅路を続けているのである。

失意に悩むとき、障害があまりにも大きくて乗り越えられないように思えるとき、周囲の無関心に失望するとき、核兵器が我々の文明に終焉をもたらすことを嘆息するとき、自分の使命を諦めそうになるとき、私はウィリアム・フォークナーが一九五〇年一二月――北朝鮮が韓国に侵攻して朝鮮戦争が始まった半年後であり、危険な冷戦時代が始まった年だ――にノーベル賞授賞式で語った珠玉の言葉に耳を傾ける。

もはや精神の問題はありません。「いつ木っ端みじんにされるのだろう」という問いだけしかないのです。私には人間に終焉があるなどということを到底受け入れることはできません。ただ、耐え忍んでゆくであろうという理由のみで人間が不滅だということは至極簡単です。つまり、最後の破滅の鐘が鳴りわたり、その鐘の音が、最後の真紅の絶えゆく日没の中で、価値もなく汐の干満も知らぬ最後の岩塊から消え去ってゆくとき、そのときでさえもなおもう一つの音が残るだろう、それこそなおも語り続ける、取るに足らぬ、だが尽きることのない人間の声なのだ、ということは簡単なのです。ですが、私にはこれを受け入れることはできません。人間はただ単に耐え忍ぶのみでなく、勝ち栄えるだろうということを私は信じています。

終章 日本――私の人生を変えた国

一八歳になったばかりの一九四五年、私はアメリカ陸軍工兵隊に入隊した。工兵訓練学校で八か月間を過ごしたあと、日本占領軍に配属された。我々の船は、第二次世界大戦終結から一年後の一九四六年九月に横浜に到着した。そこで一か月の訓練を受け、我々の中隊はすべての装備をもって沖縄に向かう輸送船に乗り込んだ。任務は、沖縄で進みつつある復興作業を支援するために現地の精密地図を作製することだった。

那覇港に到着したときに見た、市街の光景を忘れることはできない。今日三〇万の人口をもつこの都市が、当時は完全に破壊され尽くしていた。無傷の建物はほとんどなかった。

沖縄戦は第二次世界大戦の最後の大規模な戦闘であり、非常に激しいものであった。戦闘の大半は沖縄南部、とりわけ沖縄最大の飛行場があった那覇近郊で展開された。日本の沖縄守備軍は一〇万以上の兵力を有していたが、その中で生き残った者は一万人もいなかった。第二次世界大戦最後の戦いはまた凄惨をきわめたのである。

沖縄の市街に入り、破壊された光景を目にしたとき、一八歳の青年が抱いていた戦争の栄光というイメージは雲散霧消した。私はそこで、その後の人生でも忘れることのない二つの教訓を得たのだった。一つは戦争には栄光が存在しない——それがもたらすのは死と破壊のみである——ということである。もう一つは、将来的に核戦争が起きれば、それは死と破壊にとどまらず、文明の終焉をもたらすということである。

□

沖縄に上陸してから数週間後、我々の中隊長は調査部隊を二つに分けた。私の小隊は島の北部を、もう一つの小隊は島の南部の測量を命じられた。そのため、私は九か月の沖縄駐留の大半を島の北部ですごすことになった。北部では地上戦がほとんど行われなかったため、住民たちは南部と違って戦闘による被害はあまり受けていなかったが、それでも経済面での被害は深刻だった。住民たちは我々の測量作業に協力的であり、私自身も現地滞在中にキャンプ近くの住民たちの多くと親しくなった。

五〇年後、アメリカ国防長官に就任したあと、私は沖縄を再び訪れた。若き日を陸軍兵士としてすごした場所へのセンチメンタル・ジャーニーという意味合いもあったが、主な目的は現地のアメリカ海兵隊基地で生じた大変難しい問題の対応に当たるためであった。一九九六年、三人の海兵隊員が沖縄の少女を誘拐してレイプした。少女とその家族の方々にとって悲劇であったことはもちろん、日本とアメリカのあいだにも深刻な政治的問題を生じさせた。アメリカ大統領と米軍に代わって、私は被害者の少女とその家族に謝罪し、補償が確実になされるよう対応した。海兵隊員たちは公式に起訴され有罪となり、服役後に不名誉な懲戒除籍処分を受けた。

1945年、一面焼け野原と化した沖縄・那覇市首里地区。米軍兵が瓦礫を撤去して道路を整備しようとしている。若き日のペリー氏もこの光景を見て衝撃を受けたことだろう。(Photo by gettyimages)

私はまた基地司令官とともに、このような蛮行が決してくり返されることのないよう、対策の見直し作業を行った。沖縄の地元自治体の代表者たちにも面会し、我々が取るべき行動について直接に助言を仰いだ。しかし、この問題は非常に重要だったので、米軍のリーダーや日本の政治家の助言にだけ従って判断することは避けたかった。私はこの問題で最も影響を受けている人々に直接会ってみたかった――それはもちろん、基地に最も隣接した土地に住む沖縄の人々のことである。私の沖縄訪問の決断は、モンデール駐日大使の支持も得ており、大使は私の日本滞在中ずっと同行してくれた。

沖縄訪問後、日本政府とともに、沖縄の基地問題の状況改善に向けた行動を決定する日米共同の作業グループを立ち上げた。このグループはＳＡＣＯ（沖縄のための特別行動委員会）と名づけられ、両国の外交・防衛関係者たちがメンバーに名を連ねた。私が基本的な方針として指示したのは、アメリカ国防総省は北朝鮮の軍事行動に対する抑止力として、日本における従来の軍事力を維持する必要があるものの、兵士たちをどこに駐留させるかについて我々の立場は柔軟である、というものだった。それに加えて、単なる議論で終わらせるのではなく、確実に行動に移すことを望んでいるという指示も与えた。

私はこの委員会の進捗状況を監督する傍ら、数か月後にペンタゴンを訪問した沖縄県の大田昌秀知事とも面談した。当時、ＳＡＣＯは重要な是正措置に向けて動き出していたと信じているが、結局、私が国防長官を退任する時点では行動に移されていなかった。

二一年後の二〇一七年九月、私は再び沖縄の基地を訪ね、関係者から最新の状況について話を聞いた。その後まったく何の行動もとられておらず、基地周辺の住民との摩擦についても、一九

若き日のペリー氏。

九六年以降、周辺の人口の増加が続いたためにますます深刻になっていることを知り、非常に心苦しく思った。

この間、基地の軍事的な使命は一段と重要になった。一九九六年の時点では、北朝鮮の脅威は日本にとって理論的な問題であった。しかし今日、それは現実的な脅威となっており、北朝鮮の核ミサイルは沖縄を含む日本全土に到達する能力を持っている。抑止力という任務は二一年前よりもはるかに重要となっているのである。

しかし、私は必要以上に脅威を強調したいわけではない。抑止力は十分に機能する。しかし、抑止力は信頼性に裏づけられる必要があり、米国が日本に提供する抑止力は、我が軍が適切な場所に適切な数だけ配置され、アメリカ本土からの援軍が到着するまで持ちこたえる力があって初めて機能するのである。

沖縄に駐留するアメリカ海兵隊は、きわめて重要な軍事的な使命を帯びている。これと同じ抑止力の任務を遂行できる別の場所があるならば、米軍を移動させることは可能である。その場合でも、海兵隊は沖縄を含む日本人すべての安全のために存在し続ける。沖縄の米軍は戦争を招くために駐留しているのではなく、抑止するためにそこにいるのだから。

□

私は今日、核兵器による破滅の危険性は、冷戦時代よりも高くなっていると考えている。アメリカとロシアの対立は冷戦時代に匹敵する——この両国はいまだに約一万五〇〇〇発の核兵器を持ち、核戦力の増強と近代化を進めている。また、南アジアや北東アジアにも地域的な核戦争の危険性が存在する。北朝鮮はすでにおそらく二〇発の核弾頭を持ち、さらなる製造を続けているだろう。彼らは日本や韓国を攻撃できる数百発のミサイルをもち、さらにアメリカ本土を攻撃できる大陸間弾道ミサイル（ＩＣＢＭ）の開発を継続中だ。この問題はあまりに複雑で、安易な回答を用意することはできないのだが、根本的な問題は次のことだろう。すなわち、最も脅威に晒されている人々も含めて、世界の大半の人々は今日の世界の核兵器がもたらす危険性のレベルを理解していないのである。

この信念に基づき、私は人生に残された時間を、次の二つの目的をもつ教育プログラムを実施することに捧げてきた。一つは、核の危険性に対する理解を向上させること。もう一つは、その危険性を大幅に減らすための行動を促進すること。これらの目的を達成するため、私はウィリアム・Ｊ・ペリープロジェクトを立ち上げ、この回顧録『核戦争の瀬戸際で』を執筆したのである。本書は韓国、中国、台湾、ロシアで翻訳され、このたび日本でも出版される運びとなった。より多くの人々にメッセージを伝えられるように、ペリープロジェクトでは、本書の内容を踏まえたオンライン上のコース（「核戦争の瀬戸際で」および「核テロの脅威」）も提供している。スタンフォード大学の協力も得て提供されるこれらのコースは、世界じゅうに無料で配信されており、次のアドレスからアクセス可能である（www.perryproject.org）。

我々が直面する核の危機性を抑えるために多くの方法が残されていることは、良い知らせである。しかし、我々はこれらの問題について学び、そして世界をより安全な場所にするための行動をリードしなければならない。

私の世代はこの恐ろしい問題を作り出し、文明を脅かす核兵器を今日の世代にまで負の遺産として残してしまった。本書の読者の方々が、核の危険性を根絶するという私たちの世代が果せなかったことを、見事に成し遂げてくれることをひたすら願っている。

ウィリアム・J・ペリー

二〇一七年一一月

訳者あとがき――

福島人が見た「核なき世界」の伝道師

ペリー氏との出会いはまったくの偶然だった。私は朝鮮半島の歴史を専門としており、本書のテーマである核兵器や軍事技術、核をめぐる国際関係史については門外漢に等しい。ところが、このたび、NHKのETV特集『ペリーの告白』(二〇一七年一一月一八日放送)の制作に資料翻訳の面で協力する中で、ペリー氏と出会う機会に恵まれた。九〇歳を過ぎてなお核廃絶のために尽力し、次世代に自分の経験を広く伝えようとするその真摯な生き方に深い感銘を受けた。同時に、ペリー氏が日本の読者にも本書を一刻も早く届けたいという強い希望をお持ちであることを知り、番組制作陣からの勧めもあって、浅学非才を顧みず、蛮勇をふるって翻訳を引き受けた次第である。

ほかに個人的な理由もあった。私は福島市の生まれであり、福島の原発事故後に福島市に帰郷し、現在も家族とともに福島市で生活する身である。原発事故という痛みを通じて「核兵器」と「原発」が同じ「Nuclear」技術の産物であり、両者には安全面、倫理面で共通点があるという事実にいまさらながら気づかされた私としては、この時代を生きる福島人として、本書の内容を広く日本の読者に伝え、「核兵器」と「原発」を同じ土俵で考える参考にしてほしいという密かな願いがあった。

もう一つ、この福島市には七〇年前、ペリー氏と同じくアメリカ占領軍のチャプレン（従軍牧師）として日本に上陸し、その後の人生を福島でのキリスト教伝道に捧げたH・マキルエンという宣教師がいた。私の両親はこの宣教師の導きで信仰に入り、息子の私も幼児洗礼を受けた。かたや元国防長官で「核なき世界」の伝道師であるペリー氏、かたや無名の田舎宣教師で「キリストの救い」の伝道師であったマキルエン氏。両者には何らの直接のつながりはない。しかし、普遍的な理念を掲げ、この地上に命ある限り、誠実にその道を歩み続ける二人のアメリカ人の先達の姿には、その穏やかな立居ふる舞いもあいまって、どことなく共通点もあるようであり、私の家族史とも重なり合って、何とも不思議な親近感を覚えた。

さて福島では原発事故から六年が過ぎても被災の終わりは見えず、原子力災害の恐ろしさを今に伝えている。他方、外に目を向ければ、北朝鮮の核をめぐる国際的な緊張も高まり、こちらも終わりが見えない。こうした原子力・核をめぐる重い課題が突きつけられる今日であればこそ、私たちは核と向き合い、核戦争の瀬戸際を生き抜いてきたペリー氏の深い洞察に謙虚に耳を傾けつつ、自らの歩むべき道を問い直すときではないだろうか？

本書の翻訳に際して激励とご支援を賜ったＮＨＫの鶴谷邦顕氏、石原大史氏、そして拙訳を全面的に校正し、世に送り出してくださった東京堂出版の小代渉氏、「現代ビジネス」編集部（講談社）の川村力氏に深く感謝申し上げる。最後にこのささやかな訳書を福島の地で苦楽をともにする妻衣里と四人の子どもたちに捧げたい。

著者プロフィール

ウィリアム・J・ペリー

1927年生まれ。第二次世界大戦後に米国陸軍の一員として東京と沖縄に滞在。沖縄本島北部の地図作製に携わる。復員後にスタンフォード大学を卒業、同大学院修士課程修了（数学）、ペンシルベニア州立大学博士課程修了（数学、Ph.D）。64年に防衛関連企業ESLを創業、社長に就任。77年カーター政権の国防次官（研究・エンジニアリング担当）に就任。93年にクリントン政権の国防副長官、94年に国防長官に就任。退任後も「核なき世界」を実現するために活動を続けている。浦賀に「黒船」を率いて来航したペリー提督は5世代前の伯父にあたる。2017年11月、NHKのETV特集「ペリーの告白〜元米国防長官・沖縄への旅〜」が放送された。

訳者プロフィール

松谷基和（まつたに・もとかず）

1975年福島市生まれ。東北学院大学教養学部言語文化学科准教授。東京大学総合文化研究科、ハーバード大学大学院博士課程修了（東アジア研究、Ph.D）。早稲田大学アジア研究機構助手、東北大学大学院経済学研究科准教授などを経て、現職。専門は韓国キリスト教史、日韓関係史。

核《かく》戦《せん》争《そう》の瀬《せ》戸《と》際《ぎわ》で

2018年1月15日 初版印刷
2018年1月20日 初版発行

著者 ウィリアム・J・ペリー
訳者 松谷基和
発行者 大橋信夫
発行所 株式会社 東京堂出版
〒101-0051
東京都千代田区神田神保町1-17
TEL 03-3233-3741
http://www.tokyodoshuppan.com/
編集協力 川村力
装丁 黒岩二三［Fomalhaut］
印刷・製本 中央精版印刷株式会社

ISBN978-4-490-20978-5 C1031